Roman Nies

Der Jakobusbrief

Im Auftrag für das messianische Reich

www.tredition.de

© 2019 Roman Nies

Verlag und Druck: tredition GmbH, Halenreie 40-44, 22359 Hamburg

ISBN

Paperback: 978-3-7497-2591-5

Hardcover: 978-3-7497-2592-2

e-Book: 978-3-7497-2593-9

Der Jakobusbrief

Im Auftrag für

das messianische Reich

Ein heilsgeschichtlicher Kommentar

Inhalt

Vorbemerkungen

Der Jakobusbrief ist ein Brief eines Juden an Juden, der im ersten Jahrhundert geschrieben und an Juden in der Diaspora geschickt worden ist. Diese Juden waren messianische Juden, das heißt Juden, die daran glaubten, dass Jesus Christus der Messias Israels ist. Jakobus hat nicht den einzigen überlieferten messianisch-jüdischen Brief geschrieben und auch nicht den einzigen, der überliefert worden ist. Die messianisch-jüdische Briefe im Neuen Testament sind die Briefe der Apostel Petrus und Johannes und des Bruders Jesu, Jakobus, und eines Judas, der entweder ein Bruder Jesu und von Jakobus war, *1 oder einer der zwölf von Jesus gewählten Jünger.

Ihre Briefe messianisch-jüdisch zu nennen, ist berechtigt, da die vier Juden waren und an Jesus Christus als ihren Messias glaubten. Das ergibt sich klar aus ihren Briefen. Auch Paulus war ein Jude und auch er war „messianisch". Aber Paulus unterschied sich in seinem Auftrag und auch in seiner Botschaft von dem Auftrag und der Botschaft der Jerusalemer Apostelschaft. Diese vier gehörten nämlich alle, zumindest zeitweise, der Jerusalemer Gemeinde an, die unmittelbar nach Christi Himmelfahrt zu Beginn der dreißiger Jahre des ersten Jahrhunderts entstanden ist. Sie verkündeten unter den Juden die Botschaft, dass der Messias zu Seinem Volk gekommen war und nun den Weg frei gemacht hat für eine vollgültige Umkehr zum Gott Israels, dem Gott des alten und neuen Bundes. Das messianische Reich war auszurufen, denn der Messias würde nach Seiner Himmelfahrt bald zurückkehren. Doch zuvor musste das Volk sich zu Ihm bekennen.

Die Notwendigkeit der gewissenhaften Umkehr zum Bundesgott JHWH hatten die Propheten des Alten Bundes immer wieder dem Volk gepredigt, zuletzt Johannes der Täufer und dann auch Jesus selber. Er hat durch Zeichen und Wunder, die das Volk und die Priesterschaft vom Messias als Ausweis seiner Legitimität erwartet hatten, seine göttliche Beauftragung nachgewiesen. Doch dem religiösen Etablissement passte dieser Messias nicht, denn Er entsprach nicht allen traditionellen

Vorstellungen. Er schickte sich nicht an, die fremden Machthaber aus dem Land zu schaffen und griff stattdessen die Tugendhüter des Volkes an. Vor allem aber wandelte Er im Licht und in der Wahrheit, die von Ihm selber ausgingen. Darin unterschied Jesus sich am meisten von den religiösen Oberen, bei denen Licht und Wahrheit nur marginal vorhanden waren und so ihre menschliche Sündhaftigkeit nicht nachhaltig zu stören imstande waren. Ihre Ohren waren also gar nicht offen für die gesunde, wenn auch schmerzhafte Lehre über die wahrhafte Umkehr zum Gott Israels und über die unbedingte Notwendigkeit, sich dem authentischen, ungeheuchelten Gottesdienst zuzuwenden.

Den Auftrag an Seine Jünger für die Zeit nach Seiner Himmelfahrt hat Jesus in Ap 1,8 so formuliert : *„Aber ihr werdet Kraft empfangen, wenn der Heilige Geist auf euch gekommen ist; und ihr werdet meine Zeugen sein, sowohl in Jerusalem als auch in ganz Judäa und Samaria und bis an das Ende der Erde.“* (ElbÜ). Hier dürfte eine unzutreffende Übersetzung vorliegen, da das griechische „gé" auch „Land" bedeuten kann. ***2** Das passt besser in den Kontext, denn dann hieße es Jerusalem, Judäa, Samaria und der Rest des Heiligen Landes, z.B. Galiläa, die Dekapolis etc. ***3** Das stimmt auch überein mit der Aussage von Jesus, dass sie mit den Städten Israels nicht fertig werden würden, ehe Er zurückkommen würde (Mt 10,23). ***4**

Die Apostel und Jünger Jesu versuchten nach der Auferstehung und Himmelfahrt Jesu, ihrem Auftrag gemäß die Umkehr des Volkes doch noch zu erreichen, denn nun, so glaubten sie, konnten sie überzeugend darlegen, dass ja der Messias den einzigen unmissverständlichen Nachweis, dass Er der Messias war, erbracht hatte (Mt 12,39). Er war auferstanden und war noch lange mit ihnen zusammen geblieben (Ap 1,2-3). Und sie waren auch Zeuge Seiner Himmelfahrt geworden. Andererseits hatte sie Jesus auch nicht zu übermäßigem Optimismus angehalten, denn Er hatte ihnen gesagt: *„Denn wahrlich, ich sage euch, ihr werdet mit den Städten Israels nicht zu Ende sein, bis der Sohn des Menschen gekommen sein wird.“* (Mt 10,23)

Sie konnten nun über die Jahre bemerken, dass die anfängliche Begeisterung dafür, dass sich anscheinend die Prophezeiung von Joel vor ihren Augen erfüllen würde, *5 zuerst einer Nüchternheit und einem Pragmatismus weichen musste und dann zu großen neuen Fragen führte, die sie jedenfalls zunächst nicht beantworten konnten. Das ergibt sich aus der Apostelgeschichte des Lukas und den neutestamentlichen Briefen.

Gerade die Ereignisse der Apostelgeschichte zeigen, dass es für die Jünger noch viel zu lernen gab, obwohl doch Jesus drei Jahre bei ihnen gewesen war. Die Apostelgeschichte berichtet jedoch nicht, dass die Jünger, die man auch Apostel nannte, *6 je mit ihren Lehrjahren fertig geworden wären und alle Lektionen gelernt hätten. Die Ereignisse der Apostelgeschichte müssen hier kurz nachvollzogen werden, weil es zum Verständnis der messianisch-jüdischen Briefe notwendig ist. Sie werden meist traditionell gedeutet. Das heißt, dass die Kommentierer von traditionellen Sichtweisen ausgehen und auf dieser Grundlage die Ereignisse erklären. So kann man jedoch nicht ausschließen, dass die Denkvoraussetzungen fehlerhaft sind und zu falschen Schlussfolgerungen führen.

Die Apostelgeschichte fängt damit an, dass Jesus sich von den Jüngern verabschiedet, nachdem Er ihnen noch einmal während vierzig Tagen *„über die Dinge redete, die das Reich Gottes betreffen."* (Ap 1,3).

Mit dem Reich Gottes ist im engeren Sinn das kommende messianische Reich gemeint, also das Reich, in das alle gläubige Juden gerne hineinkommen wollen, weil sie dann unter der Herrschaft des Messias sind und unter Verhältnissen leben, wie es sie noch nie in der Geschichte Israels gegeben hat. Dazu gab es damals reiche mündliche Überlieferungen und viel Schriftliches. Die Verheißungen für diese Zeit waren ja von den Propheten bekannt gemacht worden und wurden täglich in den Synagogen gelesen. Die Propheten waren immer messianische Propheten gewesen. Man muss sich darüber im Klaren sein, dass alle weiteren Aussagen jener Zeit von jenen Jüngern Jesu über das Königreich, die im Sinne eines Reichs im Himmel und in der Gegenwart Gottes gedeutet werden könnten, weitaus weniger konkret sein konnten, weil die heiligen Schriften diesbezüglich nicht konkret waren und man sonst nur das hatte, was Jesus gesagt hatte.

Der Mensch vermag ja nur, sich irdische Segnungen vorzustellen, alles was er selber als Glück erfahren hat und in seiner Vorstellungswelt vorkommt, kann er sich gesteigert und vollkommener vorstellen, aber Gott und der Himmel ist jenseits seines Vorstellungsvermögens.

Auch Jesus hatte bestimmte Dinge über das Himmelreich gesagt, aber auch diese waren nicht vorstellbar, weil das Reden über das Himmelreich Bilder erzeugt, die sich aus dem eigenen Vorstellungsvermögen ergeben und nicht unbedingt der Realität entsprechen. Das bedeutet, dass für die Juden die Predigt über das Himmelreich zuerst als Einladung oder Aufforderung verstanden ist, sich für das verheißene messianische Reich zu qualifizieren. Wenn das im alten Bund, dem Bund von Sinai, noch nicht möglich war, weil das Volk ein unzuverlässiger Bündnispartner gewesen war, dann blieb dennoch die Hoffnung, dass es nun im neuen Bund geschehen könnte. Und dieser neue Bund war von Petrus in seiner „Joel-Rede" angesprochen worden. Da stellt Petrus Jesus als den Messias dar, also als den Herrn über ganz Israel, unter dessen Herrschaft man sich reumütig – das ist die Umkehr - unterordnen soll, damit einem die Sünden vergeben werden können. Und das war allen Juden klar – damit man in Sein Reich gelangen durfte (Ap 2, 36-39). Und Petrus betont sogar, nachdem er gesagt hat: „Ihr Männer von Israel!" (Ap 2,22): „Denn euch gilt die Verheißung und euren Kindern und allen, die in der Ferne sind…" (Ap 2,29) also Israel und den Juden in der Diaspora.

Jer 31,31ff beweist, dass auch der neue Bund ein Bund für Israel ist. „Siehe, Tage kommen, spricht der HERR, da schließe ich mit dem Haus Israel und mit dem Haus Juda einen neuen Bund: nicht wie der Bund, den ich mit ihren Vätern geschlossen habe an dem Tag, als ich sie bei der Hand fasste, um sie aus dem Land Ägypten herauszuführen - diesen meinen Bund haben sie gebrochen, obwohl ich doch ihr Herr war, spricht der HERR. Sondern das ist der Bund, den ich mit dem Haus Israel nach jenen Tagen schließen werde, spricht der HERR: Ich werde mein Gesetz in *ihr Inneres legen und werde es auf ihr Herz schreiben. Und ich werde ihr Gott sein, und sie werden mein Volk sein."* (Jer 31,31-33)

Da heißt es nicht, dass Gott den Bund „vielleicht" schließt, sondern dass Er ihn schließt. Die Frage ist nur wann diese Tage sind und für Petrus war klar: jetzt sind sie! Und auch ist klar, dass das Petrus genauso wie Jeremia verstanden hat: „ich werde meine Torah in ihr Inneres legen!" Wie der weitere Verlauf der Ereignisse zeigte, war man die nächsten zweitausend Jahre weit davon entfernt, von einer Erfüllung dieser Voraussage Gottes reden zu können. Die Juden blieben en masse ein unbekehrtes, halsstarriges Volk. Hatte sich Petrus geirrt?

Festzuhalten ist, dass an Pfingsten von Ap 2 keine Gemeinde gegründet, sondern den Männern Israel die neue Zeitrechnung vorgestellt worden ist. Die Umkehr Israels begann. Wie es weiterging, war noch offen, aber die Jünger dachten natürlich, dass das Programm „Umkehr Israels" so lange weiterlaufen würde, bis der Messias zurückkam. Und dann würde sein Reich auf Erden sichtbar in Kraft treten. So war der „Plan". Doch es kam anders.

Der alte Bund war der Bund der Buchstaben und der Gesetzlichkeit. Er war wie eine Heirat ohne Liebe, eine Pflichtehe. Sie missriet. Es kam zu Untreue und Ehebruch. Der neue Bund sollte ein Bund des Herzens sein, ein Liebesbund, eine Liebesheirat. Und er wird von Treue und unlöslichem Zusammensein geprägt sein. So ist es verheißen. Mit dem neuen Bund war aus Sicht der Jünger Jesu ein ganz neues Kriterium dazugekommen, denn nun war bekannt, wer der Messias war und jeder, der ins messianische Reich kommen wollte, musste Ihn auch als Messias anerkennen.

Wenn also Jesus gegenüber den Jüngern über die Dinge redete, „die das Reich Gottes betreffen", dann lehrte er sie alles, was sie dann ermächtigte, ebenfalls mit den Menschen über die Dinge zu reden, „die das Reich Gottes betreffen". Umkehr zum Gott JHWH, der Seinen eigenen Sohn geschickt hat, um die Umkehr vollständig und voll rechtsgültig und heilswirksam möglich zu machen, durch Seinen Opfertod. Nichts Vorläufiges und Unvollständiges mehr, sondern Christus, der Messias, der nicht nur König Israels und Herrscher über die Nationen sein würde, sondern Befreier von allen Gebundenheiten und Erlöser von allem, was von Gott trennt. Jesus ist der Heiland. Über das, was die Nationen anging, redete Petrus an Pfingsten nicht, denn er redete ja zu den Männern Israels. Das war keine Landesbezeichnung, denn einen Staat Israel gab es damals nicht, sondern das war die Anrede an alle Juden, egal, wo sie herkamen, Juden aus Jerusalem, Juden aus Judäa, Juden aus Samaria und Galiläa und Juden aus der Diaspora, die gerade alle Jerusalem besuchten und diese neue Kunde in alle Länder tragen würden.

Man muss sich auch daran erinnern, dass die Ansprache des Petrus am Schawuoth erfolgte, was die Kirchen mit „Pfingsten" gleichsetzen. Schawuoth ist aber einer der jüdischen Festtage, wie sie in der Torah beschrieben und angeordnet sind. *7 Die Botschaft des Petrus war eine Botschaft für Israel und an die Juden, an einem jüdischen Festtag. An eine Gemeindegründung hat Petrus nicht gedacht. Wenn es aber hier der Anfang der Jerusalemer Gemeinde gegeben haben soll, obwohl die Jünger mit einem Kreis von Gläubigen, der bereits hunderte umfasste, weil nämlich Jesus fünfhundert jüdischen Menschen erschienen war (1 Kor 15,6), dann war es allenfalls eine messianisch-jüdische Gemeinde. *8 Diese Zusammenhänge werden dem Kirchenvolk meist verschwiegen, weil man sein eigenes Narrativ pflegt.

Petrus zeigt mit seiner Schawuot-Predigt, die zunächst 3.000 Juden in ihren Bann zog, dass er genau auf dieser Königreichsspur liegt, die das Judentum bereits kannte:

„Und es wird geschehen in den letzten Tagen, spricht Gott, dass ich von meinem Geist ausgießen werde auf alles Fleisch, und eure Söhne und eure Töchter werden weissagen, und eure jungen Männer werden Gesichte sehen, und eure Ältesten werden in Träumen Visionen haben; und sogar auf meine Knechte und auf meine Mägde werde ich in jenen Tagen von meinem Geist ausgießen, und sie werden weissagen. Und ich werde Wunder tun oben am Himmel und Zeichen unten auf

der Erde: Blut und Feuer und qualmender Rauch; die Sonne wird verwandelt wer-den in Finsternis und der Mond in Blut, ehe der große und herrliche Tag des Herrn kommt." (Ap 2,17-20) Doch nichts von alledem ist geschehen, denn die messiani-sche Bewegung, die so verheißungsvoll anzufangen schien, verebbte nach An-fangserfolgen.

In der Begeisterungsphase war es so: *„Sie verharrten aber in der Lehre der Apostel und in der Gemeinschaft, im Brechen des Brotes und in den Gebeten."* (Ap 2,42) Das sind typisch jüdische Rituale, zugleich Zeichen der Verbundenheit mit dem Messias, der die Gemeinschaft, das Brechen des Brotes und die Gebete vorgelebt hatte. Das waren die Eheanbahnungs-Verlobungsriten zwischen Braut und Bräuti-gam, die sich segnen, damit sie eine segensreiche Ehe miteinander eingehen kön-nen (Eph 5,32). Gewünscht sind auch begleitende Zeichen, dass die Ehe gut wird: *„Es kam aber über jede Seele Furcht, und es geschahen viele Wunder und Zeichen durch die Apostel. Alle Gläubiggewordenen aber waren beisammen und hatten al-les gemeinsam; und sie verkauften die Güter und die Habe und verteilten sie an alle, je nachdem einer bedürftig war."* (Ap 2,43-45). Und warum taten sie das? Weil sie glaubten, dass Jesu Rückkehr unmittelbar vor der Tür stand.

Und ja, zwar tat der Herr *„täglich hinzu, die gerettet werden sollten",* aber die mes-sianische Gemeinde blieb eine Sekte. Und da der Erfolg auf der ganzen Linie aus-blieb und das Volk mehrheitlich gar nicht daran dachte, umzukehren, begannen die Jesusjünger und Apostel, die Anweisung in die „Städte Israels" zu gehen, in der Bedeutung etwas auszuweiten und die Diaspora miteinzubeziehen. Das musste sich ohnehin ergeben, denn die Lehre über diesen Messias Jesus war ja auch in die Diaspora getragen worden und so war es notwendig, dass die dortigen Juden aus erster Hand und berufenem Mund das Evangelium zu hören bekamen.

In der Geschichtsschreibung kann man dabei aber nur auf Legenden zurückgreifen, die im Kern sicher auch eine Wahrheit haben. Die könnte darin zu sehen sein, dass die Verantwortlichen in Jerusalem sich die damalige Weltkarte einteilten, ***9** denn überall in der bekannten Welt gab es Juden oder sogar jüdische Gemeinden. ***10**

Überall, wo Rom seine Finger hinstreckte, tauchten auch früher oder später Juden auf, die im Römischen Reich eine Sonderstellung hatten und relative Freiheiten genossen.

Fakt ist, dass im Jahre 70 der Tempel und die Stadt Jerusalem zerstört wurden und unzählige Juden umgebracht oder in die Sklaverei geführt worden sind. Damit ist klar, dass die Umkehr des Volkes nicht stattgefunden hatte. Der neue Bund, den Jesus und Seine Jünger dem Volk angeboten hatten, war noch nicht mit ganz Israel abgeschlossen worden, nur mit ein paar Wenigen. Vom Volksganzen konnte nie die Rede sein und nichts geschah, was die Propheten des Alten Testaments für die messianische Zeit vorausgesagt hatten. Und damit war auch die messianisch-jüdische Gemeinde in Jerusalem passé.

Das messianische Judentum hat sich noch eine Weile in der Diaspora halten können, aber allmählich wurde es durch das aufkommende Heidenchristentum, das sich gegenüber den Juden immer feindseliger zeigte, ausgedünnt. Ab spätestens dem vierten Jahrhundert war es nicht mehr existent. Das Kirchenchristentum hatte es erstickt. Zwischen den Mühlsteinen des orthodoxen Diaspora- Judentums und der heidenchristlichen Kirche war das messianische Judentum zermahlen worden. Im Heiligen Land teilte es ohnehin das Schicksal der Juden. Die Kirchenväter der ersten Jahrhunderte waren allesamt Antisemiten und zeichnen mitverantwortlich für die sog. Ersatztheologie, wonach das neue Volk Gottes die Kirche wäre und Israel für immer verworfen sei. Da das Judentum vom aufkommenden Kirchenchristentum feindselig behandelt worden war, konnte es im messianischen Judentum nur eine verräterische Sekte sehen, die es aus ihrer Mitte zu verbannen galt. Damit musste das messianische Judentum folgerichtig verschwinden, wie auch die Möglichkeit verschwand, dass das messianische Reich bald kommen würde. Das messianische Judentum also ein Zeichen für die Nähe des messianischen Reiches? Erst ab dem 19. Jahrhundert finden sich wieder Spuren von einer Wiedererweckung des messianischen Judentums und seit den achtziger Jahren des Zwanzigsten

Jahrhunderts entstanden überall in der westlichen Welt messianisch-jüdische Gemeinden. Auch wenn ihre Zahl noch klein ist, so wird ihre Stimme doch immer hörbarer. Auch in Israel selbst, sind viele solcher Gemeinden entstanden. Das Wiederaufkommen des messianischen Judentums kann ebenso wenig Zufall sein wie das Wiederaufkommen eines jüdischen Staates Israel im Lande Israel. Beide Geschehnisse haben heilsgeschichtliche Bedeutung und beide haben etwas mit der Schawuot-Rede von Petrus zu tun.

Und auch bei diesen Gemeinden scheint es so zu sein, dass ihnen Jakobus näher steht als Paulus. Jakobus betonte die Gerechtigkeit durch Werke. Genaugenommen hat er damit Torah-Werke gemeint. Er ließ nie irgend einen Zweifel aufkommen, dass man die Torah treu zu befolgen hatte. Er selber galt ja als Musterfrommer, sogar bei den Gegnern der Jesusjünger. Er konnte nur das Urteil eines „Gerechten" nach alter Lesart bekommen, wenn er ein Jude war, der offenbar alle Vorschriften der Torah streng befolgte und die Torahfrömmigkeit betonte.

Wer nur Kranke heilte oder Tote zum Auferstehen brachte, war kein „Gerechter", es kam auf die Einhaltung der Torah an. Und da fanden die Juden in Jerusalem zu jener Zeit, als Jakobus der Älteste der Gemeinde war, an den „Christen" wenig auszusetzen, denn: *„Täglich verharrten sie einmütig im Tempel und brachen zu Hause das Brot, nahmen Speise mit Jubel und Schlichtheit des Herzens, lobten Gott und hatten Gunst beim ganzen Volk."* (Ap 2,46-47)

Noch in Ap 4,31 heißt es: *„Sie wurden alle mit dem Heiligen Geist erfüllt und redeten das Wort Gottes mit Freimütigkeit."*

Da war noch große Kraft und spürbare Gnade Gottes am Werk: *„Und mit großer Kraft legten die Apostel das Zeugnis von der Auferstehung des Herrn Jesus ab; und große Gnade war auf ihnen allen."* (Ap 4,33) Und *„durch die Hände der Apostel geschahen viele Zeichen und Wunder unter dem Volk; und sie waren alle einmütig in der Säulenhalle Salomos."* (Ap 5,12).

Die Jünger hätten vielleicht gesagt, „das war unsere schönste Zeit". Doch die ersten Schatten fielen bereits auf die Gemeinde. Das Ehepaar Hananias und Saphira hatten Petrus etwas verheimlicht und sie überlebten den Vorwurf von Petrus nicht. Die Episode zeigt, dass Gott keine Heuchelei duldet. Die beiden hatten so getan als würden sie ihren gesamten Besitz für die Sache Gottes hergeben. Ob das Gott überhaupt wollte, ist eine andere Frage. Gott ist sicherlich kein Kommunist. Aber Gott hasst Unaufrichtigkeit, Lüge, Unwahrheit und Heuchelei, die ja nichts weiter als Täuschung ist, da, wo die Wahrheit entscheidend ist. Hananias und Saphira stehen für eine Kirche, die um der Unwahrheit willen heuchelt und zugleich weltlichen Besitz zur Verfügung zu stellen in der Lage ist. Gutes tun, ist gut, aber nicht ausreichend! Der Wahrheit verpflichtet sein, ist wichtiger, ja, es ist sogar überlebenswichtig! Bei Gott gibt es keine Kompromisse mit der Wahrheit!

Lüge und Heuchelei sind in der Geschichte des Kirchenchristentums ständige fleißige Helfer zur bösen Tat gewesen. Genau genommen hat die Geschichte der Kirchenchristenheit diesen Weg des Unheils genommen, weil in ihr Lügen und Heuchelei Allgemeingut waren. Wo sie sind, gibt es keinen Segen und kein Heil. Die Kirchen sind die Hauptverantwortlichen für die Jahrtausende alte Verfolgungsgeschichte der Juden in Europa, dem christlichen Kontinent, der auch der anti-christlichste Kontinent geworden ist.

In Ap 5,18 werden die Apostel erstmals von dem damaligen, noch jüdischen Klerus gefangen gesetzt. Sie werden von Engeln befreit und predigen wieder im Tempel. Sie werden wieder verhaftet und geschlagen (Ap 5,40), aber sie bleiben vorerst noch unermüdlich: *„Und sie hörten nicht auf, jeden Tag im Tempel und in den Häusern zu lehren und Jesus als den Christus zu verkündigen."* (Ap 5,42) Sie schöpften noch aus der lebendigen Hoffnung, dass ja der Messias bald kommen würde und dann gingen die Uhren endlich anders. Noch ein bisschen ausharren, noch ein wenig durchhalten! Noch ein wenig leiden! Aber dann endlich…! Christus, das ist der Gesalbte, der Messias, also derjenige, den das jüdische Volk sich einerseits so sehr zurückwünschte, andererseits aber anders vorgestellt hatte. Es sollte ein Messias sein, der was bringt, nicht einer, der etwas Schmerzhaftes forderte. Doch der wurde von diesen Jüngern verkündet, ein Messias, der Umkehr forderte! Wie unbequem! Ein jüdisches Dauerthema: Umkehr, Erneuerung, Heiligung...

Ab Ap 6 nehmen die Probleme in der Glaubensgemeinschaft zu. Es *„entstand ein Murren der Hellenisten gegen die Hebräer, weil ihre Witwen bei der täglichen Bedienung übersehen wurden."* (Ap 6,1) Mit „Hellenisten" sind die Juden aus der griechischen Diaspora gemeint, „Hebräer" sind die Juden im Heimatland. In beiden Fällen handelt es sich aber um messianische Juden! Gleichzeitig wächst aber auch die Zahl der Jünger (Ap 6,7). Und immer noch wirkten die Jünger Wunder (Ap 6,8). Das alles zeigt, dass die Bewährungszeit als Zeit der Umkehr für Israel andauerte. So verstanden es auch die Jünger und das motivierte sie und trieb sie weiter an, unverzagt ihrem Auftrag nachzugehen. *11

Mit der Ermordung von Stephanus wird eine härtere Gangart im Umgang mit den messianischen Juden angeschlagen (Ap 6,11ff). Die Verteidigungsrede von Stephanus ist durch und durch jüdisch. Sie beinhaltet eine Erzählung der Geschichte Israels mit Gott (Ap 7,2-53). Die Nationen kommen darin nicht vor, außer als Feinde Israels. Stephanus klagt seinerseits seine Richter an. Es ist ebenso im Grunde eine Anklage wegen Heuchelei: „Welchen der Propheten haben eure Väter nicht verfolgt?" (Ap 7,52) und was für die Juden der schwerwiegendste Vorwurf war: sie hätten die Torah nicht befolgt! (Ap 7,53).

Man hätte nun erwartet, dass sich Jakobus oder Petrus oder Johannes eingemischt hätten, um Stephanus zur Seite zu stehen. Vielleicht waren sie nicht in Jerusalem, als das geschah. Man gewinnt den Eindruck, dass Stephanus keine Unterstützung von seiner Gemeinde hatte. Aber es ist nicht einmal sicher, dass er der Gemeinde in Jerusalem angehörte. Später bei Paulus würde es ganz ähnlich verlaufen. Stephanus und Paulus waren Störer der innerjüdischen Ordnung. Anstatt zu „appeasen" klagten sie an. *„Ihr wollt Gottesfürchtige sein? Ihr seid Gottesmörder!"*

So geht Diplomatie und Freundlichkeit! Ja nichts Nettes sagen! Stephanus, so geht das doch nicht!

Stephanus war ein Vertreter eines messianischen Judentums, der den Juden vor Augen hielt, dass sie nicht richtige Juden waren, da sie ja Jesus nicht anerkannten. Auch heutige messianische Juden bekommen die Feindseligkeit der Juden zu spüren. Und zwar aus den gleichen Gründen. Sie sagen den Juden, euch fehlt das Entscheidende: Jesus! Und so sind sie eine beständige Provokation für die Juden, obwohl sie selber nur genau das sagen, was sie für die Wahrheit halten. Und es ist die Wahrheit! Und auch die großen Kirchen beargwöhnen die messianischen Juden und laden sie nicht zu ihren Kirchentagen ein. Hauptsächlich deshalb, weil sie die Schelte derjenigen Juden fürchten, die die messianischen Juden ablehnen und ihnen das Jüdischsein komplett absprechen. Judentum, Kirchenchristentum und Islam sind sich hierin einig: messianische Juden braucht die Welt nicht! Nicht noch einen weiteren Unfriedensstifter, nachdem doch wir drei endlich Frieden miteinander gestiftet haben, oder zumindest dabei sind, uns anzunähern. *12 Diese drei sind sich darin einig, wenn sie sagen, dass es ein messianisches Judentum doch gar nicht geben kann. Wer als Jude Christus bekennt, soll Mitglied einer Kirche werden. Die messianischen Juden machen jedoch nicht mit, wenn man sie vereinnahmen will. Sie beugen sich nicht der Hausmacht des nichtmessianischen Judentums. Und dann befürchten Juden und Kirchenchristen auch noch, dass die alte antijudaistische Sichtweise eine Renaissance erlebt und dann wäre das Zeitalter des Dialogs mit den Bruderreligionen Judaismus und Islam vorbei. *13

Mit der Verurteilung und Hinrichtung von Stephanus scheinen Dämme gebrochen zu sein, denn „An jenem Tag entstand aber eine große Ver*folgung gegen die Gemeinde in Jerusalem; und alle wurden in die Landschaften von Judäa und Samaria zerstreut, ausgenommen die Apostel.*" (Ap 8,1) Sonderbar! Warum nicht ausgerechnet die Rädelsführer dieser Jesusnachfolger? Vielleicht weil Gott sie noch schützte, denn ohne sie wäre die Bewegung zusammengebrochen. Oder dankte der hochehrwürdige Rat der jüdischen Oberen den Jüngern, dass sie nicht noch zusätzlich Öl in das Feuer gegossen hatten, das Stephanus angezündet hatte? Pure Spekulation. Aber später bei Paulus wird sich auch eine laut schweigende Stille an Stimmen zeigen bzw. nicht zeigen, die Paulus hätten verteidigen können, aber es allem Anschein nach nicht so getan haben, dass es die Berichterstatter bzw. der heilige Geist für lohnenswert gehalten hätten, darüber zu berichten. *14 Dennoch, von da an ging`s bergab mit dem Rückhalt der Gemeinde in Jerusalem. *15 Bisher hatten sich die Jünger Jesu als torahkompatibel gezeigt und damit als zur jüdischen Gemeinschaft zugehörig, doch nun wollten sie auf einmal die besseren Torahschüler sein, diesen Anschein müssen sie erweckt haben. Und wie vielen Juden muss es überdrüssig geworden sein, immer wieder zu hören zu bekommen, dass Jesus der Gottesknecht in Jesaja 53 sei. Wenn andere einem sagen, dass man auf der ganzen Linie versagt hat, weil man den Messias nicht erkannt hat, ist das ein Schlag ins Frömmigkeitskontor.

Wenn es nun in Ap 8,4 heißt: *„Die Zerstreuten nun gingen umher und verkündigten das Wort."* Ist klar, dass das in Judäa, Galiläa, Samaria und dem Rest des Landes geschah, das damals in verschiedene römische Provinzen und Herrschaftsgebiete aufgeteilt war, denn schon der nächste Vers sieht Philippus in einem Ort Samarias. Dort verkündet er *„das Evangelium vom Reich Gottes und dem Namen Jesu Christi."* (Ap 8,12) Auch hier wieder bedeutet „Evangelium vom Reich Gottes" das, was Jesus über das kommende messianische Reich gesagt hatte und „Namen Jesu Christi", das, was Jesus den Jüngern über sich offenbart hatte.

Die Verkündigung in „aller Welt" war jedenfalls zunächst begrenzt und schleppend, auch wenn ein paar tausend Juden zum Kreis der Jünger Jesu gezählt wurden. Sie gingen ja weiterhin ihren Tagesgeschäften nach, Prediger wurden die Allerwenigsten.

„Jünger" steht ja eigentlich für „Schüler". *16 Ein Rabbi war ein Torahlehrer, der sich Schüler auserwählte, um ihnen die Torah und das rechte, torahgemäße Leben beizubringen. Man könnte vereinfacht sagen, dass Jesus als Rabbi Seinen Jüngern beibrachte, das wieder gerade zu rücken, was die jüdische Tradition verbogen und entstellt hatte. Aber dazu gehörte bestimmt nicht, dass nun die Torah für die Juden keine Bedeutung mehr hätte, sondern dass sie eine andere Bedeutung hatte. Sie sollte ja dem Menschen dienlich sein, auf die Wege Gottes zu kommen und nicht umgekehrt die Menschen dazu verpflichten, der Torah zu dienen. Jakobus hatte allerdings nicht zu diesen Jüngern gehört. Er war nur gläubig geworden, weil ihm Jesus persönlich nach Seiner Auferstehung erschienen war (1 Kor 15,7). Bei dieser Gelegenheit hat Jesus dem Jakobus auch bestimmt gesagt, was er tun sollte. Man darf getrost davon ausgehen, dass er sich daran gehalten hat. Ebenso wie sich Paulus später an das gehalten hat, was Jesus ihm gesagt hat. Es ist nicht gut, wenn man dem Messias nicht folgt!

Angesichts einer Bevölkerungszahl von mindestens zwei bis drei Millionen Juden im Heiligen Land, *17 war die Zahl der Jünger und an Jesus Gläubigen gering, auch wenn es zeitweise ein paar Tausend gewesen sein können. Und eben deshalb gab es für die Jünger Jesu auch keinen zwingenden Grund, in entfernte Länder zu reisen. Jesus hatte gesagt, fangt in Jerusalem an, dann geht in die anderen Stätte Israels. Und Er hatte auch selber gesagt, dass Er nur zu Israel geschickt war (Mt 15,24). Zeitweise hatte er das auch den Jüngern geboten, dass sie nur zu Israel gehen sollten, als Er sie aussandte (Mt 10,5-6). Später erweiterte er die Zielsetzung (Mt 28,19) auf alle Nationen. *18 Alle Menschen sollten lernen, was es mit dem Messias Israels auf sich hatte. Das beinhaltete das Gebot des „Jüngermachens". Ein Jünger ist aber ein Schüler.

Später wird Paulus eine andere Gattung von Menschen einführen, die er Glieder des Leibes Christi und Erbe Christi nennt. Auch zu ihnen gehören Menschen aus den Nationen und aus Israel. Der Unterschied zwischen einem Jünger und einem Leibesglied Jesu ist, dass der Jünger seinem Rabbi nur bis zu dessen Tod folgt und dann selber ein Rabbi ist, dem wiederum andere Jünger nachfolgen. Es kommt also zu einer Trennung. Bei einem Leibesglied ist das nicht der Fall, weil diese Verbindung nicht aufzulösen ist. Hier besteht also eine größere Nähe und Identität.

Man hat in Christus bereits die endgültige Identität gefunden.

Wer nach sich und seinem wahren Wesen sucht,

findet es nur in Christus.

Aber das sind paulinische Gedanken. Einem Petrus oder Jakobus wären solche Gedanken vermutlich fern gewesen.

Wie sich bald zeigen sollte, waren die aus Jerusalem flüchtenden Jünger auch nicht mehr in an Israel grenzenden Gebieten sicher (Ap 9,1ff).

In dieser Phase kommt es zu einem weltgeschichtlichen Wandel. Nun betritt Saulus von Tarsus die Weltbühne. Er will die Christen verfolgen, weil er ein Eiferer für die Torah ist und noch nicht gelernt hat, gnädig zu denken. *19 Er ist ein Jude des alten Bundes, der zuerst ein Jude des neuen Bundes wird, dann ein persönlicher Vertrauter des Christus. Das war eine Entwicklung, die andere Juden auch noch machen würden.

Bei Paulus fängt der Glaube an den Messias Jesus – ähnlich wie bei Jakobus - mit der Begegnung mit dem Auferstandenen an. Paulus ist also wie die anderen Apostel und wie Jakobus ein Gläubiger durchs „Schauen" geworden, auch wenn er gar nichts optisch sehen konnte. Aber man „schaut" mit allen Sinnen und mit jedem Sinn schaut man einen Teil der Realität. Für Paulus reichte es. Er war Jesus als Auferstandenem begegnet und das brachte sein ganzes Konzept und einen gehörigen Teil seiner Theologie durcheinander.

Diese Unordnung hielt auch noch eine Weile an und das Umdenken, das er dazu benötigte, war ein Kraftakt, den ein Mensch gar nicht leisten kann, wenn er keinen göttlichen Beistand hat. Im Falle von Paulus war es Christus, der Paulus zur Erkenntnis und zum Bekenntnis auf die Sprünge half. Und dennoch dauerte es, bis Paulus so weit war. Es dauerte Jahre (Gal 1,17-18).

Paulus wurde, trotz des Wunders, welches er erlebt hatte, trotz einer Begegnung mit dem auferstandenen Christus, auf den alle anderen Apostel neidisch sein konnten, kein Stargast, als er nach Jerusalem kam (Ap 9,26). Man darf davon ausgehen, dass man dort froh war, als man ihn wieder wegschicken konnte (Ap 9,31). Er verärgerte die Juden in Jerusalem. Er war ein Störenfried und kein Diplomat. Warum hatten die anderen Apostel die Juden in Jerusalem nicht so verärgert? Weil sie Torahlehrer geblieben waren, womit weniger mehr gesagt sein soll, als dass sie die Torah nicht angriffen, sondern in ihrer ganzen Bedeutung stehen ließen. Jakobus und die zwölf Jünger hatte Jesus in diesem Punkt nicht missverstanden.

Doch bevor Paulus das erste Mal nach seiner Bekehrung nach Jerusalem gekommen war, hatte er drei Jahre in Damaskus und Arabien verbracht (Gal 1,17-18). ***20** Erst nach der Bekehrung des Völkerapostels Paulus, kommt Petrus zu der für ihn neuen Erkenntnis: *„In Wahrheit begreife ich, dass Gott die Person nicht ansieht, sondern in jeder Nation ist, wer ihn fürchtet und Gerechtigkeit wirkt, ihm angenehm."* (Ap 9,34-35)

Das ist eine der merkwürdigsten Geschichten in der Apostelgeschichte, die man gemeinhin als *„Des Petrus Sendung zu den Heiden nach Cäsarea"* bezeichnet. In Wirklichkeit wurde Petrus zu dem römischen Hauptmann Kornelius geführt, nachdem er eine Vision von unreinen Speisen hatte, die er sich nicht erklären konnte. Der heilige Geist zeigt ihm die Vision drei Mal und er sagt Simon Petrus auch ausdrücklich, dass er mit den Männern, die ihn zu Kornelius führen, mitgehen soll.

Und Petrus, kaum dass er im Haus des Nichtjuden Kornelius angekommen ist, betont, dass es ihm nach der jüdischen Sitte eigentlich gar nicht erlaubt wäre, das Haus zu betreten.

Erst am Ende der Geschichte fällt bei Petrus der Groschen. Man muss nicht Jude sein, um für Gott annehmbar zu sein! Das ist so merkwürdig wie erstaunlich, denn das bedeutet, dass er diese Kenntnis vorher nicht hatte und sie weder Bestandteil des Missionsbefehls von Jesus an die Jünger gewesen sein konnte, noch Lehrgegenstand der drei Jahre, in denen Jesus mit den Jüngern zusammen war. ***21** Und das zeigt, Gott sagt nicht jedem gleich alles, sondern Er hat einen heilsgeschichtlichen Plan, nach dem alles, eins nach dem anderen, vor sich geht.

Und auch Paulus wusste das nicht alles gleich. Jesus Christus ist ihm mehrmals erschienen und Paulus verbrachte lange Zeit weit weg von der Gemeinde zu Jerusalem, in der „Klausur". Er bekam drei Jahre, die Er mit dem Beistand von Christus verbrachte. Das war der auferstandene und erhöhte Christus. Bei den anderen Jüngern Jesu waren es drei Jahre mit dem Menschensohn Jesus, den Jesus nach dem Fleisch, gewesen, über den Paulus sagen wird, *„wenn wir Christus auch nach dem Fleisch gekannt haben, so kennen wir ihn doch jetzt nicht mehr so."* (2 Kor 5,16) Warum will ihn Paulus so nicht mehr kennen? Weil er Ihn als erhöhter Sohn Gottes kennen gelernt hat. Das ist jetzt die Realität, die für Paulus zählt. Wenn man den zwölf Jüngern zugestehen muss, dass sie mit dem Lehrer Jesus oft überfordert waren, was sich deutlich aus den Evangeliumsberichten ergibt, darf man nicht annehmen, dass es Paulus mit dem himmlischen Christus sehr viel anders ergangen ist. Und er hatte noch viel mehr „Neuigkeiten" zu verdauen, als alle anderen!

Und bald sollte sich zeigen, dass Paulus eine andere Botschaft hatte, als die Jünger Jesu. Sie predigten jeweils ihr eigenes Evangelium, die Jünger das Evangelium der Beschneidung und Paulus das Evangelium der Unbeschnittenheit. Das verbaten die Jünger Paulus nicht, sondern sie ließen es geschehen, *„weil sie einsahen, dass ich mit dem Evangelium der Unbeschnittenheit betraut bin, so wie Petrus mit dem der Beschneidung",* (Gal 2,7 KÜ),

Die meisten Übersetzungen bringen hier ungenau „Evangelium für die ...". Aber für Paulus war es ebenso wenig wie für die anderen nur ein Evangelium für einen anderen Missionsbezirk oder einen anderen Adressatenkreis, sondern es ging um inhaltliche Differenzen. Wegen der Inhalte war es zum Streit gekommen.

Vor Paulus hatte es bei den Juden kaum eine Heidenmission gegeben. Aber sie war nicht unbekannt, wenn man sich darunter das vorzustellen hatte, was Jona nach Ninive getrieben hatte. Man glaubte sehr wohl daran, dass Gott all die Heiden, die Er dem Volk Gottes zuführen wollte, in die Gemeinde Israels dann auch eingliedern würde. Doch dann mussten diese Fremdlinge, die keine jüdische Mutter hatten, das Bundeszeichen der Beschneidung annehmen und sich in der jüdischen Gemeinschaft des Bundes mit Gott JHWH unterordnen. Man könnte den Vorgang Judaisierung nennen.

Es war nämlich, nachdem Paulus seine Missionsreisen begonnen hatte, aus der Diakonie die Mitteilung nach Jerusalem gekommen, dass Paulus gegen die Beschneidung und gegen die Torah predigte. Das war nur zum Teil wahr. *22 Dass das dann überhaupt auf der Apostelkonferenz besprochen werden musste und als Ergebnis die Anweisung gegeben wurde (Ap 11,1-18), dass Nichtjuden nur einen Teil der Torah halten sollten, zeigt bereits, dass die Jünger noch nicht in der Lehre von Paulus geschult waren und auch nichts dergleichen in ihre Verkündigung aufgenommen hatten. Und man weiß nicht, ob sie Paulus überhaupt ganz verstanden haben, denn auch wenn Petrus sagt, dass in den Briefen von Paulus *„einiges schwer zu verstehen"* (2 Pet 3,16) sei, was selbstredend bedeutet, dass auch in den Reden und Lehren des Paulus „einiges schwer zu verstehen" war, bedeutet das noch lange nicht, dass Petrus alles verstanden hat, was Paulus da von sich gab. Und wenn er es nicht verstand, dann gehörte es auch nicht zu seinem Auftrag, es zu verstehen.

Zurück in Jerusalem berichtet Petrus von seiner Vision und der Geschichte mit Kornelius. Auch das zeigt, dass er von Dingen berichtete, die bisher im Kreis der Jünger nicht bekannt waren! Es gab Nichtjuden, die mussten sich nicht unter die Schirmherrschaft des Judentums begeben und hatten dennoch Gottesbegegnungen! Das war neu! Davon hatte ihnen Jesus nichts gesagt. Und Jesus hatte ihnen das nicht gesagt, weil es noch nicht auf dem Lehrplan eines Jüngers zu stehen hatte. Die Jünger bemerkten nicht, dass Gott inzwischen allmählich begann ein weiteres Programm in Seinem Heilsplan anlaufen zu lassen. Deshalb hatte Er schon den Paulus berufen.

Aber, was Petrus zu berichten hatte, passte zu dem, was Paulus predigte, denn Kornelius war als Nichtjude auch nicht sehr darin geübt, die Torah zu beachten.

Und beschnitten war er (höchstwahrscheinlich) auch nicht. Beides, Beschneidung und Torah erklärte ja Paulus als für die Nichtjuden irrelevant, wenn sie ganz im Geiste Christi lebten.

Das alles ist nur zu verstehen, wenn es bei den beiden Evangelien, dem des Petrus und dem des Paulus, inhaltliche Differenzen gab. Und man darf nun nicht annehmen, dass die Apostel fortan nur noch ein Evangelium predigten. Die Bibel selber belegt das Gegenteil, wenn sie Jakobus auf der Apostelkonferenz dann beschließen lässt, dass die Nichtjuden nur einen Teil der Torah beachten sollen, nämlich genau den Teil, der hilfreich ist, wenn man Gemeinschaft mit den um rituelle Reinheit bemühten Juden haben wollte. Vorher gab es keine Vereinbarung darüber, weil es vorher dieses Problem nicht gegeben hatte, denn wer Jude werden wollte, sollte einfach Jude werden. Zuerst hatte es Paulus, dann Petrus erkannt, dass das nicht nötig war.

Inzwischen waren die aus Israel geflohenen messianischen Juden in der Diaspora bis nach *„Phönizien und Zypern und Antiochia"* gezogen (Ap 11,19). Und wem verkündeten sie da das Evangelium der Beschneidung? Sie *„redeten zu niemand das Wort als allein zu Juden."* Es gab sogar Männer aus Zypern und Kyrene, die den Jüngern in Jerusalem nicht bekannt waren, die irgendwie den Glauben an Jesus entdeckt hatten (Ap 11,20). Aber es waren Juden. Von einer Heidenmission, zu der die Apostel aufgebrochen wären, erfährt man nichts.

Inzwischen waren Jahre nach der Anfangseuphorie vergangen und Jesus war noch immer nicht zurückgekommen. Die Kommune in Jerusalem war in eine Notlage gekommen. Christusgläubige außerhalb Judäas sollten den bedürftigen Brüdern nun Hilfe senden. Das lässt darauf schließen, dass die Brüder in Jerusalem so sehr mit der Ankunft ihres Herrn gerechnet hatten, dass sie das normale Leben mit seinen Abläufen und Ordnungen vernachlässigt hatten. Gott will nicht, dass man sozialistisch alles mit anderen teilt, solange man noch ein Adamsmensch ist. Es gibt Grenzen, die auch bekehrte Menschen einhalten müssen, weil es sonst zum Chaos kommt. In dem Fall war es eine wirtschaftliche Notlage der Brüder in Jerusalem, die von den Christen möglicherweise nicht genügend gewürdigt worden war. Jedenfalls hatte ihr Aufteilen der Habseligkeiten in der Gemeinde die Not nicht verhindern können, vielleicht war sie sogar eine Wurzel des Übels. Der Bericht in der Apostelgeschichte gibt keine Wertung ab, sondern berichtet nur, wie es war. *23 Es wäre falsch, aus der Abwesenheit von Tadel darauf zu schließen, dass alles in Ordnung gewesen wäre, was die Erzväter taten!

Die Apostelgeschichte geht dann weiter mit der Zerstörung einer weiteren Säule der Gemeinde in Jerusalem, der Hinrichtung von Jakobus, einem der Apostel. Auch Petrus wurde festgenommen (Ap 12,1ff). Und immer noch galt: *„Das Wort Gottes aber wuchs und mehrte sich."* (Ap 12,24). Nun ist aber Paulus einer der Verkündiger und er hat viel Neues zu sagen!

Auf seinen Missionsreisen sucht Paulus stets die Synagogen auf. Seine Ansprache ist typisch für einen Jesusjünger: *„Männer von Israel und ihr, die ihr Gott fürchtet, hört: Der Gott dieses Volkes Israel erwählte unsere Väter..."* (Ap 13,16-17). Er sprach also die Leute an, die man gewöhnlich in Synagogen antraf, Juden und solche Nichtjuden, die man als „Gottesfürchtige" bezeichnete, weil sie sich für das Judentum und den Gott Israels interessierten und deshalb im Umfeld der Synagogengemeinden auftauchten.

In seiner Predigt in Antiochia in Pisidien bleibt Paulus bei der Kunde über Israel und seinen Messias. Am Ende seines Seminars erklärt Paulus den Juden: *„Zu euch musste notwendig das Wort Gottes zuerst geredet werden; weil ihr es aber von euch stoßt und euch selber des ewigen Lebens nicht für würdig haltet, siehe, so wenden wir uns zu den Nationen."* (Ap 13,40) Das hat erwartungsgemäß den Zorn der Juden zur Folge (Ap 13,50), die ihm bis zum Rest seines Lebens auf den Fersen blieben. Und zwar waren es orthodoxe Juden und messianische Juden (Ap 15,1).

Die Streitfragen zwischen Paulus und den Juden waren also auch Streitfragen mit messianischen Juden, weil sonst die Apostelkonferenz nicht notwendig gewesen wäre! (Ap 15,2ff). Auf dieser Konferenz kam es zu viel „Wortwechsel". Der Bericht von Lukas gibt wieder, was geschah und was geredet wurde. Man muss sich dabei aber bewusst sein, dass nirgendwo gesagt ist, dass das, was Petrus, oder das, was Jakobus sagt, theologisch korrekt ist oder nach dem Willen Gottes geschehen ist.

Die Rede von Jakobus zeigt, dass er die Erfolge, die Paulus in der Mission unter den Nationen hat, in Übereinstimmung mit den Verheißungen des Alten Testaments sieht (Ap 15,15ff). Und in dem Zusammenhang weist Jakobus an, dass man die Nationen nicht weiter beschweren soll als mit den Geboten über die *„Verunreinigungen der Götzen und von der Unzucht und vom Erstickten und vom Blut."* (Ap 15,20) Mit was hätte man sie noch beschweren können? Mit alledem, mit was man sie in der Vergangenheit beschwert hat, wenn sie zum Volk des Heils dazugehören wollten, wovon alle Proselyten ein Lied singen konnten. D.h. man lehrte ihnen nicht, dass sie die Torah halten müssten. Der nachfolgende Zusatz *„Denn Mose hat von alten Zeiten her in jeder Stadt solche, die ihn predigen, da er an jedem Sabbat in den Synagogen gelesen wird."* (Ap 15,21) ist an die Adresse der Juden und jene gerichtet, die sich den Juden anschließen wollten. Sie mussten keine Angst haben, dass nun auch in den Diasporagemeinden diese Lehre von Paulus auf die Juden und ihre Pflichten übertragen werden würde, denn in den Synagogen blieb ja alles beim Alten. Die jüdische Tradition war keinesfalls gefährdet, denn das hätte keiner der Jünger zugelassen. Sie waren diesbezüglich selber Traditionalisten.

In den Sendschreiben an die Diasporagemeinden der messianischen Juden verdeutlicht Jakobus noch einmal, dass diese Pauluskritiker „aus unserer Mitte" ausgegangen waren (Ap 15,24). Das waren also messianische Juden gewesen, die Paulus nicht verstanden hatten. Der Grund dafür ist klar, Paulus lehrte nicht, dass man die Torah überhaupt noch brauchte, wenn man in Christus war. Das ist für viele messianische Juden bis zum heutigen Tag nicht akzeptabel. Sie sagen, wer Gott und Jesus, den Messias, liebt, hält auch Ihre Gebote und diese finden sich in der Torah. Doch haben sie nicht verstanden, dass Paulus dem nicht widerspricht und doch etwas ganz anderes sagt. Wer die Torah braucht, für den ist sie verpflichtend, wer Christus hat, braucht die Torah nicht. Christus zu haben, muss jedoch für ein enges Vertrauensverhältnis stehen, das die Willensübereinstimmung mit Christus sucht und meist auch findet.

Christus zu „haben" bedeutet,
ein enges Vertrauensverhältnis mit Christus zu entwickeln,
das die Willensübereinstimmung mit Christus
sucht und auch findet.

Wollte man sagen, dass man die Torah braucht und Jesus Christus, wäre das so als würde man sagen Christus muss ständig nachschauen und sich vergewissern, was die Torah sagt, damit Er recht handelt. Das ist natürlich Unsinn.

Bei den Missionsreisen von Paulus fällt auf, dass er zuerst immer die Nähe des Judentums sucht. In Ephesus geht er in die Synagoge und redet dort drei Monate lang *„indem er sich mit ihnen unterredete und sie von den Dingen des Reiches Gottes überzeugte."* (Ap 19,8), während er nebenbei als Zeltmacher arbeitet. Er verlässt sie dann, weil einige das Evangelium ablehnen, und fährt dann zwei Jahre lang in einer Schule fort, weiter zu predigen. Auch wirkte Paulus dort Wunder (Ap 19,9-11).

Was der Text nicht sagt, ist, ob Paulus das gleiche Gedankengut, dass er in seinen Briefen darlegt, dort offenbart hat. Er hat *„von den Dingen des Reiches Gottes"* geredet, somit von der gleichen Thematik wie die anderen Apostel. Und ein Zeichen ihrer Legitimation waren auch immer Wunder gewesen. Die Gnadenzeit für Israel lief also noch.

Paulus predigte *„die Buße zu Gott und den Glauben an unseren Herrn Jesus Christus"* (Ap 20,21) und das *„Evangelium der Gnade Gottes"* (Ap 20,24) und *„das Reich"* (Ap 20,25). Er erfuhr mehrere Nachstellungen, insbesondere von Juden (Ap 20,3.19). Für sie war Paulus ein Verräter und Irrlehrer.

Als er nach Jerusalem zurückkehrt, erfährt er, dass die messianischen Juden immer noch den Verdacht hegen, dass er den Nationen etwas Falsches lehrt und die

Sonderstellung Israels herunterspielt. Das kann ja Gott nicht wollen und den Juden nicht recht sein! Es gibt *„viele Tausende..., die gläubig geworden sind, und alle sind Eiferer für das Gesetz."* (Ap 21,20) Das klingt wie ein Vorwurf: Hör zu, Paulus, du bist allein auf weiter Flur mit deiner Abwendung von der Torah!

Auch Paulus war ein Eiferer für das Gesetz gewesen, aber jetzt eiferte er für Christus, denn Christus ist besser als das Gesetz! Und genau deshalb misstrauten sie diesem Paulus, die Torah kam eindeutig bei Paulus zu schlecht weg. Die Juden hatten ein massives Torahproblem, einerseits hielten sie die Torah nicht so, wie es Gott wohlgefallen hätte, doch dann versteckten sie sogar noch ihre Versäumnisse dahinter und benutzten es als Lendenschurz. Das tut man immer dann, wenn man auf seine Werke verweist, die meist nur Werke fürs Auge sind – habe ich nicht meinen Zehnten gezahlt und noch ein paar Groschen drauf gelegt? -, aber andere wichtigere Torahwerke versäumt, wie z.B. Barmherzigkeit zu üben.

Gegenüber Paulus hieß es dann: *„Es ist ihnen aber über dich berichtet worden, dass du alle Juden, die unter den Nationen sind, Abfall von Mose lehrest und sagest, sie sollen weder die Kinder beschneiden noch nach den Gebräuchen wandeln"* (Ap 21,21)

Dieser Vorfall zeigt, dass es eine Spaltung in der Christenheit gab. Da war Paulus mit seinen Anhängern und da waren die übrigen messianischen Juden. Man könnte sagen, dazwischen waren jene messianischen Juden, denen Gott es geschenkt hatte, Paulus zu vertrauen. Dazu gehörten Petrus, Jakobus und Johannes und vermutlich die anderen Apostel. Vertrauen bedeutet nicht immer, alles zu verstehen.

Paulus unternimmt den Versuch einer Versöhnungsgeste und vollzieht ein jüdisches Ritual, damit die Leute sehen, dass er an der jüdischen Tradition nach wie vor festhält. Man erfährt nicht, ob Paulus dabei mit den Zähnen geknirscht hat und ob er meinte, dass ein solches Ritual überhaupt von großer Bedeutung sein konnte. Es waren dann Juden aus Asien, die die Volksmenge in Aufregung versetzten, indem sie behaupteten, Paulus würde überall *„gegen das Volk und das Gesetz und diese Stätte"* lehren (Ap 21,28). Gegen dieses Volk – gegen Israel, weil er nun die

Nationen so groß machte und damit Israels Rolle schmälerte -, gegen das Gesetz – weil er sagte, dass Christus das Ziel und die Torah nur ein Hinweisgeber sei-, gegen diese Stätte – weil er sagte, die Gemeinde sei der neue Tempel Gottes und der Tempel in Jerusalem sei nicht der Ort, wo Gott jetzt wohne.

Die Vorwürfe waren also zum Teil berechtigt. So ist es ja bis zum heutigen Tage. Die Kirchen verstehen die Ketzeraussagen nicht und bekämpfen sie deshalb. Geistliche Dinge kann man nur richtig beurteilen, wenn man den Geist hat, der urteilsfähig ist. Paulus, der einen Volksauflauf durch seine bloße Gegenwart verursacht hatte, wurde geschlagen und man versuchte ihn zu töten, aber römische Soldaten verhinderten es (Ap 21,30ff). Es wäre interessant zu erfahren, wie sich da die Jünger Jesu verhielten. Der Bericht von Lukas sagt dazu nichts, was hoffentlich nicht bedeutet, dass das aus gnädiger Zurückhaltung geschah! *24 Man kann sich jedenfalls gut vorstellen, wie besorgt die Jünger gewesen waren, als sie hörten, dass Paulus wieder nach Jerusalem kam. Er war ein enfant terrible!

Diese ganze Szene zeigt aufs Deutlichste, dass die Jünger Jesu in Jerusalem nur so lange überleben konnten, weil sie eben gerade nicht das Gleiche lehrten wie Paulus! Weiterhin wird gezeigt, dass Paulus eine Berühmtheit gewesen sein musste. Es war Kunde über Jahre hinweg aus den östlichen Provinzen des Römischen Reichs nach Israel vorgedrungen, dass dieser Paulus diese anti-traditionellen Lehren verbreitete und damit auch noch Erfolgt hatte. Von den anderen Jüngern Jesu hatte man davon nichts gehört. Und das lag natürlich daran, dass sie die Torah und die Sonderrolle Israels nicht antasteten. Es ist auch zu vermerken, dass man vom weiteren Ablauf der Ereignisse nichts mehr von ihnen hört. Das harmonische Miteinander der Apostel untereinander, dass von den meisten Bibellehrern und Auslegern gezeichnet wird, ist ein reines Wunschbild, das nie der Wirklichkeit entsprochen hat.

Weiterhin zeigt der Aufruhr, dass nicht die messianischen Juden in Jerusalem das Sagen oder die Mehrheit hatten. Sie waren nur Geduldete. Sie wurden als Sekte der Nazoräer bezeichnet (Ap 24,5). ***25** Paulus blieb ganze zwei Jahre im Gefängnis in Cäsarea (Ap 24,27). Der Statthalter Felix verhandelt mit ihm. Nach dessen Ablösung durch Festus kommt es noch einmal zu einer Art Vorverhandlung mit dem Statthalter und dem König Agrippa. Und bei alledem hört man zwar wiederum die Anklagen der Juden aus Jerusalem, aber nichts von den Jüngern Jesu. Haben sie Paulus nicht im Gefängnis besucht? Hat es Lukas einfach nicht berichtet? Wo er doch sonst alles so genau recherchiert und berichtet hat! Wieder vornehme Zurückhaltung? Paulus vertrat seine Sichtweise, dass er nicht gegen die Torah und nicht gegen den Tempel gesündigt hatte, die Juden sagten das Gegenteil, aber wo waren die Anhänger oder Freunde von Paulus? Stand er alleine vor seinen Richtern und Anklägern?

Auch die Vertreter des Staates, die über das weitere Schicksal von Paulus entscheiden, erwähnen nichts von etwaigen Argumenten und Verteidigungsreden oder Eingaben von Paulusfreunden. Wo war Petrus? Wo war Jakobus? Gab es keinen einzigen messianischen Juden, der Paulus zur Seite stand?

Klar, dass Paulus in seiner Verteidigungsrede keine Sonderlehren erwähnt, sondern herausstellt, dass er auf der Spur von Mose und den Propheten zu den Juden und Nationen redete (Ap 26,20-23). Paulus soll nach seinem eigenen Begehren vor den Kaiser gestellt werden. In Rom bleibt er vorerst in Gefangenschaft. Dass er Kaiser Nero nicht überzeugen konnte, weiß man aus der Geschichte.

Paulus berichtet den Brüdern in Rom von den Geschehnissen und die geben eine sonderbare Erklärung ab: *„Wir haben über dich weder Briefe von Judäa empfangen, noch ist jemand von den Brüdern hergekommen und hat uns über dich etwas Böses berichtet oder gesagt."* (Ap 28,21) Das bedeutet im Klartext, dass es während der zwei Jahre, in denen Paulus in Cäsarea gefangen war und den anschließenden ca. vier Monaten, die es brauchte, ehe Paulus Rom erreichte, kein Jünger Jesu in Jerusalem für nötig befunden hatte, die Nachricht von der Gefangensetzung von Paulus an die Brüder in Rom zu übermitteln.

Es scheint so, als habe Paulus keine Freunde gehabt. Paulus war schuld, dass es in Jerusalem wieder eine negative Presse in Bezug auf das messianische Judentum gegeben hatte. Jahrelang war er von Jerusalem fern geblieben und die Gemeinde dort hatte ihre Ruhe. Doch dann war Paulus wieder gekommen, obwohl man ihm abgeraten hatte und der Zirkus ging wieder von vorne los. Was nun geschah, hatte sich Paulus selber zuzuschreiben. Es ist klar, dass Lukas, wenn es so gewesen sein sollte, das nicht schreiben konnte. Das wäre eine schwere Hypothek gewesen für die Glaubwürdigkeit und Verlässlichkeit der Apostel Jesu. Markus und Lukas berichten in ihren Evangeliumsniederschriften von einem Jesus, der ihnen sagt, dass sie niemand wehren sollen, der nicht gegen sie bzw. gegen ihren Auftrag ist. *26 Ist das vielleicht alles, was den Jüngern Jesu dazu einfiel, wenn sie an Paulus dachten? *„Da ist einer, der handelt anscheinend im Auftrag Gottes, aber er zieht nicht an unserem Strang. Nun gut, wir verbieten es ihm nicht, aber wir unterstützen ihn auch nicht."* Vielleicht hat der eine oder andere so gedacht. Das würde erklären, warum Paulus so auf sich alleine gestellt war, obwohl es doch angeblich tausende Jünger Jesu gab. Aber diese Tausende waren messianische Juden und sie eiferten für die Torah.

Dafür versetzte Lukas, besser gesagt Paulus, dem Judentum einen weiteren Schlag, einen Doppelschlag, denn das, was er im Römerbrief ausführlich begründet hat, dass Israel Verstockung erfahren würde (Röm 11,25), sagt er den Juden Roms ins Gesicht. *„Trefflich hat der Heilige Geist durch Jesaja, den Propheten, zu euren Vätern geredet und gesagt: „Geh hin zu diesem Volk und sprich: Hörend werdet ihr hören und nicht verstehen, und sehend werdet ihr sehen und nicht wahrnehmen. Denn das Herz dieses Volkes ist dick geworden, und mit den Ohren haben sie schwer gehört, und ihre Augen haben sie geschlossen, damit sie nicht etwa mit den Augen sehen und mit den Ohren hören und mit dem Herzen verstehen und sich bekehren und ich sie heile."* (Ap 28,25-27) Und Paulus macht die Prophezeiung, die in den Ohren der Juden wie Salz auf eine Wunde war: *„So sei euch nun* *kund, dass dieses Heil Gottes den Nationen gesandt ist; sie werden auch hören"* (Ap 28,28-29).

Und da Paulus noch zwei Jahre in Rom gefangen ist, macht er weiter mit seiner Verkündigung: *„Er predigte das Reich Gottes und lehrte die Dinge, die den Herrn Jesus Christus betreffen"* (Ap 28,31).

Die Propheten Israels sind vom Volk und ihren Beherrschern umgebracht worden, weil sie ähnlich schonungslos wie Paulus geredet hatten. Man kann nicht schneller und gründlicher bei einem Volk in Ungnade fallen, wenn man es beschimpft, außer man beschimpft es zurecht und wahrhaftig.

Diese Vorgänge aus der Anfangszeit des Christentums muss man verstanden haben, sonst kann man die messianisch-jüdischen Briefe nicht richtig einordnen und auch nicht ganz verstehen. Sie sind inhaltlich zwangsläufig anders als die Briefe des Paulus und sie sind auch deshalb anders, weil sie an einen anderen Adressaten gerichtet sind. Paulus hat an Gemeinden geschrieben, in denen es viele Nichtjuden gab. Vielleicht haben zu einigen Gemeinden sogar, zum Zeitpunkt der Abfassung, mehr Nichtjuden gehört als Juden. Die Briefe von Petrus, Jakobus, Johannes und Judas, außerdem noch die Abhandlung des sogenannten Hebräerbriefes waren hauptsächlich an Juden gerichtet.

Petrus sagt das gleich im ersten Satz seines ersten Briefes, Jakobus ebenfalls, nur bei Judas und Johannes bleibt das offen, während der Hebräerbrief deshalb so heißt, weil er von einem Hebräer an die Hebräer gerichtet ist. Und das ergibt sich zweifelsfrei aus dem Textinhalt. Bei Judas und Johannes ist das zumindest strittig. Der „Hebräerbrief" scheint eigentlich kein Brief zu sein. Auch der Verfasser ist unbekannt. Man kann aber sagen, dass er inhaltlich sowohl dem Umkreis von Paulus als auch von Petrus zuzurechnen wäre. ***27**

Petrus predigte das Evangelium der Beschneidung (Gal 2,7), dabei hat er diese Erläuterungen geben können. Und Paulus predigte zwar das Evangelium der Unbeschnittenheit, aber er kannte das andere Evangelium nicht nur, sondern verwendete es inhaltlich in seiner Predigt, je nachdem, zu und mit wem er gerade sprach.

Wenn er das erste Mal in eine Synagoge der Diaspora kam, begann er seine Ver-kündigung mit Altbekanntem. Das Altbekannte waren die Verheißungen Gottes an Israel und die Bündnisse, die Gott mit Israel geschlossen hatte. Es musste Israel darum gehen, auf Gottes Wegen zu wandeln und die notwendige Umkehr dazu herbeizuführen. Bis hierher folgten alle Paulus. Bis hierher konnten sie ihm bei-pflichten und seine Gelehrsamkeit in der Torah und den heiligen Schriften anerken-nen. Hierin war er sehr wahrscheinlich viel gelehrter und belesener als die zwölf Jünger, die ja nur 3 Jahre bei ihrem Rabbi in die Lehre gegangen waren. Doch das dicke Ende behielt Paulus niemand vor, denn dazu kam dann noch als nächstes die Enthüllung, dass der Messias zu Israel gekommen war. Bis hierher war das das Evangelium der Beschneidung. Doch dann legte Paulus noch bisher Ungehörtes hinzu, wenn er meinte, dass es an der Zeit war. Er brachte den Messias in eine enge Beziehung zu den Nationen und baute dafür die Bedeutung der Torah und der jüdischen Überlieferungen, jedenfalls nach der Sicht seiner jüdischen Zuhörer, radikal ab.

Es wird bei der Auslegung der messianisch-jüdischen Briefe also darauf ankom-men, neben der Erläuterung der heilsgeschichtlichen Erklärungen:

1. Die Aussagen des Evangeliums der Beschneidung herauszustellen
2. Die Querverbindungen zum Evangelium der Unbeschnittenheit aufzuzei-gen
3. Auf Widersprüche und Übereinstimmungen hinzuweisen.

JCJCJCJCJCJCJCJCJCJCJCJC

1.

Juden sind gemeint!

Jak 1,1

Der Jakobusbrief beginnt gleich mit einer klaren Ansage. Der Brief ist geschrieben an *die zwölf Stämme in der Zerstreuung*. „Jakobus, Knecht Gottes und des Herrn Jesus Christus, den zwölf Stämmen, die in der Zerstreuung sind, seinen Gruß" (**Jak 1,1**)

In der ganzen Bibel bezieht sich der Ausdruck *„zwölf Stämme"* auf Israel. Das ist auch in Of 21,12 der Fall. Eigentlich hätte diese Schriftstelle im Buch der Offenbarung die Kirchenlehrer, die die Ersatztheologie entwickelten, warnen müssen, dass sie zu Irrlehrern werden, denn wenn das himmlische Jerusalem zwölf Tore hat, wovon jedes einen Namen eines Stammes Israel hat, kann das nicht für die Kirche stehen.

Stattdessen sind auch heute noch viele Ausleger bei der absurden Idee hängen geblieben, dass es sich da, wo „Israel" steht, um Nicht-Israel handelt. ***28** Aber das passt in ein Zeitalter, das einerseits eine Gnadenzeit ist, weil viele zum Glauben an Jesus Christus kommen. Dieses Zeitalter kann aber andererseits auch das antisemitische Zeitalter genannt werden. Gott wird wissen, was bei den Kirchen überwiegt, Verständnis für die Gnade Gottes oder Antisemitismus zur eigenen Ungnädigkeit.

In den Vorkommen des Wortes „Israel" im Alten Testament würde das auch niemand ernsthaft bestreiten wollen, dass damit Israel gemeint ist. Anders beurteilt man das Vorkommen des Wortes im Neuen Testament, für welche Kirchenleute eine Umdeutung auf die Kirche vorgenommen haben, soweit Israel in einem positiven Kontext genannt wird. ***29**

Jak 2,2 ist ein weiterer Hinweis dafür, dass die zwölf Stämme in der Diaspora, die Jakobus anschreibt, nicht die Gemeinde des Leibes Jesu Christi ist, denn Jakobus sagt ausdrücklich: „eure Synagoge". ***30** Synagoge ist etwas Jüdisches. Kirche ist etwas anderes. Der Begriff „Synagoge" meint in der Bibel immer nur die jüdische Gemeinschaft. Das zeigt zugleich, dass Jakobus davon auszugehen hatte, dass er nicht an Hauskreise und kleine Gemeinden von Christen schrieb, die Juden und Nichtchristen vereinten, wie es bei Paulus der Fall war. E schreibt an die jüdischen Brüder in der Diaspora, wo immer sie auch waren. Und sie waren, so zerstreut sie auch waren, jedenfalls Mitglieder der Synagogengemeinschaften, wenn sie dort noch nicht herausgeworfen worden waren. Aber davon geht Jakobus nicht aus, sonst könnte er nicht schreiben, wie sich die Brüder in den Synagogen verhalten sollten (**Jak 2,2-4**).

Luther und anderer reformatorischer Theologen zufolge haben die Katholiken die Paulusbriefe nicht richtig verstanden. Den Katholiken zufolge haben die Protestanten den Jakobusbrief nicht richtig verstanden. Was Wunder, wenn ihre Auslegungen in die jeweilige vor- oder nachgefasste Richtungen gehen. Aber beide haben dennoch ihren Antisemitismus gemein. Und damit hängt auch ihr heimlicher Wunsch zusammen, das es nicht wahr sein soll und deshalb auch nicht für wahr gehalten werden soll: dass Jakobus den zwölf Stämmen in der Diaspora etwas anderes zu verkünden hat als Paulus den Römern oder Galatern. Es gibt keine zwei Heilskörperschaften, es gibt nur eine Kirche und das sind wir! Das ist die Botschaft der Kirchen. Aber das ist nicht das Evangelium!

Sobald sie einmal begriffen und anerkannt haben, dass das so ist, lösen sich die Schwierigkeiten bei der Auslegung des Jakobusbriefes auf. Vorher müssen alle Lösungsversuche scheitern und es gilt, was schon immer galt: man versteht eine Sache oft nur, wenn man unvoreingenommen an eine Sache heran geht. Man darf allenfalls die Voreingenommenheit haben, dass man unvoreingenommen an die Sache heran gehen muss!

Die katholischen Kirche ist bei ihrer Auslegung des Jakobusbriefes zu dem Schluss gekommen, dass der Jakobusbrief an die katholische Kirche gerichtet ist, die es damals schon gegeben habe und dass diese Kirche von Jakobus angewiesen wird, dass man sehr wohl Werke tun müsse, um erlöst zu werden. ***31** Dabei gibt es im gesamten Jakobusbrief keinen einzigen Satz, in dem steht, dass Jakobus den Katholiken etwas zu sagen hätte. Er schreibt ja ausdrücklich an die zwölf Stämme in der Diaspora. ***32**

Man hätte anstelle der katholischen Kirche auch andere nennen können, nur mit dem Unterschied, dass die Protestanten Mühe haben, die Anweisungen über die Werken in Übereinstimmung zu bringen mit ihrer Lehre, die sie sehr wohl als paulinische Lehre bezeichnen, wonach nicht Werke die Rechtfertigung vor Gott einbringen, sondern allein der Glauben an Jesus Christus.

Zwar wird von keinem bestritten (auch nicht von den Katholiken), dass der rechte Glauben an sich die rechten Früchte hervorbringt, aber was Jakobus in seinem Brief sagt, zielt deutlich darauf ab, dass die Werke zum Erreichen des Erlösungsziel mit der Rechtfertigung benötigt werden. Man argumentiert dann so: Hätte Abraham den Isaak opfern wollen, aber dann nichts dazu getan, um das in die Reaslität umzusetzen, weil er gedacht hätte, es komme auf den Vollzug der Tat nicht an, wäre ihm das nicht als Gerechtigkeit angerechnet worden. Dabei übersieht man, dass dann bei Abraham der Glauben gefehlt hätte, dass es richtig wäre, sich ganz in die Hand Gottes zu übergeben und dass gerade darin der Glaubensakt bestanden hat. Das heißt, dass der rechte Glauben zwar von Werken begleitet wird, aber nicht aus der Notwendigkeit heraus, dass das eigene Tun heilsauslösend wäre, sondern nur heilsbegleitend.

Das ist ein beträchtlicher Unterschied, weil man im einen Fall weiß, dass man die Werke selber tun muss, sonst kann einem Gott nicht die Gerechtigkeit schenken, während man im anderen Fall weiß, dass man sich völlig Gott anvertrauen kann und es dann nicht mehr auf die Werke ankommt, sondern auf die glaubensmäßige Übergabe an Gott, der einen seine Werke tun lässt oder nicht. Der Werkgerechte läuft gewissermaßen Gefahr, Gott die Ehre zu stehlen, die Ihm zusteht. Ein Werkgerechter ist nahe dabei, auf seine Werke stolz zu sein, doch dann ehrt er sich selber. Ein Glaubensgerechter ist froh und dankbar, dass ihm Gott begegnet ist und mit ihm ein Vertrauensverhältnis eingegangen ist. Er zerbricht sich auch nicht den Kopf nach Werken, aber er stellt sich Gott ganz und gar zur Verfügung.

Man kommt aber nicht umhin, festzustellen, dass auch Jesus beides hervorhebt, die Werke Gottes tun und die richtige vertrauensvolle Hingabe an Ihn geschehen zu lassen. Was zur Erlösung führt und den Weg eines Gerechten beschreibt, wird von Jesus in zahlreichen Gleichnissen erläutert. Man soll mit seinen Pfunden wuchern, damit man den rechten Lohn erhält (Mt 25,15ff). Man kommt ins Himmelreich anscheinend, ohne Christus überhaupt zu kennen. Es reicht, wenn man ein „Armer im Geist" ist (Mt 5,3). **33** Bei den Seligpreisungen und der gesamten Bergpredigt fällt auf, dass Jesus kein einziges Mal den Zuhörern sagt, dass sie Ihn als ihren persönlichen Erlöser annehmen sollen, damit sie ins Himmelreich kommen. Er verlangt noch nicht einmal, dass sie ihn als Messias anerkennen. Das liegt daran, dass mit dem Himmelreich das kommende messianische Reich gemeint ist, wo es noch nicht vollkommene Verhältnisse geben wird. In der Bergpredigt betont Jesus auch die Wichtigkeit der Werke. Folgender Text von Jesus könnte auch sein Bruder Jakobus geredet haben, von Paulus wird man ihn nicht gehört haben: *„Bis der Himmel und die Erde vergehen, soll auch nicht ein Jota oder ein Strichlein von dem Gesetz vergehen, bis alles geschehen ist. Wer nun eins dieser geringsten Gebote auflöst und so die Menschen lehrt, wird der Geringste heißen im Reich der Himmel; wer sie aber tut und lehrt, dieser wird groß heißen im Reich der Himmel. Denn ich sage euch: Wenn nicht eure Gerechtigkeit die der Schriftgelehrten und Pharisäer weit übertrifft, so werdet ihr keinesfalls in das Reich der Himmel hineinkommen."* (Mt 5,18-20)

Man soll die Gebote der Torah nicht mehr halten? Jesus widerspricht dem. Aber man muss bedenken, dass Er zu Juden spricht, noch dazu vor Golgatha. Noch hat Jesus die Menschen nicht erlöst. Noch steht Er selber als Jude uinter der Torah. Noch gibt es den Geist Christi in den Gläubigen der Gemeinde nicht. Jesus hebt aber bei aller Reminiszenz auch darauf ab, dass das Halten der Buchstaben der

Gebote der Torah, einschließlich der Ausweitung der Gebote durch die Schriftgelehrten und Pharisäer, bei weitem nicht ausreicht, um die Erfordernisse gegenüber Gott zu erfüllen. In dem Zusammenhang wird verständlich, warum man den ersten Gemeindemitgliedern in Jerusalem nachgesagt hat, dass sie ganz besonders fromm, also torah-fromm, waren. Die Jerusalemer erkannten an, dass die Jünger Jesu die Torah gewissenhaft einhielten. Doch die Frage stellt sich, ob die Jünger sich nicht im Klaren darüber waren, dass sie im Torahhalten immer hinter den allerhöchsten Ansprüchen von Gottes Gerechtigkeit zurückhingen und dass sie gerade wegen der Aussichtslosigkeit ihres Unterfangens, tadellos im Einhalten der Torah zu sein, ihr Augenmerk auf die lebendige Beziehung zu Jesus setzen müssten. Und dass ist genau das, was Paulus vermitteln wollte. Jakobus redet davon kein einziges Wort.

Jesus konnte noch nicht die klare Ansprache eines Paulus, wie man sie im Römerbrief oder Galaterbrief findet, setzen, weil es heilsgeschichtlich nicht an der Zeit war. Israel, Seine Braut, hatte den Vorrang mit dem Ehebund, der in Vorbereitung war. Bei den Stämmen Israels ist es ja Brauch, dass das Brautpaar eine lange Verlobungszeit hat, in der der Bräutigam eine Wohnung für die Braut vorbereiten muss (Joh 14,2), während die Braut an ihrem Hochzeitskleid arbeitet, damit sie dem Anlass angemessen geschmückt ist. Israel war zu Zeiten Jesu in der Verlobungsphase und versäumte es, an diesem Hochzeitskleid zu arbeiten. Israel führte ein zuchtloses Leben, obwohl es sich immer wieder ermahnte, doch die Zucht zu wahren. Der Bräutigam wartet derzeit noch auf die Reue der Braut und daher kann Er der Braut nicht sagen, dass es Ihm gar nicht auf den äußerlichen Schmuck des Brautkleids ankommt, sondern auf die Treue und bedingungslose Hingabe. Davon ist Israel zur Zeit Jesu weit entfernt gewesen. Und, wie zu sehen ist, ebenso zur Zeit der Jünger Jesu. Deshalb begann zwischen den Jahren 30 und 70, Israel zu verstocken. In dieser Zeit hätte aber Israel Vertrauen in den Messias fassen müssen. Die Braut befindet sich seitdem in einem Tiefschlaf, aus dem es vom Bräutigam erweckt werden muss.

Dass die Hauptbotschaft der Jünger Jesu die Verkündigung der Umkehr und des Heils in Jesus Christus war, ist von den meisten Theologen nicht umstritten. *34 Dabei blieben die Jünger ganz eng an der Torah und paulinisches Gedankengut war ihnen fremd. *35

Es ist erstaunlich, wie sich viele Ausleger dagegen wehren, dass hier in der Brieferöffnung Jakobus mit den zwölf Stämmen in der Disapora Juden gemeint haben muss. Also ob es auch für Nichtjuden eine Diaspora gegeben hätte. Man kann zwar so argumentieren, weil man ja alles in Frage stellen kann, so besonders auch durch die historisch-kritische Auslegungsmethode, aber es ist aus der historischen Situation heraus unwahrscheinlich und kaum glaubwürdig.

Man bedenke, Paulus war bei den Juden in Jerusalem gerade deshalb verhasst, weil er ja Juden und Nichtjuden in einen Topf gesetzt hatte und die Unterschiede zu Ungunsten der Juden aufhob. Die Juden bezogen ihr Selbstverständnis als herausragendes Volk unter den Nationen aus der Tatsache, dass Gott es tatsächlich auserwählt hatte und ihm Verheißungen gegeben hatte wie keinem anderen Volk. Und nun kam dieser Paulus und schien das in Frage zu stellen. Das war ein Tabubruch.

Jakobus hat das sicher nicht so verkündet, weil man ihm dann auch ganz schnell den Prozess gemacht hätte. Und so ist die Tatsache, dass die Jerusalem Gemeinde der messianischen Juden Jahrzehnte weitgehend unbehelligt in Jerusalem geblieben ist, der Beweis, dass ihre Botschaft eine andere war wie die von Paulus. *36 Sie verkündigten ein Evangelium, das die Juden einigermaßen tolerieren konnten, denn uneinig war man sich nur über die Person des Messias und da konnten die Messiasgläubige erzählen, was sie wollten, Jesus war tot und war weg, auf Nimmerwiedersehen. Diese Sekte war nicht überlebensfähig!

Diese Sichtweise, dass die zwölf Stämme in der Zerstreuung nicht für die zwölf Stämme Israels stehen, die im ganzen Römischen Reich und darüber hinaus verstreut lebten, kommt nicht überraschend von denen, die sagen, dass nicht mehr

Israel das Volk Gottes sei, sondern die Kirche. Bedauerlicherweise wird diese Sichtweise aber auch zum Teil von um Bibeltreue bemühte Christen vertreten.

Die erste Hürde zu einem besseren Verständnis des Jakobusbriefes ist, dass man ihn heilsgeschichtliche richtig einordnet. Und dazu gehört natürlich auch, dass man das stehen lässt, was Jakobus schreibt. Er schreibt an Juden in der Diaspora. Der Fall ist klar. Nur wenn sich andere Fakten vorweisen ließen, die gegen diese Sichtweise stünde, müsste man weiter darüber nachdenken. Solche Fakten gibt es nicht.

Wenn Jakobus aber an Judenchristen geschrieben hat, wird seine „Torahlastigkeit" umso verständlicher. Jakobus – ein frommer Jude; die Briefempfänger – Juden in der Diaspora: Über was wird Jakobus mit den Diasporajuden reden wollen? Jesus und die Torah? Israel und die Umkehr zum Gott der Väter? Genau das! Das letztgenannte weniger, wenn die Briefempfänger bereits umgekehrt waren.

Niemand ist so umgekehrt als der,
der Jesus Christus als seinen Erlöser bekennt.

Das mag Jakobus in seinem Brief voraussetzen, aber Passagen in seinem Brief scheinen das genaue Gegenteil zu belegen. Ab Kapitel 4 spricht er eher von sündigen Heiden als von bekehrten Menschen.

Gegenüber Nichtjuden wäre es schwer in Übereinstimmung zu bringen gewesen, was Jakobus laut Apostelgeschichte vertreten hat. Hatte er nicht den nichtjüdischen Gemeinden wie z.B. in Antiochien ausrichten lassen, dass sie nichts weiter zu beachten hätten als gewisse Speisevorschriten und Enthaltsamkeit? Und nun predigte er ihnen, wie wichtig torahmäßiges Befolgen der Gebote Gottes sei?

Unter Theologen ist es gängige Meinung, dass „alle Briefe des Neuen Testaments ausnahmslos an Christen gerichtet sind" *37 Da stellt sich die Frage, ob man verstanden hat, was denn eigentlich ein „Christ" sei. Zum ersten Mal wurden die

Christen ja so in Antiochia, also außerhalb Israels genannt (Ap 11,26). Die messianischen Juden wurden von den anderen Juden als Nazoräer bezeichnet. Aber wie nannten sie sich selber?

Theologisch gesehen richten sich die Briefe an alle Menschen, nicht nur Christen. das ergibt sich ja schon daraus, dass alle Schrift nütze zur Erbauung und zur Lehre ist (2 Tim 3,16). Wenn man Jakobus gefragt hätte, wem dieser Brief gelten soll, dann hätte er wohl zur Antwort gegeben, dass er sich doch klar und deutlich ausgedrückt hätte. Aber ebenso vernünftig ist es, einzuräumen, dass er auf Nachfrage gesagt hätte, die Anweisungen und Empfehlungen, die er gibt, sind natürlich auch für Nichtjuden, die an den Messias glauben, nützlich und er wisse ja auch, dass es in den Diasporagemeinden auch Nichtjuden gab, die am jüdischen Glaubensleben Anteil nahmen. Er hätte jene nicht als Briefempfänger ausgeschlossen. Doch das ändert nichts an dem ersten Adressat, die „zwölf Stämme in der Zerstreuung" (**Jak 1,1**). Wer etwas anderes behauptet, kennt vielleicht die jüdische Seele nicht. Sie will immer zuerst das eigene Volk erreichen.

*38 Da die Theologen schon sehr früh auf den Irrweg gebracht wurden, dass die Kirche eine Art neues und wahres Israel sei, ***39** musste das auch auf ihre Auslegung von Jak 1,1 einwirken.

Aber, wenn man schon die Bibel nicht richtig versteht und keine Kenntnisse der Geschichte und der Kulturen hat, wie will man dann diese Dinge beurteilen können? Biblisch und historisch richtig ist, dass die Jünger Jesu und alle Juden, die in der Verkündigung des Evangeliums im Einsatz waren, ein starkes Interesse daran hatten, dass sie anderen Juden das Evangelium verkündeten. Das entsprach ihrem Auftrag. Israel war das Volk des Bundes und die Nation der Verheißungen. Die Briefe, die ein Bräutigam für seine Braut schrieb, gingen ja andere Leute auch nichts an. Dass das Kirchenvertreter nach dem Holocaust nicht mehr nachvollziehen können, ist nicht überraschend, zu tief stecken sie im Sumpf der antisemitischen Tradition. Dieser Sumpf wurde in den ersten Jahrhunderten mit der Ersatztheologie, wonach die Kirche das neue Israel und somit die neue Braut sein müsse, angelegt und ist seither nicht trocken gelegt worden. Man geht mit Israel um wie mit einer Hure und sieht nicht, dass man selber in geistlicher Hinsicht ein hurerisches Wesen hat, wie sich ja gerade im Dritten Reich gezeigt hat, als sich sowohl die katholische Kirche als auch die protestantische Kirche mit dem Antichristen und „Führer" verbündete. Und danach machte man genauso israelfeindlich weiter und sei es nur, indem man sein Herz für die Feinde Isaels entdeckte und sich mit ihnen anfreundete, während man heuchlerisch den Juden zulächelte.

Das ist immer eines der sichersten Zeichen einer nicht nur gestörten, sondern gescheiterten Beziehung, wenn sich dein angeblicher Freund mit deinem Feind zusammentut. Entweder Christus oder Baal. Die großen Kirchen haben sich gegen Christus gestellt, als sie sich gegen Israel stellten, denn Israel ist die Braut Christi und wer die Braut angreift, greift Ihn an. Man bestiehlt Israel und will ihm die Würde nehmen und merkt nicht, dass man geistliche Segnungen nicht stehlen kann, aber dass schon der Versuch strafbar ist und verheerende Fluchkonsequenzen nach sich zieht. Im Falle der Kirchen gehören die theologischen Irrwege und die geistliche Blindheit dazu, die teilweise über die Jahrhunderte bizarre und absurde Formen angenommen hat, ohne dass die verführten Irren das bemerkten. *40 Das ist Fluch und Gericht.

Und weil man Israel verdrängt hat, ist man nun auch die Braut Christi. Deshalb hält sich bis heute die Legende, dass die Kirche die Braut Christi sei. *41 In der Nazizeit waren die Kirchen regimefreundlich und damit isarelfeindlich. Sie haben sich damit offenbar gemacht. Sie haben damit gezeigt, wes Geistes Kind sie sind. *42 Nach der Nazizeit hatte Satan einen weiteren Triumph zu erzielen, indem er den Kirchen beibrachte, dass es sich ja nun verbieten würde, Juden zu missionieren. Das gebiete sich aus Gründen des Respekts und der Rücksichtnahme! Man stelle sich vor! Das Evangelium soll dazu da sein, dass man es aus Rücksichtnahme und Pietätsgründen nicht verkündet! Ist es der einzige Weg zur Rettung, oder nicht? Aber auch das war nicht mehr allen Kirchenleuten klar. Es war doch auch als

Freundlichkeit zu werten, wenn man gegenüber den Juden sagen konnte, ihr müsst keine Christen werden, denn ihr habt einen anderen Zugang zu Gott!

Die unbekehrten Juden mögen diese selbstauferlegte Zurückhaltung der Christen wertschätzen, für sie ist ja der Name „Jesus" ein Schimpfwort. Und das haben die Kirchen in vielen Jahrhunderten Judenverfolgung promoted. Und doch durchschauen diese Juden diese Widersprüchlichkeit, die sie, im Falle, dass die Kirchenchristen mit ihrer Botschaft Recht hätten, für immer der Verdammnis anheim fallen lassen würde. Und deshalb haben sie noch viel weniger Achtung für das Evangelium und den Messias der Christen. Ihnen geht es ähnlich wie den Muslimen, die die christlichen Annäherungsversuche, indem sie die Muslime als Brüder bezeichnen, die den gleichen Gott anbeten würden, als verabscheuungswürdige Anbiederung durchschaut haben.

Und den Kirchen scheint das entweder nicht in den Sinn zu kommen oder es ist ihnen gleichgültig, denn schon ihre Zurückhaltung gegenüber den Juden, ihnen mit dem rettenden Evangelium einen Gefallen zu tun und dafür das herausragenden Engangement der Kirchen sich für die Feinde der Juden einzusetzen – das waren früher die Nazis, heute sind es die Muslime, insbesondere die palästinensischen Muslime –, zeigt, dass sie um das Los der Juden nicht besorgt sind oder dass sie sich selber über das Heil nicht im Klaren sind. Ist Jesus der einzige Weg zum Heil? Haben die Juden einen Sonderweg? Haben die Muslime einen Sonderweg, dann darf man den Juden auch einen zuerkennen!

Jedenfalls hält man im Ergebnis seiner Überlegungen messianische Juden für ein „No-go!" Entweder Christ oder Jude. Diese Haltung hat die Kirche schon seit 2000 Jahren und genau so lange ist sie falsch. Sie ignoriert, dass Jesus und Seine Jünger und der Apostel Paulus allesamt messianische Juden waren und keiner von ihnen jemals die kirchliche Israelfeindlichkeit vertreten hat. Mit dieser Haltung gegen Jesus, gegen die Jünger Jesu und gegen Paulus beweisen die Kirchen nur, dass sie auf der Seite der Schriftgelehrten und Pharisäer stehen und sich in Gefahr begeben, einmal von Jesus zu hören zu bekommen: „ich kenne euch nicht". *43 Im

Gleichnis sagt Jesus das denen, die eine Hochzeit verschlafen haben, obwohl sie gerne dabei gewesen wären.

Fritz Grünzweig nennt den Verfasser des Jakobusbriefes, den „Herrenbruder", in seinem Kommentar „Palästinenser", *44 obwohl Jakobus und Jesus kaum nach der Zeit Kaiser Hadrians gelebt haben können, *45 der das Land als erster „Palästina" nannte, um damit die Juden herabzusetzen. *46 Den Judenhassern ist es gelungen, diesen Namen zum Allgemein-Ungut werden zu lassen. Israelfreunde sollten sich dieser Boykottbewegung nicht anschließen und das Wort „Palästina" nur benutzen, wenn es eng an einem politisch-historischen Sachverhalt eingebunden ist. *47 Zur Zeit Jesu und Jakobus hieß das Land nicht so. *48 Man kann aus der Apostelgeschichte und außerbiblischen Quellen folgern, dass Jakobus, der Bruder des Herrn, für viele Juden als ein ausgemachter „Gerechter" gegolten haben muss. *49 Dies ist ein Ehrentitel, der im Judentum nur einem vorbehalten war, der die Torah genau befolgte und dem es nicht gelungen war, es im Verborgenen zu tun. Jakobus stand viele Jahre der Gemeinde in Jerusalem vor, also im Herzen des orthodoxen Judentums, in der Höhle des Löwen Juda. Es gelang ihm offensichtlich, im Gegensatz zu seinem Bruder Jesus, lange in der Stadt auszuhalten, ohne den Hass und den Ärger der Juden zu erregen. *50
Es wäre unsachlich, annehmen zu wollen, dass Jakobus in all den Jahren, wenn nicht sogar Jahrzehnten, in Jerusalem die Lehren von Paulus über die Begrenztheit der Torah vertreten hätte, noch dazu gegen die Feststellungen, die Lukas in seiner Apostelgeschichte gemacht hat. Da Jakobus von Paulus als zuständig für das Evangelium der Beschneidung bezeichnet worden ist und dies eine Verkündigung dieses Evangeliums gegenüber den Juden mit einschloss, spricht nichts dagegen, den genauen Wortlaut von Jakobus als authentisch und Standardsichtweise von Jakobus zu betrachten.
Hinzu kommt, dass Jakobus sich im Neuen Testament nirgendwo an die Nichtjuden richtet, außer insofern er Schreiben aufsetzen ließ, die den nichtjüdischen

Gemeinden bestätigen sollten, dass sie die Torah und andere jüdische Vorschriften, bis auf die namentlich aufgeführten Ausnahmen, nicht zu beachten hätten (Ap 15,20.29).

Jakobus war wohl unter den Brüdern Jesu, die Ihn zu dessen Lebzeiten nicht verstanden und über Ihn dachten: *„Er ist von Sinnen!"* (Mk 3,21) Der Kontext legt nahe, dass den Angehörigen Jesu, seine Geschwister und seiner Mutter, dieser Trubel mit den Kranken- und Besessenen-Heilungen zu viel geworden war. Von Solidarität oder Ergebenheit zu der Art und Weise, wie Jesus lebte und was er lehrte, konnte damals keine Rede sein. Die Angehörigen Jesu verhielten sich so, wie man sich verhält, wenn man Angehöriger von Jesus ist und ihm aber nicht glaubt und Ihn nicht versteht, d.h. die Angehörigen waren noch Ungläubige und Zweifler. Die Idee von der „unbefleckten Empfängnis" Mariens, die behauptet, dass Maria noch keine Sünde begangen haben soll, als sie Jesus empfing, die an sich jeder biblischen Grundlage entbehrt, wird hier schon entwertet, da der Unglauben der Angehörigen sicher nicht als sündenfrei eingestuft werden kann. Jede Art von Misstrauen und Unglauben gegenüber Jesus kann nichts anderes sein als Sünde. Dieses „Er ist von Sinnen!" steht dann auch in Nachbarschaft zu dem, was die Schriftgelehrten von Jerusalem dazu zu sagen haben: Jesus kann gut mit Dämonen umgehen, weil er selber einen hat! Und die Angehörigen dachten, dass dieser Jesus nicht normal sein konnte, so eine Schau zu veranstalten und sie dabei zu vergessen. So lautete der Vorwurf gleich darauf, wie man aus dem Kontext entnehmen kann (Mk 3,31-35). Hier tritt Jesus als der Messias Israels auf, nicht als Angehöriger einer Familie nach dem Fleisch. Jesus antwortet hart, aber gerecht: Nicht diejenigen sind meine wirklichen Angehörigen, die es von der fleischlichen Abstammung her sind, sondern diejenigen, die mir geistlich nahe stehen. Wo Er Recht hat, hat Er Recht! Wen soll Jesus mehr ehren? Seine irdische Mutter, oder Seinen himmlischen Vater? Die Antwort ergibt sich aus der Torah, nach der man Gott mehr lieben soll als jeden anderen, und aus dem Neuen Testament, wo Jesus das bestätigt, ***51** Und indirekt auch aus Mt 10,37, denn wenn jemand *„Vater oder Mutter mehr liebt als mich"*, hat er auch den Vatergott nicht mehr geliebt, da ja der Sohn und der Vater eins sind. Wer den Sohn nicht hat, hat auch den Vater nicht. ***52** Solange man Jesus nicht als Messias und Gottes Sohn erkannt hat, so wie es zu jener Zeit bei den Angehörigen war, ist man noch in der Sünde. Das gilt für ausnahmslos jeden Menschen und ist klare biblische Lehre. ***53** Dass die Angehörigen Jesus auch aufforderten, Er solle doch Seine Wunder nicht im provinziellen, halb heidnischen Multikulti-Galiläa, sondern da, wo es drauf ankam, in Jerusalem, machen, dürfte eher eine spöttische Provokation gewesen sein, als eine Aufforderung infolge des Glaubens an Ihn, denn in Joh 7,5, heißt es ja: *„Denn auch seine Brüder glaubten nicht an ihn."*

Es gibt ja zwei Sorten von Glauben, einer der von innen kommt und einer der über den Augensinn kommt. Das, was man sieht, glaubt man auch zu sehen. Wenn man etwas nicht selber gesehen hat und dennoch glaubt, wie ein paar Milliarden Menschen seit der Auferstehung Jesu daran glauben, ohne dabei gewesen zu sein, dann muss es innere Beweggründe dafür geben. Es ist immer gut, sich vor Augen zu führen, wie die Jünger Jesu und Paulus zum Glauben gekommen sind.

Jesus hatte die Jünger berufen, Ihm, dem Rabbi, zu folgen. Er kannte sie und wusste, dass sie „abholbereit" waren. Aus der Sicht der Angehörigen der Jünger, die alle ihren Berufen nachgingen, als sie der Ruf erreichte, war ihr „Abgang" wohl einerseits mit Widerständen und Unverständnis verbunden. Auf der anderen Seite gab es in Israel die lange Tradition, dass die Berufung eines Jüngers durch einen Rabbi, ihm nachzufolgen, mit das Ehrwürdigste war, was einem jungen Mann geschehen konnte. Was für die Jünger aber entscheidend war, Jesus hatte Vollmacht, lehrte wie nie jemand zuvor und: er vollbrachte Wunder und Werke, die Ihn als den Messias auswiesen.

Dennoch waren sie geschockt, als Jesus hingerichtet wurde. Sie zogen sich verängstigt zurück und verleugneten Jesus. Das entscheidende Ereignis war aber die Auferstehung und die nachfolgenden Wochen, in denen bei den Jüngern dann auch noch klar wurde, warum Jesus tatsächlich überhaupt sterben musste. Das bedeutet, dass die Jünger die größte Schau der Welt überhaupt geboten bekamen. Sie erlebten den leibhaftigen Gottessohn drei Jahre, inklusive Auferstehung von den Toten und Himmelfahrt. *54 Und genau das brauchten sie, um ihren Glauben zu stärken, denn die anderen Menschen hatten nicht dieses Privileg gehabt wie sie, sie mussten die Motivation für einen Glauben an Jesus Christus aus ihrem Innern nehmen.

Bei Paulus war es ganz ähnlich, nur dass ihm noch mehr Gründe einfallen würden, warum er Seinem Gott zu danken hat, Jesus als Auferstandenen erlebt zu haben, denn er war vorher nicht einem Handwerk nachgegangen, sondern er hatte die Jünger Jesu verfolgt. Alle Augenzeugen Jesu waren privilegiert. Ihr Glauben hatte ein unerschütterliches Fundament, denn sie hatten die Tatsachen mit eigenen Augen vernommen.

Aber ein Jakobus oder ein Judas, zwei Brüder von Jesus, wie hatten sie Jesus erlebt? Mit Sicherheit hatten sie seine theologischen Besonderheiten nicht verstanden und sein eigenartiges Wesen als Zeichen eines Sonderlings gewertet. Der Sündlose stößt bei den Sündigen immer wieder auf eine wunde Stelle. Er wirkt schon durch seine bloße Anwesenheit provokant. Erst als auch sie den Auferstandenen sahen, waren sie bereit umzudenken. Und auch der Mutter blieb nichts anderes übrig. Für sie muss es besonders schwierig gewesen sein, sich darauf einzustellen, dass sie die Ehre hatte, den Sohn Gottes auszutragen und Ihm ihre menschlichen Gene für die Gestaltwerdung des Leibes zu geben. Das vermag niemand abzusuchätzen, wie es ihr ergangen sein muss, weil niemand ähnliche Erfahrungen gemacht hat.

Aber als Maria sich bekehrte und endlich Gewissheit hatte, dass ihr Sohn mehr als nur ein schwieriger frommer Mann war, war Jesus bereits auferstanden und verwandelt. Sie hat auch keine Niederschriften hinterlassen, was darauf hindeuten kann, dass sie eine einfache Frau war, die von den Ereignissen überrollt worden war und in der Tat den Beistand der Jünger und Familienangehörigen brauchte, um das alles zu verkraften. Die Maria, die die Katholiken zu kennen vorgeben, hat gewiss nichts mit der historischen Maria zu tun.

Bei Jakobus brachte erst die Begegnung mit dem auferstandenen Bruder einen - verständlichen - Gesinnungswandel (1 Kor 15,5). In der in Jerusalem entstehenden Gemeinde nahm er bald eine führende Rolle ein. *55 Der Brief ist allem Anschein nach vor der Apostelkonferenz in Ap 15 geschrieben worden, denn erst dort scheint Jakobus den Auftrag, den Paulus hatte, verstanden zu haben. Wenn er aber erst dort den Auftrag verstand, kann er auch die Lehre nicht vorher schon verstanden haben, denn bei Paulus hängen Auftrag und Lehre eng zusammen. Die Verkündigungen eines Jakobus und eines Paulus müssen also jedenfalls vor der Konferenz unterschiedlich gewesen sein und es deutet nichts drauf hin, dass das nicht so geblieben wäre.

Warum Jakobus nicht hinausposaunt, dass er der Bruder Jesu ist, ergibt sich aus der Inspiration durch eben den Geist Christi, der auch in Jakobus wirkte, als er den Brief schrieb. Es entspricht dem Grundsatz: *„Wir kennen den Christus nicht mehr nach dem Fleisch."* (2 Kor 5,16), ist aber von den Jüngern Jesus auch wieder nur wachstumsmäßig vermittelt und übernommen worden. Gerade, weil die Jünger sich an den Jesus im Fleisch drei Jahre lang einstellen konnten. Sie kannten die Reden Jesu, aber nicht die Reden des Paulus. Paulus betont sogar, dass er lange nicht nach Jerusalem ging, um etwa dort die Jünger zu konsultieren. Das scheint auf den ersten Blick Arroganz zu sein, aber mit Sicherheit stand das in Übereinstimmung mit Gottes Willen, denn Paulus hatte einen Sonderauftrag und nichts hatte ihn davon abzuhalten! Und er durfte sich auch nicht von den Jüngern dreinreden lassen.

Vielleicht dachte Paulus auch an das Beispiel des jungen Propheten, der sich von einem alten Propheten dazu überreden gelassen hatte, seinen Auftrag nicht auszuführen (1 Kö 13,11). Der alte Prophet von Bethel stand in einer ähnlichen Situation wie die Jünger Jesu. Wie konnte es sein, dass Gott einen neuen Mann schickte, wo der alte Prophet doch viele Jahre treu gedient hatte. Da kam dieser

Paulus und nahm für sich das „ich weiß was" in Anspruch. Jesus sei ihm (mehrfach) erschienen und habe ihn unterwiesen. Wie schnell mussten da beid en Jüngern der Gedanke kommen: „Genügen wir Gott nicht mehr, dass Er jetzt sich einen neuen Apostel aussucht?" Und Paulus war gewarnt! Der junge Prophet ließ sich vom alten Prophet überzeugen, dass er unmöglich einen Auftrag Gottes haben könnte, weil er, der alte Prophet doch bereits geweissagt hatte. Der junge Mann glaubte es und ging deshalb ins Gericht, weil er einem Menschen und nicht Gott geglaubt hatte. Die Lehre für junge Glaubensmenschen lautet also:

Gehe du deinen Weg mit Gott
und lasse andere Menschen ihre eigenen Wege gehen.

JCJCJCJCJCJCJCJCJCJC

2.

Standhaftes Ausharren
Jak 1,2-5.7-9.12.19; 5,10-12

Der thematische Einstieg von Jakobus ist gleich schwergewichtig: *„Haltet es für lauter Freude, meine Brüder, wenn ihr in mancherlei Versuchungen geratet."* (**Jak 1,2**) Was soll daran erfreulich sein? Jakobus beantwortet diese Frage, indem er sagt *„dass die Bewährung eures Glaubens Ausharren bewirkt."* (**Jak 1,3**)
Zunächst gibt also Jakobus den wichtigen Hinweis, dass Versuchungen zum Erwerb der Fähigkeit des Ausharrens dienen (Jak 1,2-3). Sie sind an sich für den, der versucht werden könnte, aber nicht versucht wird, gut. So ist es mit vielem, das

Gott zulässt. Gottes Werke des Zulassens sind so groß, dass man manchmal daran zweifeln kann, ob man nicht aufgerufen ist, nun selber sein Geschick in die Hand zu nehmen und es einmal mit dem Ausharren gut sein zu lassen.

Doch Ausharren braucht man viel mehr als Übereilung. Das haben die Jesusnachfolger sehr schnell bemerkt. „Versuchung" zur „Bewährung" also gehören zur Vervollständigung des Seligkeitsrepertoires eines Gläubigen. Das Wort „Versuchung" oder „Anfechtung" sollte man wörtlich nehmen, denn „peirasmos" bedeutet eine Erprobung, eine Prüfung, ein Test. *56 Wen Gott liebt, den prüft er beizeiten, nicht erst, wenn es in diesem Leben zu spät ist (Spr 13,24). Wen Gott hasst, oder besser gesagt, an die zweite Stelle zurücksetzt, weil Er ihn nicht auserwählt hat, der lebt und stirbt unerprobt, könnte man meinen. *57 In Wirklichkeit wird jeder Mensch erprobt, ob er sich dessen bewusst ist, ist eine andere Frage. Es ist ein Privileg und ein großer Vorteil, wenn man weiß, dass man auf dem Prüfstand ist.

Es ist also normal, dass es Anfechtungen gibt. Man kann sich sogar einesteils darüber freuen, weil es zeigt, dass man in diesem Prüfvorgang sich befindet (**Jak 1,2**). Man blickt auf diese Anfechtungen also aus der Sicht Gottes, man „solidarisiert" sich mit Ihm und bekommt dann auch nach der „Idee" die Kraft, sich der Herausforderung zu stellen, wissend, dass sie einen weiter bringt. Versuchungen und Erprobungen sind Charakter- und vertrauensbildende Maßnahmen. Das gilt auch, wenn man die Prüfung nicht gleich schafft, denn ein Straucheln kann eine Lektion der Demut sein und erleichtert das Begreifen, dass man selber ohne sich ganz auf Christus zu stützen, nichts erreicht. Bei Gott gibt es kein „du schaffst es nicht!" als letztes Urteilswort, weil Er immer noch und immer wieder sagen kann: „Wir schaffen es, weil ich es schaffe!" Anfechtungen im christlichen Glauben kann man auch als Ehrbezeugungen Satans betrachten. Man ist es ihm Wert, dass Er sich um einen kümmert, weil man einer von denen ist, auf die es heilsgeschichtlich in absehbarer Zeit ankommt, weil man Gott zu Diensten ist und nicht Satan in seinem Weltlauf.

Dass alle Menschen in einer Erprobung sind, ersieht man an der Tatsache, dass es ein letztes Gericht geben wird, wo die Taten bewertet werden und mitbestimmend sind, wie es weiter geht. Aber Erproben ist das, was in der Heilsgeschichte andauernd geschieht. Es ist wie beim Autobau. Nach der Planung, kommt die Umsetzung, und dabei auch schon die Erprobung mit dem Ziel, dass am Ende ein funktionierendes und zwar genauso funktionierendes Auto vom Band weggeht, wie es die Konstrukteure beabsichtigt haben. Der Prototyp muss sich bewähren.

Aber während die Autobauer ihre Blechkisten unwirtschaftlich verschrotten, ist Gott kein Verschrotter. Er führt die Erprobung so lange durch, bis eine Bewährung unverrückbar feststeht. Diese Bedeutung hat im griechischen das Wort „dokimion", das Jakobus hier verwendet. *58 Der erste Fall von Erprobung war bei Eva. Man soll nicht glauben, dass Gott sie aus den Augen gelassen hatte. Die Annäherung Satans war ein Test, den Eva nicht bestanden hat. Mit tragischen, aber unausweichlichen Folgen, denn Gott hatte dies so erwartet. Eva zog Adam mit in den Ungehorsam gegen Gott, der nicht nur die Ausweisung aus dem Garten Eden zur Folge hatte, sondern den Einbruch von Tod und Verderben in die Schöpfung. Von nun an ging es moralisch bergab.

Warum ließ Gott gleich solche scheinbar unverhältnismäßig dramatischen Folgen zu? Die Schöpfung ist so angelegt, dass sie geistlich geführt wird. Der Mensch hatte den Auftrag, der Führer der Schöpfung zu sein. Und daher wirkt seine Entscheidung, zu einem Gegner Gottes zu werden, sich so aus, dass er vom Licht in die Finsternis, vom göttlichen Leben zur Abwesenheit derselben, dem Todeswesen hin, gerichtet wird. Und nun muss er lernen, dass er, ohne die Möglichkeit sich wieder unmittelbar Gott zuwenden zu können, noch nicht einmal wieder zu Gott zurückkehren kann. Der Ungehorsam, das Unvertrauen, die Sünde trennen ihn von Gott.

Jeder Mensch ist wie der verlorene Sohn im Gleichnis von Jesus. Die gefallene Schöpfung ist seine Umgebung, in der er merkt, dass sie die Fremde ist, die so manches Anregende bietet, aber im Kern vergänglich und nichtig ist, göttliche Qualität und Vollkommenheit ist nirgendwo zu finden. Das kann auch nicht sein, denn das Vollkommene geht vom Vater aus und führt zum Vater hin.

Das Vollkommene geht vom Vater aus und führt zum Vater hin.
Das „Zu", dass macht der Christus.

Man muss Ihn aber auch machen lassen! Im Gleichnis ist auch der andere Sohn in einer Fremde, denn er ist dem Herzen seines Vaters fern und damit ist ihm auch der Vater fremd. Er müsste sagen können, er kenne den anderen, verlorenen Sohn, denn wer den Sohn nicht hat, hat den Vater nicht.

Der zurückgebliebene Sohn steht für die religiösen Menschen, die sich einbilden, Gott nahe zu stehen, in Wahrheit Ihn aber gar nicht verstanden haben und noch einen weiten Weg zu gehen haben, bis sie bei Ihm angelangt sind.

Adam ist der Prototyp für jeden Menschen. Jeder Mensch bekommt die Erprobung. Jeder Mensch ist ein verlorener Sohn, auf den der Vater wartet. Manch menschlicher Vater wartet vergebens. Er hat auch nicht die Macht, an den Verhältnissen viel zu ändern. Gott ist ein anderer Vater, Er hat Zeit ohne Ende und Er hat Macht ohne Erschöpfung. In die Bibel hat Er den Satz verewigen lassen, dass bei Ihm nichts unmöglich ist (Mt 19,26). Der Satz steht nicht im Konjunktiv. *„Bei Gott sind alle Dinge möglich."* Aber wenn Ihm auch nichts unmöglich ist, so legt er doch großen Wert auf die Erprobung. Er ändert Sein Vorhaben sogar dann nicht, wenn sich Seine Söhne in der Fremde im Dreck bei den Schweinen wälzen.

Entscheidend ist nicht, wo man ist,
sondern, wo man am Ende hinkommt.

Vollkommenheit gerade auch darin, alles möglich zu machen, liegt den Menschen fern. Und doch gibt es etwas, was man unbedingt braucht, um in den Bereich des

Vollkommenen zu kommen, ja, sogar dahin, wo der Mensch schon meint, die Perfektion und Erfüllung erreicht zu haben, obwohl Gott das ganz anders sehen kann. Es ist das Ausharren, die Geduld. Und das ist wirklich ein seltenes Gut, denn die Zeit des Menschen ist kurz bemessen und genau das weiß er nur zu gut! Je mehr er dem Ende des Lebens zugeht, desto mehr will er noch erledigen. Aber die Zeit läuft ihm unverhinderbar aus. *„Das Ausharren aber soll ein vollkommenes Werk haben, damit ihr vollkommen und vollendet seid und in nichts Mangel habt."* (**Jak 1,4**)

Gelegentlich hört man von gesetzlich denkenden Christen, dass man die Gebote Gottes tatsächlich so halten könnte, wie es Gott wünscht, wenn man sich nur gewissenhaft, ganz und gar, diesem Vorhaben hingibt. *59

Da heißt es dann auch: Man würde sofort von Gott in den Himmel aufgenommen werden, wenn man das hinbekommen würde. Das ist eine abgespeckte Form der Erwartung so mancher orthodoxer Juden, dass sich sofort der Himmel auftut und der Messias herabsteigt, sobald Israel zu Gott umkehrt. Ganz verkehrt ist diese Vorstellung ja nicht. Aber es ist in der Verwandtschaft der Verehrung der Macht der Torah, wenn man glauben will, dass einen das Halten der Gebote Gott entscheidend näher bringt.

Von dem, was Jakobus hier sagt, kann man vermuten, dass Jakobus dabei nicht unbedingt an die Torah gedacht hat, wenngleich für Jakobus die Torah viele Werke enthielt und gebot, die ein Jude tun sollte. Jakobus war bei der Bergpredigt von Jesus nicht dabei gewesen. Auch andernorts, wo Jesus mit seinen Jüngern unterwegs war, war Jakobus nicht dabei gewesen. Bei ihm ist daher zu vermuten, dass er sehr viel weniger von den Lehren und Predigten von Jesus wusste als die Jünger.

Die Jünger mussten sich wiederholt anhören, wie hoch Jesus die Trauben gehängt hatte, die jemand gerecht oder vollkommen machen würden. Und deshalb haben sie ihn auch gefragt: Ja, wie kann denn dann noch ein Mensch glückselig werden? Solche Fragen stellten sie Ihm vermutlich öfters. Gerade die Bergpredigt muss für alle die eine Ernüchterung sein, die meinen, dass menschliche Anstrengungen entscheidend wären und es auf eine möglichst genaue Befolgung der Torah ankäme. Denn in der Bergpredigt verschärft ja Jesus die Gebote so sehr gegenüber dem bloßen Wortlaut der Torah, dass sich jeder ehrlicherweise zugestehen muss, dass er diese Gerechtigkeit nicht erlangen kann. Wie soll man sich für das messianische Reich qualifizieren, wenn die Hürden so hoch sind?

Die Gedankenfolge wird also darauf hingeführt, dass man bereit ist für die gute Botschaft: du musst das gar nicht schaffen, denn Jesus hat es schon für dich geschafft. Du musst jetzt nur noch das tun, was dir Jesus persönlich zeigt, was du tun musst. Und so fragte ja Paulus auch gleich Jesus, nachdem er wusste, dass er es mit ihm zu tun hatte, *„was willst du, dass ich tun soll?"* (Ap 9,6 SchlachterÜ) Von da an änderte sich sein Leben entscheidend. Und zwar in die richtige Richtung!

Das vertritt Jakobus hier nicht. Er sagt, vollkommene Werke gehören zur Vollendung eines jeden Menschen, als ob ein Mensch jemals in der Lage wäre, ein vollkommenes Werk zu tun! Als sei ein Mensch in der Lage auf Erden die Vollendung zu erreichen. Noch nicht einmal die Vollendung seiner Möglichkeiten hat auch nur ein einziger Mensch erreicht. Das sind Binsenwahrheiten! Insofern kann die Vollendung des Menschen nicht dadurch zustande kommen, dass zu seinem vollkommen Glauben ein ganz bestimmtes Maß an Werken dazugehören würde. Das ist einfach nicht im Möglichkeitsbereich des Menschen hier auch nur hinreichend, das was dem Glauben entsprechen würde, zu leisten. ***60** Solche Aussagen von Jakobus über „vollkommene Werke" müssen Luther gestört haben. Jakobus ein Schwärmer? In einem Punkt hat Jakobus jedenfalls Recht, man soll sich immer danach ausstrecken, das, was man tut, möglichst gut zu tun. Im gleichen Sinne ist zu verstehen, dass man erwarten könnte, in nichts einen Mangel zu haben (Jak 1,4). Natürlich wusste Jakobus sehr wohl, dass man erst dann keinen Mangel mehr haben würde, wenn man seinen Platz im Himmelreich eingenommen haben würde.

Der nächste Satz ist wegen seiner Schlichtheit und Konsequenz schon wieder rätselhaft: *„Wenn aber jemand von euch Weisheit mangelt, so bitte er Gott, der allen willig gibt und keine Vorwürfe macht, und sie wird ihm gegeben werden"* (**Jak 1,5**).

Jeder mangelt Weisheit und jeder vermag Gott um mehr Weisheit zu bitten. Und tatsächlich gibt Gott jedem ein solches Maß an Weisheit, die er zur Erfüllung seiner Aufgaben braucht. Aber wie kommt man darauf, zu glauben, dass Gott einem einen Vorwurf deshalb machen würde?

Vielleicht hebt Jakobus auf eine spezielle Anfrage oder auf ein bekanntes Problem ab. Er schrieb ja seinen Brief an die Juden in der Diaspora. Gab es darunter welche, die wirklich glaubten, dass es ihnen nicht anstand, Gott auch um solche Dinge zu bitten, die bei Ihm nicht ganz oben auf der Wunschliste standen, von den Dingen, die Er als nächstes den Menschen vermachen wollte? War die Gottesfrucht der Juden, also diejenige Furcht, die die Menschen empfanden, zu groß, dass sie Gott unverhohlen alles zu bitten bereit waren?

Wann der Brief des Jakobus geschrieben worden ist, ist unbekannt. Wenn er Ende der fünfziger Jahre oder Anfang der sechziger Jahre, hatte das messianische Judentum schon zwei bis drei Jahrzehnte des Bestehens hinter sich. Das bedeutet auch zwei bis drei Jahrzehnte praktische Glaubenserfahrungen. Und dazu gehörte die Erkenntnis, dass auch im neuen Bund Gott viele Gebete nicht erhörte, auch wenn die Juden um eine gute Sache beteten. Gleichzeitig zeichnete sich gerade für die messianischen Juden ab, dass die jüdischen Brüder viel weniger bereit waren, das Evangelium zu glauben, als sie alle geglaubt und gehofft hatten. Denn natürlich waren sie alle davon ausgegangen, dass es bald zur Rückkehr Jesu kommen würde. Also müsste doch das Volk auch mit der Umkehr beginnen!

Doch die Jahre gingen ins Land und nichts passierte, außer den üblichen Banalitäten, zu denen sich ganz unschöne Probleme dazugesellten. Das messianische Judentum hatte nämlich einen schweren Stand innerhalb des

Judentums zu führen. Es gab Erlebnisse und Zeugnisse des Beistands und der Fügungen Gottes, aber dann gab es auch wieder Enttäuschungen, die durch Gebete nicht verhindert werden konnten.

Jakobus, der ein unerschütterliches Vertrauen in Gott hatte, wollte mit seinem Brief dagegen ansteuern, dass das messianische Judentum den Mut sinken ließ, weil es immer schwieriger wurde, in der jüdischen Gesellschaft zu existieren. Zusätzlich kam es ja noch zu den Wirkungen des Antisemitismus, die man wegstecken musste. Jakobus sagt ihnen, es geht ums Ganze. Deshalb müsst ihr Ausharren und eure Gebete werden nicht deshalb nicht erhört, weil Gott etwas an euch auszusetzen hat, sondern weil ihr euch vorher noch mehr Verständnis und Weisheit aneignen sollt, damit dann auch wieder die richtigen Gebete gesprochen und die guten Werke im Dienst Gottes mit der richtigen Einstellung begangen werden. Und dann würde man auch wieder erfolgreich sein.

Vielleicht sah Jakobus in der Torah ein vollkommenes Werk, dem man mit der vollkommenen Einhaltung ein weiteres vollkommenes Werk hinzufügen konnte. Das kann aber nur eine inspirierte Wahrheit sein, wenn man die Beschränktheit des buchstabenmäßigen Gebotewerkes auf die Ebene des Menschenmöglichen setzt und sagt, alles was ein Mensch machen kann, ist zugleich das, was er machen soll und dann hat er vollkommen seine Pflicht erfüllt. Das bedeutet also, dass man die Aussagen von Jakobus auf die Ebene des Sinaibundes Gottes mit Israel herunter versetzt, um dann sprachlich-semantisch Stimmigkeit zu erzeugen. Man darf nämlich den Texten der Bibel nicht den gleichen Maßstab anlegen. Das erklärt ja auch der Hebräerbrief. Man darf also den Jakobusbrief nicht versuchen wollen, aus der Sicht des Paulus zu bewerten, außer um dabei einen Gewinn zu erzielen.

Es wird also schon nach wenigen Versen klar, der Jakobusbrief hat eine andere Theologie als die Briefe des Paulus. Wenn man sagen wollte, er ergänzt die Schriften des Paulus lehrmäßig, dann trifft diese Aussage nur so zu, dass man nun auch in Erfahrung bringen kann, wie ein Verkünder des Evangeliums der Beschneidung lehrt. Er lehrt über das rechte Tun und die Optimierung des messianisch-jüdischen Glaubens hin. Dabei richtet man sich auf Christus aus und erreicht so auf seinem speziellen Weg das Gleiche, was auch die von Paulus initiierten gläubigen Christusnachfolger erreichen: die ihnen zugedachte Wegführung. Über welche weiteren Stationen diese am Ende zusammenlaufen, ist eine andere Sache, zu der man erörtern müsste, inwieweit sie in der Bibel nicht nur nachweisbar, sondern auch erklärt ist. Jedenfalls ergibt sich eine der Antworten aus Röm 11,36, wonach alles in Gott über Jesus Christus seine Bestimmung findet.

In **Jak 1,7-9** bestätigt sich, dass es um Menschen geht, die noch weit von ihrer Bestimmung entfernt sind und denen man noch die Milch des Glaubens zuführen muss, weil sie feste Speise noch nicht vertragen: *„Denn jener Mensch denke nicht, dass er etwas von dem Herrn empfangen werde, ist er doch ein wankelmütiger Mann, unbeständig in allen seinen Wegen. Der niedrige Bruder aber rühme sich seiner Hoheit, der reiche aber seiner Niedrigkeit; denn wie des Grases Blume wird er vergehen.“* Im Hintergrund dieser Zeilen steht der Streit, den es innerhalb des messianischen Judentums gab. Da gab es die Juden um Jakobus und Petrus, die verstanden hatten, dass Paulus im Auftrag Gottes unterwegs war und einen eigenen Auftrag hatte. Dann gab es die Legalisten, die das nicht glaubten, weil sie sich darauf beriefen, dass Jesus ausdrücklich gesagt hatte, dass nicht ein Häkchen der Torah aufgelöst würde, bis das alles vollbracht war. Aber das, was Jesus gesagt hatte, ist nicht eindeutig überliefert, denn was besagt dieser Satz: *„Bis der Himmel und die Erde vergehen, soll auch nicht ein Jota oder ein Strichlein von dem Gesetz vergehen, bis alles geschehen ist.“* (Mt 5,18)?
Bezieht sich der Bestand der Torah auf *„Bis der Himmel und die Erde vergehen“* oder auf *„bis alles geschehen ist.“* Wenn letzteres zutrifft, wäre Ersteres nur die Ergänzung, dass so lange eben nicht Himmel und Erde vergehen, bis „alles geschehen ist“. Und dies könnte sich dann z.B. auf Jesu Tod auf Golgatha beziehen! Das Argument würde dann sogar lauten können, mit Golgatha hat auch die Torah keine Gültigkeit mehr.

Es könnte sich „alles" aber auch auf das Kommen des messianischen Reiches oder das Ende desselben nach den tausend Jahren beziehen (Of 20,4). Doch, wenn man sich ansieht, was die Propheten und auch Johannes in der Offenbarung, die zur Zeit von Jakobus noch nicht vorlag, über das messianische Reich berichten, kann man ersehen, dass die Torah wahrscheinlich noch in Kraft ist.

Es gab und gibt, seit Mose dem Volk die Torah überreichte, bis zum heutigen Tag Juden, die sich an der Torah orientieren. Insofern ist die Torah jedenfalls bis zum heutigen Tag nicht vergangen. Was ist also gemeint?

Im Buch der Offenbarung wird erklärt, dass am Ende der prophezeiten Zeit Gott einen neuen Himmel und eine neue Erde macht. Und allem Anschein nach geschieht das nach dem tausendjährigen messianischen Reich. *61 Daher ist davon auszugehen, dass Jesus tatsächlich gemeint hat, dass die Torah noch weit bis in die Zukunft, bis ans Ende der Menschheitsgeschichte Gültigkeit hat. Und Paulus hätte dem ganz bestimmt nicht widersprochen. Die übrigen Apostel sowieso nicht. Somit hatte die Partei der Legalisten gegenüber Paulus einen Trumpf in der Hand. Und das erklärt auch, warum sie bei der Torah blieben und nicht bereit waren, für die Nichtjuden eine Ausnahmeregelung anzuerkennen.

Es gab noch eine dritte Gruppierung bei den messianischen Juden. Sie beriefen sich auf Jakobus (oder Petrus), ohne von ihm autorisiert zu sein, oder gehörten zumindest zum Umkreis von Jakobus und gingen aktiv gegen Paulus vor. Ihr Verhältnis zu Petrus kommt aus dem Galaterbrief zum Vorschein, wo Petrus mit Nichtjuden Tischgemeinschaft hat: *„Denn bevor einige von Jakobus kamen, hatte er mit denen aus den Nationen gegessen; als sie aber kamen, zog er sich zurück und sonderte sich ab, da er sich vor denen aus der Beschneidung fürchtete."* (Gal 2,12)

Wie? Petrus fürchtete sich vor denen, die von Jakobus, also von Jerusalem aus, gekommen waren? Inwiefern? Der Fall ist klar, diese „von Jakobus" waren legalistisch und hielten jeden Kontakt mit Unbeschnittenen, der von der Torah oder der mündlichen Überlieferung verboten war, für eine Verunreinigung. Und deshalb gingen einige von ihnen auch Paulus hinterher, anscheinend mit dem gleichen Eifer, den Paulus einst an den Tag gelegt hatte, um Christen zu verfolgen.

Vergleichbares kam zu allen Kirchenepochen vor, weil die Legalisten immer meinten, dass man gegen die Anti-Legalisten vorgehen zu müssen. Auch heute gibt es selbst ernannte Evangelisten, die vor gefährlichen Irrlehrern waren, ohne zu bemerken, dass sie selber Irrlehrer sind. Oder sie warnen vor gefährlichen „Schlafmitteln", obwohl sie selber ihre Schlafmittel als Weckmittel anpreisen. Und ja, alle meinen es gut, nur keiner tut es gut.

Hier könnte Jakobus mit dem „niedrigen Bruder" also diejenigen gemeint haben, die von den anderen als Irrlehrer und Ungesetzliche betrachtet werden. Und derjenige, der sich „reich" weiß, sollte daran denken, dass er „vergeht wie das Gras" und dass es dann nur noch darauf ankommt, wie man seine Beziehung zu Christus entwickelt hat, nicht, ob man mit anderen ums Rechthaben gestritten hat.

Glückselig aber der Mann, *„der die Versuchung erduldet! Denn nachdem er bewährt ist, wird er den Siegeskranz des Lebens empfangen, den der Herr denen verheißen hat, die ihn lieben."* (**Jak 1,12**) Vielleicht war Jakobus kein Theologe. Wann hätte er das auch erlernen können als Sohn eines Zimmermanns? Aber dass man Gottes Gebote halten musste, auch und gerade wenn es einem schwer fiel, das war Gemeingut jedes Juden jener Zeit. Darauf konnte man sich immer wieder als frommer Mann berufen.

Wenn Jakobus meint, er muss den Juden in der Diaspora den Rat geben, sie sollen einander wertschätzen und sich in Demut üben, dann hat er dabei nicht geraten, sondern zugeraten, aufgrund einschlägiger Bedürftigkeit. Weder Juden noch Christen haben diesen Rat von Jak 1,9 befolgt, wie sich allzu deutlich in ihrer Geschichte gezeigt hat. Vor allem haben sie auch nicht den Rat von **Jak 1,19** beherzigt. Die Gläubigen sollen schnell zum Hören und langsam zum Zorn sein, ist ein weiterer Rat von Jakobus (Jak 1,19). Weil die Juden nicht auf die Christen hören wollten, die ihnen ihre Bibel erklären wollten, bekamen die Christen einen solchen

Zorn, dass sie das den Juden verübelten und damit begannen, sie zu verfolgen. Dass eine grundsätzliche Antipathie auf beiden Seiten vorhanden war, bleibt dabei unbenommen. Bei den Juden gab es den Standesdünkel, wonach sie das Volk Gottes waren, alle anderen Völker nicht. Hinzu kam durch zumeist nichtjüdischen Christen die Vereinnahmung der Geschichte Israels mit Gott, die sie einfach auf sie übertrugen. Die Nichtjuden bestahlen die Juden um ihre Exklusivrechte! Bei den Nichtjuden entstand umgekehrt der satanische Antisemitismus, der scheintheologisch begründet wurde. Die Juden hatten Jesus ermordet und verweigerten sich, den Messias anzuerkennen. Und sie verweigerten sich den Christen nicht nur, sie benahmen sich auch abschätzig und spotteten der Lehren der Christen.

Jakobus sagt, dass das Ausharren zu jener Bewährung führt, die *„den Kranz des Lebens erhalten"* wird (**Jak 1,12**) Dabei denkt er sicher an das „äonische Leben". Die Begrifflichkeiten „äonisches Leben" und „messianisches Reich" gehören ebenso zusammen wie die Begrifflichkeiten „äonische Verdammnis" und „Gericht". Klar definiert das die Bibel nicht, denn sonst hätte sie alle gängigen Vorstellungen erläutern müssen, die es gab. Gerade unter dem Einfluss des Hellenismus haben sich die jüdischen und christlichen Glaubensvorstellungen gewandelt.

Jakobus sagt auch, dass dieses äonische Leben denen verheißen ist, die Gott lieben. Liebe zu Gott ist für Jakobus also ein wichtiges Thema, ebenso wie für Paulus. Es ist ein Kriterium dafür, ob es einer ins Himmelreich schafft. Das ist Lehre des Alten Testaments. Und Jesus hatte das den Jüngern bestimmt nicht nur einmal verdeutlicht, denn es ist die Fortsetzung des Schma Israel: *„Höre, Israel: Der Herr, unser Gott, ist ein Herr; und du sollst den Herrn, deinen Gott, lieben aus deinem ganzen Herzen und aus deiner ganzen Seele und aus deinem ganzen Verstand und aus deiner ganzen Kraft!"* (Mk 12,29-30). Aber was verstanden die Juden unter „Liebe"? Keine Gefühlsduselei, sondern das Halten der Gebote. Und auch da konnten sich die Jünger auf ein Wort von Jesus berufen.

„Wenn ihr meine Gebote haltet, so werdet ihr in meiner Liebe bleiben, wie ich die Gebote meines Vaters gehalten habe und in seiner Liebe bleibe." (Joh 15,10). Daraus kann man folgern, dass sich die Gebote Jesu nicht gegen die Gebote Gottes richteten.

Inwieweit die Jünger wussten, dass Jesus der Fels war, der Israel beim Auszug aus Ägypten in der Wüste begegnete , oder ab wann sie es wussten, ist nicht gewiss. Paulus wusste es (1 Kor 10,4) und Johannes dürfte es auch gewusst haben (Joh 1,1ff). Wenn man davon ausgeht, dass alle Verfasser neutestamentlicher Schriften den gleichen Wissensstand hatten, ist man optimistisch, denn sehr wahrscheinlich ist das nicht. Dass Gott sie dennoch alle inspiriert haben soll, ist dazu kein Widerspruch.

Wenn aber die Jünger wussten, dass Jesus der JHWH des Alten Testaments war, gab es für sie erst Recht keinen Grund, unter den Geboten Jesu etwas anderes zu verstehen als die Gebote der Torah. Das Lieben des Herrn wird ja auch von Jakobus in einem Satz mit dem Überwinden in Zusammenhang gebracht. Die Denkweise ist also so, wer die Gebote Gottes hält, ist ein Überwinder und beweist so, dass er Gott liebt. Damit bekommt er messianisches Leben von Gott als Belohnung. Diese Denkweise ist jakobinisch, aber nicht paulinisch.

Wenn hier Jakobus den Überwindern in Aussicht stellt, dass sie den Siegeskranz des Lebens empfangen, dann liest sich das für jeden zunächst so, dass man also überwinden muss, um sich das Leben zu verdienen. Also doch, Werke tun, um gerettet zu werden. Im Einlösen von guten Werken, wird die Erlösung ausgelöst. Einlösen-Auslösen-Erlösen. Bei Paulus heißt es hingegen: Loslösen-Erlösen. Man muss sich nur von allen Gebundenheiten des Sündhaften loslösen, was nur geschehen kann, wenn man bereits in Christus angefangen hat zu leben, dann nimmt die Erlösung wachstumsmäßig Gestalt an, denn Christus ist immer dabei als Alpha und Omega. Es ist wie bei einer Schmetterlingslarve, die sich verpuppt und keine Nahrung mehr zu sich nimmt, weil alles, was sie braucht, um sich zum Imago zu entwickeln, bereits in ihr drin ist.

Den Rat, auszuharren, wiederholt Jakobus ein weiteres Mal (**Jak 5,11**). Hier nun mit zwei prominenten Beispielen, eines aus dem Alten Testament, das andere ist das Beispiel, das Jesus selber gegeben hat. *„Vom Ausharren Hiobs habt ihr gehört, und das Ende des Herrn habt ihr gesehen".* Das eine ist geschichtliche Überlieferung, das andere haben sie selber erlebt. Damit meint Jakobus nicht unbedingt, dass die Diasporajuden einmal in Jerusalem gewesen wären, um Zeuge der Leiden Jesu zu sein. Aber sie waren Zeitgenossen von Augenzeugen und Berichterstattern, die ihrerseits ihr Wissen von Augenzeugen hatten.

Was war aber das Besondere beim Ausharren von Hiob und Jesus? Beide hatten ungewöhnlich viel zu erdulden. Will Jakobus den Briefempfängern das vor Augen führen, weil selber noch vieles auf sie zukommen wird? Nein! Sondern gerade unter Leiden auszuharren, ist ja viel schwieriger und deshalb ein größeres Zeugnis für die innere Kraft, die eine Glaubensüberzeugung hat.

Noch ein Zweites eint Hiob und Jesus. Hiob wird von den Juden als „Gerechter" betrachtet, weil ja das Hiobbuch erwiesen hat, dass Hiob ein Gerechter war (Hiob 1,1.8), der zu Unrecht geplagt wurde. Doch während Hiob nach dem Verständnis aus Sicht der Bibel auch ein Sünder war, *62 weil es außer Jesus keinen wirklich gerechten Menschen gegeben hat, liegt bei Jesus der Fall klar. Er war der Mensch, der am wenigsten eine Bestrafung oder Leid verdient hatte.

Und noch ein Drittes eint Hiob und Jesus. Sie haben trotz des enormen Leidensdruckes nie ihr Vertrauen in Gott verloren (Hiob 1,22; 2,10). Und das ist die wichtigste Lektion für alle, die daran glauben, dass Gott die Lebensgeschichte der beiden überliefern ließ, damit man daraus etwas Vorbildhaftes erlernen kann.

Verliere niemals dein Vertrauen in Gott!

Vielleicht weißt du nicht, wie dir geschieht und warum dir geschieht, aber Gott weiß es und Er führt dich ganz sicher heraus aus der Notlage, weil Er ein Heiland ist. Es ist klar, dass derjenige am meisten Gott vertrauen kann, dass Er ein Heiland ist, der überzeugt davon ist, dass das Gottes Zielsetzung und Zielerreichung entspricht: zu heilen und zwar am besten alles, was unheil ist!

Die Zielsetzung Gottes ist identisch mit Seiner Zielerreichung:
Alles heil gemacht zu haben, was unheil war.

Die meisten Kirchenchristen glauben das nicht. Es gibt viele Verkünder, mit oder ohne kirchliches Amt, mit oder ohne akademischem Weihegrad, die behaupten, dass Gott nicht für alle der Heiland sei, weil sich viele Menschen nicht von Ihm helfen lassen wollen. Sie gehen also davon aus, dass es Menschen gibt, die immer Gott widerstehen können und dass Gott sie dann dahin gibt. Oder dass vielleicht auch der Zorn Gottes größer sei als Gottes Vermögen auch noch die letzten Sünder zur Einsicht und Umkehr zu bringen. ***63** Mit solchen Überzeugungen oder Annahmen traut man also Gott nicht zu, dass Er alle Menschen zum Heil bringt. Und deshalb kann das Vertrauen in so einen Gott niemals so groß sein, wie in einen Gott, von dem man wissen darf, dass Er Seine Ziele erreicht und dass diese Ziele für den Menschen gut sind und nicht verderblich.

Menschen, die an einen zornigen Gott glauben, der Menschen für immer verdammt, können Ihm nicht hundertprozentig vertrauen. Das stimmt auch schon deshalb, weil es so einen Gott gar nicht gibt. Sie haben also eine verzerrte Darstellung von Gott, eine verzerrte Lehre über Gott, eine verzerrte Anschauung von Gott und ihr Verhältnis zu Ihm ist bestenfalls ein Liebesverhältnis unter Vorbehalt.

Wenn zwei Menschen, Mann und Frau, sich wirklich lieben, vertrauen sie sich vorbehaltlos. Wenn aber ein Mann etwa zu einer Frau sagt, vorerst bist du meine Favoritin, aber du musst meinen Vorstellungen entsprechen, sonst stoße ich dich ab, wie soll da ein innigliches Liebesverhältnis entstehen?

Was bei Menschen so klar ist, wird aber auf Gott nicht angewendet. Da wird dann behauptet, dass man Jesus liebt und ganz Gott vertraut. Aber Worte sind geduldig, ob sie auch belastbar sind, ist eine andere Frage. Ob jemand Liebe und Vertrauen in Gott hat, ist allerdings davon abhängig, ob er Liebe und Vertrauen von Gott geschenkt bekommen hat und weniger, ob er bestimmte Bereiche der Gedanken- und Glaubenswelt ausblendet. Viele Christen haben viele Jahre oder ein Leben lang im Dienst Gottes große Werke getan und haben sich nicht in die tückischen Tiefen der menschlichen Theologie versenken lassen. Dann war es eine Gnade, die unehrenhaften Theorien der Theologen nicht andenken zu müssen.

Und so kommen die Armen im Geiste viel besser weg, als die Repräsentanten einer bestimmten menschlichen Denkrichtung, die sich in ein Gedankengeflecht verstrickt haben, das Gott nicht ehren kann, weil es Gott falsch darstellt. Gott nimmt sich und nahm sich jederzeit die Freiheit Menschen zu erwählen und ihnen mehr oder weniger Klarheit über Sein Wesen zu offenbaren. Es liegt also nicht am Menschen, sondern an Gott, wen Er zu was beruft. Zur Berufung gehört nämlich auch immer die Ausrüstung zum Dienst.

Wir sind nicht im Zeitalter der großen Erkenntnisse. Vielleicht ist es das kommende Zeitalter, das auf jeden Fall vieles klarer sehen können wird, aber den völligen Durchblick hat jeder erst, wenn er Gott anschaut. Jakobus hatte nicht den vollen Durchblick. Paulus auch nicht. Jakobus hat keine drei Jahre lang immer wieder Besuch von Jesus bekommen, so wie es bei Paulus anscheinend geschehen ist. Für den Dienst, für den Gott ihn auserwählt hat, die messianisch-jüdische Gemeinde in Jerusalem zu führen, hatte er alles bekommen, was er gebraucht hat. Und auch Paulus hat das bekommen, von Jesus persönlich, was er brauchte für seinen Dienst, der ein anderer war. Er sollte in seine Verkündigung außerhalb Israels die Nichtjuden mit einbeziehen.

Jakobus hat seinen geistlichen Input ebenso vom Geiste Christi bekommen wie Paulus. Die grundlegenden Glaubenserkenntnisse hat er jedoch von den Jüngern Jesu und ihrem Umfeld bekommen, zu dem er anfangs nicht dazugezählt hatte. Der Zeitpunkt, zu dem er diesem Kreis beitrat, kann exakt bestimmt werden und war aller Wahrscheinlichkeit, als Jesus ihm erschien (1 Kor 15,7).

Beide, Jakobus und Paulus, wurden Mitte der sechziger Jahre des ersten Jahrhunderts hingerichtet. Gegen Ende des Jahrhunderts als alle Augenzeugen der Ereignisse um Jesus gestorben waren, war die Schar der Jesus-Gläubigen immer noch nicht organisiert. Es gab nur kleine Glaubenskreise, und ohne die Führungsgestalten der ersten Stunde, sortierten sie sich zu messianisch-jüdischen und nichtjüdischen Gruppierungen. Ganze Gemeinden waren, wenn es sie überhaupt gab, klein, mit nur wenigen Ausnahmen wie z.B. Jerusalem oder Rom. Unter der immer wieder anhebenden Verfolgung, konnte man kaum merkbar an die Öffentlichkeit treten. Und nur die wenigsten Hauskreise, die sich immer wieder bildeten und ebenso auch wieder verschwanden, fanden sich messianisch-jüdische Gläubige und Paulaner, die zumeist Nichtjuden waren, brüderlich zusammen.

Irrlehren waren ja schon zur Zeit von Paulus und Jakobus überall eingedrungen oder entstanden, wie man deutlich den Briefen des Neuen Testaments entnehmen kann. Und so ist es nicht verwunderlich, dass nach dem Abscheiden der führenden Köpfe noch viel schneller unbiblische Lehren in die Christenheit eindrangen und sogar mitbestimmend wurden. Im Ergebnis gab es im zweiten Jahrhundert weder „jakobinische", noch „paulinische" Gemeinden. ***64**

Und auch wenn Kirchengeschichtsschreiber, die meist einer der großen Kirchen angehören, über die sie schreiben, dem unermüdlich widersprechen müssen, so bleibt doch festzuhalten, dass die Kirche, die dann Gestalt annahm und ab dem vierten Jahrhundert als Amtskirche auftrat, weder eine jakobinische noch eine paulinische Kirche war.

Sie war auch nur irgendwie biblisch, denn sie vertrat bereits grob unbiblische Lehren, mit weitreichenden Folgen. Als bekanntestes Beispiel ist die antichristliche, antibiblische und antisemitische Ersatztheologie zu nennen, die die Kirche bis zum heutigen Tag für richtig hält, auch wenn sie inzwischen nicht mehr so vollmündig feil geboten wird, weil der Holocaust, den die Kirchen mitverschuldet haben, die Kirchen schmallippiger gemacht hat. Man redet natürlich nicht darüber, weil es peinlich ist, was die Kirche sich im Dritten Reich geleistet hat, und weil man weiß, dass es noch peinlicher würde, wenn man darüber reden würde, wie man heute dazu steht. Man bedauert und räumt Versagen ein, schiebt es aber auf die jeweiligen Kirchenvertreter, nicht auf das Kirchengebäude an sich. Die Kirche ist richtig, die Menschen sind fehlerhaft. Die Wahrheit ist, die Kirche, das sind die Menschen.

Für Jakobus und Paulus ist das alles noch unvorstellbar. Sie sind noch vor der Zerstörung Jerusalems im Jahre 70 gestorben. Anscheinend hat sie nur der Apostel Johannes noch lange überlebt, zunächst im Exil, später hochbetagt hat er keinen großen Einfluss auf die Christenheit ausüben können. Überliefert ist, dass der Jünger Jesu, der so viel über die Liebe Jesu schreiben durfte, eben so sehr darauf ausgerichtet war, dass diese Liebe auch untereinander erkenntlich werden sollte.

*65 Wenn man zu viel über etwas redet, ist es oft entweder zu viel oder zu wenig da. Der erste Fall ist ausgeschlossen, der zweite Fall ist sehr wahrscheinlich. Und das war ja auch immer das Problem der Amtskirche der letzten 2000 Jahre. Zuviel Bürokratie und formalistische Korrektheit, zu wenig Liebe. Und dieser Mangel an Nächstenliebe wirkte sich auch in der Kirchengeschichte brutal aus in der Verfolgung bis zur physischen Vernichtung von Andersgläubigen und vor allem von Juden. In der Hitliste der größten Judenverfolger nimmt die katholische Kirche mit weitem Abstand den ersten Rang ein, ehe der Islam und dann erst andere Kirchen kommen.***66** Es ist eine Rangliste der Schande. Und Gott wird es nicht auf sich bewenden lassen.

Ursache für diese Fehlentwicklungen ist schlicht, dass sich der biblische Glauben nicht durchsetzen konnte in einer Welt, die von Gott nichts wissen will. Zu schnell wirkte der Hellenismus mit seiner Philosophie und seinen religiösen Kulthandlungen auf die Christen ein. Das begann bereits zu Lebzeiten der Jünger Jesu und der Apostel. Als sie nicht mehr da waren, gab es nur wenige Getreue, die aber bald nicht mehr gehört wurden. Das Bildungspriestertum übernahm das Kommando bei den Meinungsbildnern. Diejenigen, die Ehre bei den Menschen suchten, hatten das Sagen und verdrängten die wenigen Aufrechten und erst Recht die Armen im Geiste, die zwar den Geist Christi am Wirken sahen, aber nur bei sich und nicht bei denen, die sich zu den Kirchenoberen aufschwangen.

Gerade an der Tatsache, dass alle bekannten Kirchenväter seit dem 2. Jahrhundert glühende Judenhasser geworden waren, kann man ersehen, dass ein Johannes mit seinen Liebesaufrufen bei ihnen nur auf taube Ohren stoßen konnte. Man hat hier den Beweis vor Augen, dass sie nicht vom Geist Christi erfasst waren, sondern von irgend einem anderen Geist von unten. Das ist ein sicheres Zeichen dafür, wenn man Judenhasser ist. Hass ist nicht in Christus und die Liebe Christi galt auch immer für Sein Volk Israel. Und es ist immer noch Sein Volk. Ein Volk von Judenhassern wird nie ein Volk von Jesus sein. Und deshalb waren die Holocaust-Kirchen auch keine christlichen Kirchen, sondern anti-christliche Gebilde.

Es geht hier, weiß Gott, nicht um Kleinigkeiten. Das ist die Nagelprobe. Wer nein sagt zu Israel, hat die Probe nicht bestanden und muss zurück in den weltlichen Gerichtsraum. Er hat bei Christus nichts zu suchen, außer Christi Liebe zu Gottes Volk. Die mag er suchen, damit sie ihm geschenkt werde. Vorher wird es für ihn kein Heil geben. Da soll sich neimand täuschen. Man kann kein Judenhasser sein und in den Himmel kommen.

In Bezug auf die Bedeutung des Leidens und des Ausharrens liegt Jakobus ganz auf der Linie des Paulus. Die Propheten soll man sich zum Vorbild nehmen für ihr Leiden und die Geduld (**Jak 5,10**). Auch das Ausharren von Hiob ist vorbildlich, vor allem aber das *„Ende des Herrn"* (**Jak 5,12**) Jesus blieb sich und Seinem Auftrag bis zum Ende treu.

Es war zu allen Zeiten ein großer Trost für Gläubige, dass Leiden und Ausharren eine großartige Verheißung haben. Doch Jakobus fügt hier noch etwas Wichtiges hinzu: *„Und das Ende des Herrn habt ihr gesehen, dass der Herr voll innigen Mitgefühls und barmherzig ist."* (**Jak 5,11**) Gerade eben war noch vom Leiden und vom Ausharren die Rede. Wie kommt Jakobus jetzt auf Mitgefühl und Barmherzigkeit? Es war ihm bzw. dem heiligen Geist wichtig zu sagen, dass das, was zum Ende hin bei Jesu Leben deutlich geworden ist, die Fülle innigen Mitgefühls und der Barmherzigkeit ist.

Sollte das nicht bei jedem Christusjünger ebenso sein? Inniges Mitgefühl und Barmherzigkeit, das ist das, was den Menschen am meisten fehlt und am meisten von Gott unterscheidet. Ein bisschen Mitgefühl werden die meisten aufbringen können. Aber inniges Mitgefühl? Da müsste man sich ja für den anderen ernsthaft interessieren! Da müsste man ja von den eigenen Ichbedürfnissen abgehen! Da müsste man sich ja herablassen auf die Stufe des anderen!

Und Barmherzigkeit? Das ist für die meisten ein Fremdwort. Leider nicht nur sprachlich. Die Christenheit gibt hierbei kein rühmliches Bild ab. Meist gönnt man den Ungläubigen die Hölle. Recht so! Meist gönnt man den Ehebrechern die Steinigung. Man will ja unter sich bleiben! Aber auch hier gilt es, ernsthaft zu bedenken: Inniges Mitgefühl und Barmherzigkeit sind die Merkmale von Christus. Es sind auch die Merkmale der Christusnachfolger. Wenn man sich aber die Lehren der Kirchen anschaut, wie Andersgläubige als Ketzer verschrien werden, wie man sie verdammt und verbannt, ihnen die Hölle und den Teufel wünscht, dann scheinen Mitgefühl und Barmherzigkeit nicht sonderlich ausgeprägt zu sein. Das ist aber immer ein Zeichen von Christusferne. Sind die Kirchen fern von Christus? Ganz gewiss sind viele, die das Kirchenvolk ausmachen, fern von Christus. Sie kennen Christus nicht. Sie kennen aber auch sich selber nicht. Ihnen fehlt Herzensbildung. Ihnen fehlt geistliche Mündigkeit, weil sie ihre Maßstäbe aus dem Weltlichen nehmen.

JCJCJCJCJCJCJCJCJCJC

3.

Prüfungen und Versuchungen
Jak 1,13-23

Isral hat Gott oft auf die Probe gestellt (Ps 78,41). Das ist immer ein Zeichen von Unkenntnis über Gott und Seine Wege, und auch ein Zeichen des Misstrauens. Dieses Ur-Unvertrauen nahm mit Adam und Eva den Anfang, die den Slogan der Schlange *„Sollte Gott gesagt haben"* (1 Mos 3,1) übernommen und weiter fortgepflanzt haben. Durch ständigen Gebrauch wird etwas zur Gewohnheit und geht in Fleisch und Blut über. Wenn der Mensch Gott prüft, dann prüft er Ihn aus der falschen Motivation auf die eigenen Wünsche und Ziele hin, die ebenfalls nicht unbedingt mit dem Willen Gottes übereinstimmen. Diese Prüfungen können deshalb nicht gelingen. Gott misstraut umgekehrt den Menschen nicht, denn Er kennt sie ja alle (Joh 2,24), nur nicht als vertrauenswürdig (Lk 13,27).

Wenn es in **Jak 1,13** heißt, dass Gott niemand versucht und aus dem Kontext zu ersehen ist, dass Versuchung zum Bösen hin gemeint ist, so bleibt doch ebenso wahr, dass Gott zum Guten hin prüfen lässt und die Versuchung zum Bösen von Satan kommt. So widerfuhr es ja auch Hiob. Gott ließ es zu, weil Er wissen konnte, dass Hiob an den Herausforderungen wachsen würde. Gott prüft niemand über das hinaus, was er ertragen kann (1 Kor 10,13). Die betroffenen Menschen sind da oft anderer Meinung und können aus diesem Irrtum heraus verheerende Entscheidungen treffen. Doch auch dann darf ein Gottesfürchtiger getrost sein und wissen, dass Gott auch noch die größten Katastrophen zu einem Segen umwandeln kann. Bei Ihm ist nichts unmöglich (Mt 19,26). Die schmerzhaftesten Traumata räumt Er zuverlässig weg. Eine ganz andere Frage ist, wann Er es tut und wie Er es tut. Das Warten darauf ist der größte Schmerzverstärker.

Wenn Jakobus sagt: *„Jeder aber wird versucht, wenn er von seiner eigenen Begierde fortgezogen und gelockt wird"* (**Jak 1,14**) bedeutet das nicht, dass

Versuchungen nicht auch von woanders her kommen können. ***67** Aber, die alte Adamsnatur im Menschen ist der größte Verhinderer der Besonnenheit. Und das wusste auch Paulus, der zugeben musste, dass man zum rechten Tun oft des rechten Wissens ermangelt und sogar das rechte Wollen vermissen lässt, weil man voll Sünde steckt (Röm 7,15). Und das weiß jeder Christ. Die Selbstverleugnung, von der Christus spricht (Mk 8,34), ist eigentlich überwiegend eine Entmachtungsmaßnahme gegen den alten Adam, der in die entgegengesetzte Richtung ziehen will, wie der neue Adam (1 Kor 15,45), der mehr und mehr in einem Gestalt gewinnen will (Gal 4,19).

Angenommen, David hätte Bathseba nicht vom Dach aus gesehen. Abgesehen von den schrecklichen, langfristigen Folgen seiner ersten Begegnung mit ihr, die vorerst nicht stattgefunden hätten, kann man sich fragen, wie hätte David erfahren können, dass er ein solches Scheusal in der Tiefe seines Herzens ist, der einen gemeinen Meuchelmord anstiften würde und dass er so ärmlich war in seinem Treueverhalten Frauen gegenüber. Er war egoistisch und abgestumpft. Er war von einem Mann, der unerschrocken sein Vertrauen in Gott setzte, zu einem selbstsüchtigen Gotteszweifler verkommen. Gott hat Ihm das zeigen wollen. Und Er hat es ihm gezeigt, auf Kosten von Bathseba und vor allem auch auf Kosten des Mannes von Bathseba, dem Hethiter Uria (2 Sam 11,3 ff), den David ermorden ließ, weil er ihm im Weg war. Mit ihnen, Bathseba und Uria, wird Gott noch Seinen eigenen Weg zu gehen haben.

Gott läst also Versuchungen zu, um die Menschen, denen er einen Vorrang in Seiner Heilsgeschichte gegeben hat, baldmöglichst von ihren Gebrechen zu heilen und sie zur Reue zu bringen. Man denke doch nicht, dass Gott diesen Hethiter nicht zu höchsten Ehren kommen lässt und seine Seelenverletzungen heilt! Gott ist ein Erstatter und Heiland. Er lässt zu, dass Seine Heiligen – das sind Gottes Auserwählte - den Unheiligen – das sind die von Gott nicht als die „Ersten", sondern als die „Nächsten" oder „Letzten" Gesetzen - großes Unrecht zufügen. Er steht gewissermaßen in der „Schuld", oder besser gesagt in einer selbst-verständlichen

Verantwortung der Gutmachung. Selbst-verständlich ist sie deshalb, weil sich die Verantwortung, die Gott über das Werk Seiner Hände wahrnimmt, aus Seinem Selbst, also Seinem Wesen erklärt.

Man kann nicht einfach sagen, Gott ist sowieso gerecht. Was immer Er tut oder geschehen lässt, ist gerecht, weil Er gerecht ist. Man muss auch darüber nachdenken und zu Schlussfolgerungen kommen, was Gottes Gerechtigkeit bedeutet und zu Ehren kommen lässt, weil man sonst wieder eine Chance auslässt, Gott zu ehren oder Ihn vielleicht sogar verunehrt. Die orthodoxen und ultraorthodoxen Juden versuchen seit Jahrhunderten, Gott zu ehren, dabei missachten sie völlig die Tatsache, dass der JHWH, den sie anrufen, niemand anderes als Jesus Christus ist. *68

Bei den Kirchen sieht es nicht viel anders aus, denn wer Israel verfolgt, greift den Augapfel Gottes an und steht unter einem Fluch (Sach 2,12). Auch ehrt man Gott nicht, wenn man die Glieder des Leibes Jesu antastet. Da mag man noch so viele Sprüche klopfen und Gebete an die weit hochgezogenen Deckengewölbe von Kirchenschiffen schicken.

David wird noch persönlich die Gelegenheit bekommen und auch wahrnehmen, sich bei Uria, seinem treuen hethitischen Hauptmann zu entschuldigen, der in dem Irrtum starb, einem guten König gedient zu haben. Das ist das Gute an Gott. Man kann Ihm vertrauen, dass Er jedes Unrecht persönlich wieder kompensiert und aus der Welt schafft.

Kein Unrecht bleibt ungesühnt,
kein Unrecht bleibt ungeheilt.
Die Gerechtigkeit Gottes bürgt dafür.

Und auch Samson musste eine bittere Lektion lernen. Zuerst kostete ihm die Schwäche, den Versuchungen – auch bei ihm war die Lust nach Frauen das Problem - nicht widerstehen zu können, das Ansehen und dann das Augenlicht.

69 Er brachte sich so weit mit seiner Unbesonnenheit, dass es ihm eine Freude wurde, sein Leben beenden zu dürfen.

Zwei „Helden", die der Versuchung nicht gewachsen waren und teuer dafür bezahlten. Aber Gott hat ihre Schwächen benutzt, um die Herzen zu Ihm zu wenden. Sowohl David als auch Samson fanden den Weg zurück zur Reue und zu Gott. Darum geht es Gott. Er will die Herzen. Dort sitzt der Willen, dort sitzt die Hingabe. Gott führt nicht in die Versuchung, aber Er führt aus der Versuchung heraus. Er ist der souveräne Ausführer. Er führt es aus, bis zum Ziel. Er hat das Ganze unter Seiner souveränen Übersicht. Das mag für Menschen schmerzhaft und empörend sein, aber Gottes Souveränität geht ja weiter als nur bis zum Rand der Gräber. Er schafft unverderbliche Werte. Und auch hieran sieht man die geringe Reichweite von menschlichen Werken. Sie reichen zum Rand des Grabes. Darüber hinaus ist Gott der Wirker. Nur Gott ist der heilsam Wirkmächtige. Er macht Geschehenes nicht Ungeschehen, sondern nutzt es zum Erreichen des Gesamtziels, Seiner Verherrlichung. Das Wunderbare und eigentlich Große ist, dass Er Seine Verherrlichung so erreicht, dass Er dabei die Schöpfung miteinbezieht und ebenfalls zu ihrer Verherrlichung bringt.

Man denke einmal auch an Bathseba. Hat sie erfahren, wie ihr Mann umgekommen ist? Wie konnte sie dann noch mit dem Mörder ihres Mannes zusammenleben? Wenn sie es aber zeitlebens nicht erfahren hat, wie wird Gott ihr erklären, dass sie ihr Leben unter einer furchtbaren Täuschung gelebt hat? Vielleicht hat auch David ihr alles gestanden und sie hat den Rest ihres Lebens und ihrer Ehe in Misstrauen und Zweifel verbracht. Vielleicht ist sie sogar gegen Gott ergrimmt. Hinzu kamen ja auch die familiären Katastrophen, die ihre Agonie verstärkt haben müssen.

Bathseba hat noch nicht ausgelitten. Sie steht noch einem weiteren Schock bevor. Und für alles das trägt Gott die Verantwortung und für alles das muss Er gute Antworten haben, weil es um Seine Ehre, um Seine Majestät, um Ihn als moralische Instanz, kurzum um Seine Verherrlichung geht. Da Gott alles geschehen lässt, heilt Er auch wieder alles, denn Er wird sich verherrlichen.

Gottes Verherrlichungsunternehmen
ist kein Pleiteunternehmen.

Gott stellt am Tage des Gerichts nicht nur Fragen. Er gibt auch viele Antworten. Dies alles zeigt, Gott lässt Dinge zu, die uns nur empören können, weil unsere Gedanken so weit reichen wie unser Leben. Gott lässt es zu, dass wir Versuchungen ausgesetzt sind, weil wir an ihnen wachsen sollen. Er macht unser Herz reif. Das ist eine schwierige Operation, die das härteste Vorgehen erfordern kann. Es gibt nichts Kostbarerers als ein Herz, das für Gott schlägt. * 70 Gott lässt die Schöpfung in die gottferne Irre gehen. Aber, Er führt sie auch wieder auf einer höheren Seinsebene zurück. Diese Seinsebene ist zunächst eine Werdeebene und wird dann endlich zur Verherrlichungsebene. Das entspricht Seinem Wesen, an dem kein Arg ist. Die menschliche Sprache und das menschliche Verständnis der Größe Gottes ist zu stark limitiert, um das angemessen ausdrücken zu können. Gott ist unantastbar, weil wir nur Seine Schöpfung sind, geschaffen, um Ihn zu verherrlichen. Es ist klug, so früh als möglich damit anzufangen.

Für das „Versuchtwerden" steht im Griechischen „peirazo", was einen negativen Beiklang im antiken Griechenland hatte, *71 aber im Neuen Testament auch im positiven Sinn benutzt wurde. *72 Es kann also sowohl als Versuchung, mit der Absicht, eine negative Wirkung zu erreichen, als auch eine Prüfung, die auf etwas Positives abzielt, verstanden werden. Theologisch muss diese Unterscheidung nicht getroffen werden, wenn man die Entwicklung vom Ende her betrachtet. Der Telos Gottes bedeutet, dass das Ende bei Gott ist und dass Er dieses Ende zu Seiner Verherrlichung gesetzt hat. Was immer man sich darunter auch vorzustellen vermag, es ist die Verherrlichung Gottes, das Ziel das Gott hat und das Er auch erreicht. Zur Zeit ist Gott dabei, Seine Gemeinde zu verherrlichen. Diese gehört zum Haupt Christus, über den es heißt: *„Ich habe ihn verherrlicht und werde ihn auch wieder verherrlichen."* (Joh 12,28)

Wenn Jakobus sagt, dass Gott selber niemand versucht, denkt man an Hiob. Die Versuchung besorgte der Satan, aber Gott ließ es zu. Er trägt die Generalverantwortung. Ihm obliegt es dann auch, begangenes Unrecht nicht stehen zu lassen. Er hat die Macht und den Willen und das Herz dazu. Gott selber verführt nicht zum Bösen. Aber Jakobus kommt erst gar nicht mit dem Satan, dem Erzverführer, sondern verweist auf den Menschen, denn in ihm sitzt die Begierde, die ihn antreibt, bis er sündigt. Und dann ist der Mensch bereits in die Falle des Todeswesens getappt. Und da kommt er nur mit Hilfe von Jesus wieder heraus.

„Irrt euch nicht!" (**Jak 1,16**) hängt Jakobus hinten an. Jeder ist für seine Sünde selber verantwortlich, aber die Folgen darf er auf Jesus abwälzen, der bereits dafür bezahlt hat. Auch dafür gilt das „Irrt euch nicht!", damit niemand glaubt, dass er selber seine Sünden begleichen könnte. Aber eben auch, dass man den Sitz der Sündhaftigkeit in den Begierden, in den eigenen vier Wänden, zu suchen hat und keine Ausflüchte benutzt: Meine schlechte Erziehung! Mein sozial ungünstiges Umfeld! Meine Eltern! Meine Frau, die mich zum Wahnsinn getrieben hat!

Es ist eine der verstörendsten Erfahrungen, die man als Mensch macht: ich bin verdorben! Da ist nichts Gutes, was wirklich des Ruhmes wert wäre! Und wenig steht die andere verstörende Erfahrung dieser nach: es gibt nur Menschen, die in Bezug auf ihre Verdorbenheit mit mir auf einer Stufe stehen. Auf der Stufe steht: unzureichend! Ein hartes, aber gerechtes Urteil! Da kann man als Mann eine Frau noch so verehrt haben, oder als Frau einen Mann noch so angehimmelt haben, das Urteil ist gleichermaßen vernichtend, alle ermangeln den Ruhm, den sie haben sollten! (Röm 3,23)

Auch das mag unsere innere Unruhe wieder in die richtige Richtung lenken, andere sind nicht besser als wir und wir können auch durch Anstrengungen aller Art nicht besser werden als es andere sind. Wir sitzen alle im gleichen Rettungsboot und sitzen demütig und erschöpft von unserem menschlichen Ringen im Überlebenskampf da drin. Jetzt, da man weiß, dass man gerettet ist, bleibt nur noch die Dankbarkeit und die Ergebenheit in die Segnungen, die nun noch kommen können. Neuer Hochmut kann nicht aufkommen. Bei wem Hochmut Sitz hat, der ist noch ein Heide.

Auch stimmt Jakobus mit Paulus darin überein, *„Jedes gute Geben und jede vollkommene Schenkung ist von oben, kommt vom Vater der Lichter herab"* (**Jak 1,17**). Es gibt nichts, mit dem wir uns rühmen könnten. Nicht mit dem, was wir sind, was wir haben und was wir tun. Von Gott kommt die Gabe der Erlösung, des Glaubens an die Erlösung und den Erlöser, das Vertrauen in Ihn, die Treue in Ihn und das Tun von guten Werken, die Seine guten Werke sind, die Er uns gegeben hat, damit wir sie tun und Ihn ehren, nicht uns selber. Wer das verstanden hat, hat es verstanden, weil Gott ihm das Verständnis geschenkt hat.

Dass bei Gott *„Keine Veränderung ist, noch eines Wechsels Schatten"* (**Jak 1,17**) soll bedeuten, dass er treu ist und dass es klug ist, Ihm zu vertrauen. Wenn Gott sagt, dass Er sich durch die Schöpfung verherrlichen will und Israel zu hohen Ehren bringen wird, weiß man, dass es wahr ist, denn Er führt das aus, was Er geplant hat. Bei Ihm ist vor allem wesensmäßig keine Veränderung. Da Sein Wesen vollkommen ist, ist klar, wohin man selber muss. Zu Gott hin. Und es ist klar, wie man selber sein muss, so wie Gott es einem vorgibt, das ist Ergebenheit, nicht in ein ungewisses Schicksal, sondern in Gottes Wegführung.

Also konnte es für die Juden, solange der Messias nicht gekommen war, nur bedeuten, dass sie die Torah befolgen, denn das war ihre Wegführung. Doch seit Jesus kann man wissen: die Torah kann nur die grobe Richtung angegeben haben, denn jetzt ist das Ziel in Christus klar vorgegeben. Nun ist der Nebel weg, mit Christus hat man die klare Schau voraus ins Heil.

Jakobus geht aber hier gar nicht darauf ein, sondern stellt den Menschen als Erstlingsfrucht des Willens Gottes und seines Heilswerks dar: *„[Es] war [Sein] Beschluss, uns [durch] [das] Wort [der] Wahrheit [zu] erzeugen, damit wir ein Erstling [unter] Seinen Geschöpfen seien."* (**Jak 1,18** KÜ). Auch Jakobus muss gewusst haben, diejenigen, die jetzt Christus nachfolgten, waren lediglich die Erstlinge in diesem Äon. Es würden in künftigen Äonen noch Zweitlinge und

Drittlinge und andere folgen. Das war der jüdische Heilsuniversalismus, den Paulus in besonderer Weise zum Thema gemacht hat. Bei ihm findet alles und jeder zu Christus, bis Ihm alle untergeordnet sind und Er alles Seinem Vater übergeben kann. *73

Wenn man sagt, Jakobus meine mit Erstlingen nur jene, die bis zu diesem Zeitpunkt Berufene waren und er hoffte darauf, dass noch mehr dazukommen würden, bis das Weltgericht kam, nachdem es keine Möglichkeit mehr zur Umkehr geben würde, dann muss man wissen, dass dies zu kurz und klein gedacht wäre. So trägt man dem Heilsuniversalismus Gottes nicht Rechnung. Man kann argumentieren, dass die Füllezahl der Nationen zum Heil gebracht worden sein wird, bis ganz Israel gerettet wird, aber was Paulus im Römerbrief zum Ausdruck bringt (Röm 11,25-26), bezieht sich nur auf eine begrenzte Äonenzeit, die gerade ansteht. Denn, wenn Israel im messianischen Reich die Völker regieren wird, werden noch sehr viel mehr Menschen aus allen Nationen zu Anbetern JHWHs werden. Da werden wieder andere Verhältnisse herrschen. Und danach gibt es weitere Äonen. Gott denkt groß. Und wir sollten groß über Gott denken. Wenn es die Heilige Schrift zulässt, dass man größer über Gott denkt, sollte man größer denken.

Erstlinge Seiner Schöpfung zu sein, bedeutet viel Verantwortung zu haben. Da muss man sich um die Angelegenheiten Gottes kümmern. Man kennt daher Gottes Erstlinge daran, dass sie ein beständiges Interesse an Gottes Wegen haben und das auch sichtbar werden lassen. Aber die sichtbaren Zeichen sollten auch zum Auftrag passen!

Wenn Jakobus in **Jak 1,19-20** hervorhebt, dass man langsam zum Reden und langsam zum Zorn sein soll, ist das nicht nur eine Anweisung zur Übung in der Demut. Er hat auch verstanden, dass der Streit um das rechte Verständnis Entzweiung hervorbringt und im Zorn kaum Wahrheit liegen kann, weil der Zorn nicht im Gerechtigkeitsvermächtnis des Menschen wirklich zur Entfaltung kommt, sondern mehr das Erdulden. Daher sagt Jakobus: *"Deshalb legt ab alle*

Unsauberkeit und das Übermaß der Schlechtigkeit, und nehmt das eingepflanzte Wort mit Sanftmut auf, das eure Seelen zu retten vermag!" (**Jak 1,21**)

Stattdessen hat man gerade unter Christen schon die Feststellung von Jak 1,20 missachtet und schlicht überlesen, sonst hätte die christliche Kirche die Juden nicht seit Anbeginn verleumdet und verfolgt. Christen behandelten Juden wie Vieh. Und das kam zum Teil daher, weil man zornig war über ihre Verweigerung gegenüber Christus. Und je mehr man sie den Zorn spüren ließ, desto weniger waren die Juden geneigt, dieser gewalttätigen Botschaft auch nur zuzuhören. Viele bekannten sich zum christlichen Glauben, aber nur, um damit der Verfolgung zu entgehen, nicht aus Überzeugung. Und nicht einmal das half ihnen immer. *74 Das „Wort Gottes" vermag Seelen zu retten, weil Jesus Christus das Wort ist. Jesus Christus, Sein Name und Sein Rufen sind eins. Wer den Namen Jesu verkündet, verkündet Jesus. Wer die Worte Jesus verkündet, verkündet Jesus. Hierin liegt die Rettung. Aber Jesus verkündete auch, dass man Gott gehorchen soll.

Sein Schaffenswort und Sein Verpflichtungswort sind eines. Es „soll" und deshalb „wird"! Und zum Zeitpunkt von Jakobus gab es nur ein geschriebenes Wort Gottes. Das war das Alte Testament! Das war die Torah, als Herzstück des Alten Testaments. Unter „Unsauberkeit" und „Schlechtigkeit" hat Jakobus sicherlich auch eine laxe Einstellung zur Torah verstanden! Wenn er also sagt: *„Werdet aber Täter [des] Wortes und nicht [solche], [die] nur [darauf] lauschen, [sonst] hintergeht [ihr] euch selbst."* (**Jak 1,22** KÜ) hat er kaum seinen Brief oder die Briefe des Paulus gemeint, sondern das, was an göttlichen „Worten" bis dahin überliefert worden war. Und dazu gehörte jedenfalls auch, was in der Synagoge vorgelesen wurde.

Jakobus schlägt sich hier allem Anschein nach auf die Seite der Legalisten. Das Wort Gottes steht unverbrüchlich, weil es Gottes Wort ist und treu von den Juden über die Generationen überliefert worden war. Aber Jakobus war kein Legalist. Er wollte nur das bewahren, was die fruchtbare Wahrheit Gottes war, und dazu zählte er das Alte Testament, als auch die Worte, die Jesus gesprochen hatte. Doch die waren noch nicht Teil der Bibel geworden und jeder Augenzeuge berichtete etwas anderes. Auch wenn man die elf Jünger fragte, oder wenn es weniger waren, die noch am Leben waren, so lautete jeder Bericht etwas anders. Das sieht man ja auch an den vier Evangelien. Es kam also zu jener Zeit viel auf die Augenzeugen, die Jünger und Apostel, an! Was sie über Jesus sagten, war mit zu dem, was man bereits von den Vorvätern hatte, die Grundlage des Glaubens.

Und wiederum redet Jakobus vom Tun der Werke. Zuhören alleine ist nur die halbe Miete, auf den informatorischen Input muss der pragmatische Output kommen, der nach dem Verständnis von Jakobus das Ganze zu einem runden Paket schnürte, das vollständig war und Jesus überreicht werden konnte: Wir, deine Kreatur, waren kreativ an deiner statt!

Jakobus geht davon aus, dass die Selbstprüfung dazu führt, dass man seinen alten Adam, den Mensch, der mit Sünden belastet ist, sieht. Und da man weiß, dass man den alten durch den neuen Adam ersetzen muss, weiß man auch, dass es nicht so bleiben darf. Durch die Verkündigung des Wortes Gottes lernt man „*sein angestammtes Angesicht*" kennen wie in einem göttlichen Spiegel (**Jak 1,23**), der einem vorgehalten wird. Was man da sieht, ist das, was man aus Gottes Sicht ohne Jesus ist. Jedenfalls auch ein von Natur aus sündigender Ungerechter. Und deshalb darf man sich und Jesus, der gleich daneben steht, nicht verlassen und wegrennen. Man kann weder vor sich noch vor Jesus wegrennen! Und wer aus diesem Leben ausscheidet, wurde bereits einer sorgfältigen Prüfung unterzogen, wie es danach mit ihm weitergehen soll. Mangelndes Selbstvertrauen sollte nie in mangelndes Christusvertrauen führen!

JCJCJCJCJCJCJCJCJC

4.

Das vollkommene Gesetz der Freiheit

Jak 1,24-27

Die Frage stellt sich, wie kann man wissen, ob man Christusvertrauen hat. Jakobus scheint sagen zu wollen, dass man am Gehorsam gegenüber Gott sich selbst zeigen kann, dass man seine vertrauensbildenden Maßnahmen ergreift. Man macht seine „Hausaufgaben", wenn man Gott gehorcht. Aber warum sagt Jakobus nicht wie beispielsweise Paulus, dass es der Geist Christi ist, der einen leitet. Das ist ein Geist, der nicht furchtsam ist, auch nicht, was den Gehorsamsstand anbelangt, denn es ist ein Geist der Zuversicht und Kraft und Liebe, ja, und auch der Zucht (2 Tim 1,7).

Vielleicht redet Jakobus deshalb nicht davon, weil er wusste, dass es unter den angeschriebenen Juden viele gab, die den Geist nicht hatten, oder sich dessen nicht bewusst waren. Und dann bleibt ihm nichts anderes übrig als auf die Torah zu verweisen. Aber nicht einmal einen Hinweis auf Christi Geist oder Seinen Beistand gibt es bei Jakobus (2 Tim 4,22). Warum sagt Jakobus nicht einfach: Werdet voller Geist (Eph 5,18)? Mit ihm sind sie doch versiegelt worden (Eph 4,30). Nur da, wo er ist, ist Freiheit (2 Kor 3,17). Da nützt alle Torahfrömmigkeit nichts, sondern die Torah wird gewissermaßen zu einem Unfreiheitsinstrument, wenn man den Geist Christi nicht hat.

Wer ein bloßer Hörer des Wortes der Verkündigung ist, und nicht danach handelt, sagt Jakobus, tut Unrecht. Aber die tiefere Ursache dafür, dass er Unrecht tut, ist doch nicht, dass er die Torah vergessen hat, sondern dass er entweder den Geist Christi nicht hat, oder nicht auf ihn hört. Und ebenso gilt: *„Denn er hat sich selbst betrachtet und ist weggegangen, und er hat sogleich vergessen, wie er beschaffen war."* (**Jak 1,24**) Diese Selbsterkenntnis wird immer wieder durch den Geist Christi angeregt. Selbsterkenntnis verlangt Selbstverantwortung und damit auch das

Handeln. Es sind für Jakobus die Werke der Gerechtigkeit, die man erkannt haben muss, die einem fehlen und wozu man nun aufgefordert wird, sie zu tun. Jakobus kennt keine Alternative: *„[Wer] aber in das vollkommene Gesetz der Freiheit [hinein]gespäht hat und dabei bleibt [und] kein vergesslicher Lauschender ist, sondern [ein] Täter [des] Werkes, dieser wird in seinem Tun glückselig sein."* (**Jak 1,25** KÜ)

Es ist nicht verwunderlich, wenn messianische Juden hier unter dem *„vollkommene Gesetz der Freiheit", die Torah* verstehen. ***75** Aber schon an der Tatsache, dass die 613 Gebote der Torah niemals ausreichen um „vollkommen und vollständig" den sündigen Zustand des Gläubigen zu spiegeln, kann und muss man an der Vollkommenheit zweifeln. ***76** Weil es ja noch viele andere Möglichkeiten gibt, nicht im Geiste Gottes, sondern gegen ihn zu handeln, müsste man erkannt haben, dass das nicht ausreicht, die Torah ein vollkommenes Gesetz der Freiheit zu nennen, zumal es nicht denkbar ist, dass es ein Gesetzeswerk gibt, das hinreichend für die Freiheit ist, die es nur in Christus gibt. Wäre die Torah oder sonst ein Gesetz ausreichend, die vollkommene Freiheit zu geben, bräuchte man ja Jesus gar nicht als Erlöser. Jesus ist mehr als nur ein Lückenbüßer, oder ein Flickschuster, der noch ein bisschen nachbessert, weil wir die Torah nicht immer eingehalten haben. Der wahrhaft Gläubige gebraucht also nicht „die vollkommene Beurteilung seines geistlichen Zustandes, die der Spiegel ihm gibt, um sein Verhalten zu korigieren" und er wird sie auch nicht „sein ganzes Leben lang auf diese Weise benutzen – wie den Badezimmerspiegel", ***77** sondern, wenn er ein wahrhaft Christus ergebener ist, wird er sich von Jesu Geist führen lassen. Das ist etwas ganz anderes, das ist eine andere, nämlich göttliche Dimension, das ist mehr als die Toraherdigkeit, das ist mehr als ein Badezimmerspiegel.

Ich schaue selten in meinen Badezimmerspiegel, aber andauernd befrage ich Christus, wo nicht, merke ich, dass ich Mangel erleide. Ich verspüre keinerlei Mangel, dass ich die 613 Gebote der Torah noch nicht einmal kenne. Und ich habe auch kein schlechtes Gewissen, dass ich die mündliche Torah der Juden mit ihren Erläuterungen und Kommentaren nicht kenne.

Leider haben das gerade viele messianische Juden noch nicht erkannt, dass die Torah der Lückenbüßer und Flickenteppich ist, weil sie nur lückenhaft Gottes Willen udnd as, was Ihn bewegt, wiedergibt, sonst könnten sie nicht sagen: „Es ist die Torah, die, weil sie vollkommen ist, Freiheit schenkt!" *78 Das tut sie definitiv nicht. Sondern sie versetzt Todeskandidaten in einen Zustand des Erwachens von ihrem Schlaf des Ungerechten. Die Torah holt sie aber nicht aus ihrer Zelle heraus. Das kann nur Christus. Nur Er ist der Befreier!

Das ist auch nicht „weise", das zu erkennen, „dass nur innerhalb des Rahmens eines Gesetzes wahre Freiheit möglich ist." *79 denn die Bibel lehrt, dass es nur innerhalb Christus Freiheit gibt. Alles was vollkommen ist, ist Gott zuzuordnen. Dass die Torah kein vollständiges Regelwerk ist, haben ja bereits die Juden erkannt. Das hat sie dazu getrieben, sie zu ergänzen und im Grunde hat Jesus in der Bergpredigt das Gleiche gemacht, aber aus einem anderen Grund. Er wollte zeigen, dass die Gerechtigkeit, die durch das Halten der Gebote kommen soll, noch lange nicht erreichbar ist, so sehr man sich auch müht. Man soll sich zwar mühen, aber niemals glauben, dass die eigenen Bemühungen irgendwie ausreichen, um die Gerechtigkeit und Heiligkeit zu erlangen, die allein vor Gott zählt.

Gerade deshalb ist er ja gekommen, um sein Leben herzugeben, auf dass wir diese Gerechtigkeit und Heiligkeit geschenkt bekommen können, die es braucht, um in das Einssein mit Gott zu gelangen. Jesus hat also, als Er die Bergpredigt hielt, bereits gewusst, was Sein Auftrag sein würde und warum. Er hatte am Sinai Israel die Torah gegeben, obwohl Er damals schon wusste, dass sich das Volk nur ungenügend danach richten würde. Er kennt doch Seine Schöpfung! Das Problem der Sündenerkenntnis und des Sündenbekenntnisses besteht doch nicht darin, dass Gott etwas nicht verstanden hat oder etwas falsch gemacht hat, sondern dass Seine Schöpfung vieles erst noch lernen und verstehen muss, ehe sie bereit für Veränderungen ist.

Es scheint beinahe, als müssten auch die messianischen Juden den Fluch der Torahlastigkeit tragen, den ihre Vorväter sich eingebrockt haben, sonst wüssten sie, dass wahre Freiheit nur in Christus möglich ist. ***80** Man muss auf Ihn schauen, nicht auf die Torah. Er ist das Ziel, nicht die Torah. Die Torah war nicht die *„vollkommene, vollständige und ausreichende Ordnung für die Menschheit…"*, ***81** sondern sie war ein Abkommen Gottes mit Israel. Nicht weniger, aber auch nicht mehr. Es war ein Abkommen, das zwischen Segen und Fluch, zwischen dem Wohlergehen des Volkes Israel und seinem Zerbruchsweg im Scheitern die Wahl lließ. Aber Gott wusste, dass der Bund nicht zum Heil Israels gereichen würde.

Die Juden wussten sehr wohl, Ägypten mit dem Land der sündhaften, versklavenden Unfreiheit gleichzusetzen, aus dem sie Gott befreit hatte. Ihnen fehlte noch die Erkenntnis, dass der Befreier auch damals schon Jesus Christus war (1 Kor 10,4). Er war der Fels, der sie durch die Wüste begleitete und aus der Wüste heraus führen wollte. Aber sie ließen es nicht zu. Wenn Jesus zu den Juden sagte: *„Jeder, der die Sünde tut, ist der Sünde Sklave."* (Joh 8,34), dann wussten sie das bereits. Aber sie wussten noch nicht, was er gleich darauf sagte: *„Wenn nun der Sohn euch frei machen wird, so werdet ihr wirklich frei sein."* (Joh 8,36) Wiederum wollte sie der Fels aus der Wüste herausführen, der Wüste des Götzen- dienstes, der Selbstverherrlichung, der Heuchelei und der römischen Besatzung, der Wüste auch der Christusverweigerung. Aber sie ließen es nicht zu. Sünde war für sie lediglich ein Verstoß gegen die Gebote der Torah, die sie am Sinai von Gott bekommen hatten. Die größte Sünde ist aber die Sünde, gegen das erste Gebot zu verstoßen, wenn man dieses Gebot so ausweitete, wie es jeder irgendwann in sei- nem Leben tun muss, denn dann bedeutet es, dass man tatsächlich nicht nur keine anderen Götter neben dem einen hat, sondern dass man diesen einen Gott beginnt zu ehren und zu lieben und zu vertrauen und immer weiter kennen zu lernen, bis man wesenseins mit Ihm ist.

Christus hat das vorgelebt, aber den haben sie umgebracht, gerade weil Er Gott zu ähnlich war. Dass war den Mördern nicht bewusst, aber sie handelten konsequent auf der Spur der Christusverweigerung, die eine JHWH-Verweigerung war nach Altväters Sitte, eine Verweigerung, Gott zu liebe, zu ehren, zu vertrauen und kennen zu lernen und wesenseins mit Ihm zu werden. Die Christusverweigerung zeigte nur ihre Gottesverweigerung, denn Jesus war das Bild und der Sohn Gottes. Schaute man Christus an, sah man Gott. Die Juden waren dafür nicht reif, erkennen zu können, dass sie JHWH sahen, weil sie nicht durch das Äußere hindurch zu blicken vermochten. Das ist das Problem der Menschen, sie schauen nur auf unbedeutende Äußerlichkeiten und erkennen das Wesentliche nicht.

Was Jakobus hier tut, ist eigenartig und typisch jüdisch. Er nennt die Torah das Gesetz der Freiheit nennt, als hinge die Freiheit nicht von der persönlichen Beziehung zum Befreier und Gesetzgeber ab, sondern von einer Buchstabensammlung. Aber die Torah darf als Gesetz der Freiheit nur dann gesehen werden, wie sie auch als Gesetz Gottes verstanden werden kann, ohne Gott zu sein. So wenig das Gesetz Gott ist, so wenig ist sie für sich schon die Freiheit, sondern allenfalls ein Richtungsweiser auf die Freiheit in Christus. Und das ist die Torah zweifellos. Insofern ist sie ein Gesetz Gottes und ein Gesetz der Freiheit. Wer den Befreier, Jesus Christus, noch nicht ergreifen kann, soll wenigstens sein Gesetz packen.

Man muss die Torah erfassen
und in Christus wieder loslassen

Er muss es dann aber zur rechten Zeit loslassen. Ja, die Torah ist heilig, recht und gut, aber nur für die Fälle, bei denen das zutrifft. Die „Ws" sind zu beachten: wann, wo, wer, wie und was. Wann ist sie gültig, in welchen Situationen, für wen, wie ist sie konkret anzuwenden und was soll sie bewirken?

Wer in den Bergen feststeckt, kann von einem Hubschrauberpiloten gerettet werden. Nicht der Hubschrauber oder das Seil, an dem man ihn hochzieht, ist der Retter, auch wenn man vom „rettenden Seil" spricht. Das Seil als solches ist nur ein Mittel zur Rettung. Für sich vermag es gar nichts. Doch gerettet ist man erst, wenn man auf sicherem Grund steht und das Seil losgelassen hat, gerade weil es nur ein Mittel der Rettung war. Lässt man es nicht los, signalisiert man nur, dass man noch daran zweifelt, auf sicherem Grund zu sein. Man soll es aber erst loslassen, wenn man tatsächlich sicheren Grund erreicht hat. Der sichere Grund ist der sichere Grund, nicht das Seil.

So ist es auch mit der Torah, sie ist nicht der sichere Grund, sondern nur ein Hilfsmittel. Sie verhilft auf den Weg zum Retter hinzugelangen, bedeutet aber selber noch nicht die Rettung. Würde man aber die Torah loslassen, ohne bereits gerettet worden zu sein, hätte man noch den Stand der Verlorenheit. Wenn man aber bei Christus sicher angekommen ist und sich Ihm voll anvertraut hat, braucht man die Torah nicht mehr, denn

Näher und gewisser und geretteter bei Gott zu sein
als in Christus zu sein, geht nicht.

Eine besondere Hervorhebung und Hochhaltung der Torah bringt einem nicht noch mehr in Christus, wenn man schon in Christus ist. Es könnte aber sein, dass eine Überbetonung der Torah verhindert, dass man in Christus hinein kommt. Genau das ist den Schriftgelehrten und Pharisäern passiert. Vor lauter Torahfrömmigkeit waren sie blind für Christus.

Diese Unterscheidung zwischen Hilfsmittel, das an sich nicht rettet und der Retterperson wird oft zu wenig betont, oder schlicht nicht gesehen. *82

Das ist erstaunlich und tragisch, weil es auf ein Restmistrauen gegenüber Gott hinzudeuten scheint. Noch hat man sich nicht ihm gänzlich überlassen. Es gab zur Zeit von Jakobus im Judentum bereits diese Geisteshaltung, die orthodoxe Juden bis zum heutigen Tag beibehalten haben. Da man die Torah hat, hat man alles. *83

Man verstand die Torah, gerade auch um den Gegensatz zum Hellenismus mit seinen Idealen herauszustreichen, als vollkommenes Gesetz. Vollkommenheit, hätte man wissen müssen, gibt es nur bei Gott. Die Torah kann ja schon deshalb nicht vollkommen sein, weil sie Brand- und Blutopfer fordert, die durch die Opferung Jesu Christi ihre Bedeutung verloren haben und vorher, als sie noch galten, nur eine vorläufige Stellvertreterfunktion hatten, die immer unzureichend geblieben ist, denn sonst hätte ja Jesus gar nicht sterben müssen. So gesehen ist Christi Opfertod der beste Beweis dafür, dass die Torah nichts Vollkommenes war!

Die Hellenisten wollten ja der jüdischen Glaubenswelt noch viele heidnische und philosophische Komponente hinzufügen. Und die Konservativen versuchten, dem entgegen zu steuern. Dabei wurde die Torah überhöht.

Auch Jakobus scheint so ein Konservativer gewesen zu sein, der sich bewusst war, dass die Hellenisten gerade in der Diaspora stark am Wirken waren. Sein Ansatz, die Torah zu verteidigen und hoch zu halten, ist verständlich und war vermutlich auch notwendig, aber einen ernstzunehmenden Einwand gegen eine Überbetonung des Traditionellen gibt es auch hier, wie sonst auch in der langen Geschichte Gottes mit den Menschen. Wer in Christus ist, hat es gar nicht notwendig, sich auf philosophische Geplänkel mit den Hellenisten einzulassen, denn Christus ist einmalig und beseitigt alle Diskussionen und philosophische Gedankenmalereien. Wer nicht in Christus ist, kennt auch das Vollkommene nicht und sucht nach Erklärungen und Argumenten, mit denen er seinen Stand bekräftigen kann. Man verteidigt aber nie einen festen Stand, sondern immer nur einen ungefähren.

Jakobus bleibt also argumentativ auf dem Stand der Bergpredigt, wo die Torah auch erhöht wird, könnte man meinen. Aber das ist ein Trugschluss, denn während die Bergpredigt verdeutlicht, dass man die Torah nach dem Buchstaben nicht halten kann, weil man immer noch sündig bleibt und man deshalb an seiner grundsätzlichen Verworfenheit durch das bloße Befolgen von Geboten rein gar nichts ändern kann, scheint Jakobus an die rettende Kraft der Torah zu glauben. So zumindest könnte man es ihm aufgrund seiner Ausführungen unterstellen! Er relativiert die Wirkmächtigkeit der Torah mit keinem Wort, auch nicht mit einer Bezugnahme auf die Präsenz des Geistes Christi, der jedem gegeben ist, der unter der Rettermacht des Gottessohnes steht (Röm 8,9).

Jakobus spricht das Thema nicht an, obwohl es doch die messianischen Juden anging. Schon Jesus hatte dem jüdischen Großdenker Nikodemus gesagt, dass der „Ruach" *84 weht, wo er will, und Er bringt es in den Zusammenhang eines vom Geist Gezeugten (Joh 3,6-9). Das ist für Jakobus kein Thema. Und so macht er es auch nicht zum Thema für die messianischen Juden in der Diaspora.

Wer in der Tradition lebt, braucht keinen Geist Christi, denn er hat ja die Tradition. Das ist der große Mangel bei der katholischen oder bei den orthodoxen Kirchen. Vor lauter Tradition hört man den Geist Christi nicht. Man hört ihn nicht unbedingt deshalb nicht, weil man selber so viel Krach schlägt, sondern vielleicht deshalb, weil er weht, wo er will.

Auch heutige messianische Juden stehen in einer Gefahr und Spannung zwischen dem, was sie als Tradition und gültige Wahrheit erkannt haben und dem, was sie mit der kirchlichen Tradition eint oder trennt. Es ist also eine zweifache Spannung. Die Kirche redet Wahres über den Messias, sie redet aber auch, wie es dem messianischen Judentum nicht gefallen kann. Eine Spannung fehlt da, wo man sich eines Problems gar nicht bewusst ist. Das bedeutet, dass das messianische Judentum neben wahren und mutmaßlich unwahren kirchlichen Überlieferungen im ständigen bewussten Bemühen um Unterscheidung und Beurteilung ist, aber damit rechnen muss, dass es auch übernommene Irrtümer gibt. Das messianische Judentum hat beispielsweise den Widerspruch, dass es an der Schma Israel festhält, aber an drei Gottpersonen glaubt. Das ist kirchliche Tradition, weil nirgendwo in der Bibel, auch nicht im Neuen Testament, ausdrücklich von drei Gottpersonen die Rede ist. Die Schma Israel lautet:

„Höre, Israel: Der HERR ist unser Gott, der HERR allein!" (5 Mos 6,4 ElbÜ) *85 „echad" bedeutet „einer". *86 „Allein" ist im Hebräischen aber „bad". * **NAS Nr 905.** Nichtmessianische Juden machen aus dem „echad" gerne ein „einzig", *87 doch das wäre im Hebräischen „yachid". *88

Keinesfalls lässt sich aus der Schma Israel herauslesen, dass Gott sich in zwei oder drei Personen manifestiert, aber es könnte dem auch nicht widersprochen werden, dass die Vorstellung von Jesus richtig ist, wenn Er zumindest was Ihn und den Vatergott betrifft, offenbart, dass eine Einheit vorliegt, so dass das „einer" in der Schma Israel bewahrt bleibt: *„Wie du, Vater, in mir bist und ich in dir, so sollen auch sie in uns sein"* (Joh 17,21). Wenn der Sohn im Vater ist, dann ist klar, dass sie wie einer sind. Erstaunlicherweise erweitert aber Jesus hier das Einssein, weil Er sagt, dass auch die Jünger in ihnen sein sollen. Weiter differenziert Er im folgenden Vers: *„Und ich habe ihnen die Herrlichkeit gegeben, die du mir gegeben hast, auf dass sie eins seien, wie wir eins sind."* (Joh 17,22).

Doch hier erfolgt, für viele unmerklich, eine Verschiebung der Begrifflichkeit. Wenn die Jünger Jesu, also Menschen, so eins seien sollen wie der Vater und der Sohn eins sind, dann gibt es, vereinfacht dargestellt drei Deutungsmöglichkeiten, die am Wortlaut bleiben: Erstens – der Vater und der Sohn sind Gott und auch die Jünger sollen Gott sein. Diese Position wird im Christentum nicht vertreten. Zweitens –der Vater und der Sohn sind Gott und so sehr wie sie eins und einig sind, sollen auch die Jünger untereinander eins und einig sein. Sie bleiben dabei natürlich Mensch. Die Gleichheit ist also eine relative. Und Drittens – der Vater und der Sohn sind Gott und die Jünger sollen in allem, was Gott vorgesehen hat genauso sein wie die beiden und demzufolge auch eins und einig, aber ohne Gott dabei zu werden.

Es bleibt also festzuhalten, dass Jesus hier von sich als eins seiend mit Gott Vater bezeichnet, was Er andernorts unterstreicht. ***89** Dann nimmt er noch eine Erweiterung vor von denen, die eins sind, der Vater und der Sohn, um die, die noch dazu kommen sollen: die Jünger. Von einem heiligen Geist spricht Jesus nicht. Das erklärt Jesus in Joh 4,24, wonach Gott Geist ist und Paulus in Röm 8,9, wonach der Geist Gottes der Geist Christi ist. Der Geist Gottes ist Person, da er Gott ist. Der Geist Gottes ist Person, da er dem Vater oder dem Sohn zugeordnet werden kann. Gott manifestiert sich immer auch als Geist. Er ist an Materie ungebunden. Daher bezeichnet Ihn die Bibel als Geist.

Es ist also eher typisch für einen Juden, der aus der Torah weiß, dass Gott einer ist, dass er nicht von einer weiteren Gottperson spricht. Aus dem Neuen Testament ist jedoch die Gottheit von Jesus klar aus Joh 1,1ff oder 1 Kor 10,4 zu erschließen. Für beide, den Vater und den Sohn ist JHWH der Namen, da dieser Name für beide das Wesen beschreibt, da sie ja eins sind. Seiend und lebendig. Das Sein und das Leben gibt es nur bei Gott und bei dem, was von Gott das Sein und das Leben zugeeignet wird. Gott hat ab 1 Mos 1,2 mit dem Rufen des zum Sein Werdenden ins Dasein die Schöpfung begonnen. Ab 1 Mos 1,11 hat Er Leben dazugegeben. Er kann beides wieder wegnehmen. Aber das entspricht nicht Seinem Vorhaben, denn zu Seiner eigenen Verherrlichung hat Er alles erschaffen.

Vielleicht wollte Jakobus auch die Juden nicht verprellen, die seinen Brief lesen oder hören würden. Nicht jeder Diasporajude war ein messianischer Jude. Die meisten waren es nicht. Im neuen Bund kommt es nicht darauf an, die Buchstaben durchzunummerieren und rückwärts aufsagen zu können oder in ihnen versteckte Botschaften aufzuspüren, sondern es kommt darauf an, eine Rebe am Weinstock Gottes zu werden. Nur wer in Christus ist, kann Gott gemäße Werke vollbringen (Joh 15,5).

Das hätte Jakobus an dieser Stelle unbedingt sagen müssen, wenn es ihm darum ging, den Juden den Unterschied zwischen Unwesentlichem und Wesentlichem zu verdeutlichen. Dass das Wesentliche der Christus ist, kann man aber nur denen sagen, die empfangsbereit dafür sind. Die Torah ist nicht das Wesentliche. Sie war es nicht einmal im Alten Bund. Auch dort war die Treuebeziehung zu JHWH das Wichtigste und auch damals wäre weit mehr entstanden als nur ein buchstabengetreuer Gehorsam, den kein einziger Israelit fertig gebracht hat, mit dem sich Gott aber auch nie zufrieden geben kann, weil Er die Liebe in Reinform erzeugen will. Und das ist immer mehr als nur gehorsam zu sein! Und daher kann man auch sagen, dass das die Torah erfüllt, wenn man Gott und seine Nächsten liebt, aber es ist weit mehr als nur die Torah zu erfüllen. Es bedeutet eine verherrlichende Beziehung zu Gott. Die Torah bleibt bestenfalls eine Teilerfüllung göttlichen Willens und Wohlgefallens.

Die Liebe zu Gott ist dann echt,
wenn sie Gott verherrlicht

Es gibt keinen Zweifel, dieser Satz vom befreienden Gesetz hätte auch von Paulus stammen können, aber nur, wenn er das „Gesetz der Freiheit" ganz auf Christus bezogen hätte und wenn er die Glückseligkeit im Tun des Gesetzes aus Dankbarkeit und Freude heraus, Christus etwas tun zu können und zu dürfen, gelten lassen wollte. Was Paulus über die Torah gesagt hat, passt keinesfalls zu einem „Gesetz der Freiheit":

„Denn durch des Gesetzes Werke wird kein Mensch gerecht." (Gal 2,16)

„Ich bin durchs Gesetz dem Gesetz gestorben, damit ich Gott lebe. … Ich lebe, doch nun nicht ich, sondern Christus lebt in mir." (Gal 2,19-20)

„Wenn durch das Gesetz die Gerechtigkeit kommt, so ist Christus vergeblich gestorben." (Gal 2,21)

„Denn die aus des Gesetzes Werken leben, die sind unter dem Fluch." (Gal 3,10)

„Dass aber durchs Gesetz niemand gerecht wird vor Gott, ist offenbar." (Gal 3,11)

„Also ist das Gesetz unser Zuchtmeister auf Christus hin geworden, damit wir aus Glauben gerechtfertigt würden. Nachdem aber der Glaube gekommen ist, sind wir nicht mehr unter einem Zuchtmeister." (Gal 3,24-25)

„Ihr seid von Christus abgetrennt, die ihr im Gesetz gerechtfertigt werden wollt." (Gal 5,4)

„Denn wir urteilen, dass der Mensch durch Glauben gerechtfertigt wird, ohne Gesetzeswerke." (Röm 3,28)

Ein Gesetz, über das man das sagen kann, was Paulus da sagt, kann nicht vollkommen sein. Das ergibt sich auch schon daraus, dass das Endziel, auf was die Torah hinweist, Christus ist (Röm 10,4). Christus ist der Vollkommene.

Paulus hätte unter dem *„vollkommenen Gesetz der Freiheit"* sicher nicht die Torah, sondern, unter Verwendung des Ausdrucks *„Gesetz der Freiheit"* den Gegensatz verstanden: das Gesetz Christi, das darin bestand, dass man dem Geist Christi folgend nicht etwa dem Geist der Torah zuwidergehandelt hätte, sondern so gehandelt hätte, dass alles, was die Torah im besten Fall jemals bewirken konnte, bewirkt wurde. Und darüber hinaus noch alles, was christusgemäß ist. Paulus verwnedet manche Begriffe in genau dem Sinn, dass es ein Abstraktumk ist, das eine Lebens- und Geisteswirklichkeit, die nicht mit Händen zu greifen ist, verdeutlicht.

Man kann also sagen, dass sich Paulus und Jakobus wenigstens hier angenähert haben, dass sie im Tun die Ausübung des Gesetzes gesehen haben. *90 Doch bei Paulus ist das „Gesetz des Christus" viel umfassender und vergeistigter als das Gesetz der Freiheit bei Jakobus, der es anscheinend mit der Sinai-Torah gleichsetzte. *91

Ein Gesetz der Freiheit kann die Torah nur in der Hinsicht sein, dass sie eine Richtung angibt, in der man die Freiheit finden kann. Aber die Torah ist selber nicht die Freiheit! Wenn messianische Juden sagen, was Christus gemäß ist, sehen wir darin, die Torah zu halten, sehen sie nur einen kleinen Teil des Ganzen und noch nicht einmal den Wichtigsten. Wenn messianische Juden sagen, was Christus gemäß ist, sehen wir darin, die Torah zu halten und die anderen, neueren Gebote Jesu zu halten, sehen sie auch nur einen kleinen Teil des Ganzen und noch nicht einmal den Wichtigsten. Erst wenn sie sagen, Christus ist ganz und gar sich selbst Gesetz, weshalb Er auch die Torah vollkommen miteinbezogen hat, und zwar so, wie es richtig ist, nicht nach den menschlichen Vorstellungen, können sie Ansprüche anmelden, Christus ganz verstanden zu haben. Aber das müssen sie niemand nachweisen, es sei denn, sie wollen überzeugen.

Wenn also Jakobus unter dem Gesetz der Freiheit an die Torah dachte, die er zweifellos sorgfältig befolgte, dann kann er richtigerweise und in Übereinstimmung mit Paulus nur gemeint haben, dass die Torah eben nur dann ein „Gesetz der Freiheit" sein konnte, als sie aus dem Denken Christi stammte und zu Christus hinführen sollte. Freiheit, das musste auch Jakobus klar sein, gibt es nur in Christus und nicht in der Torah. Aber weil die Torah, richtig verstanden, ein Hinweiser und Wegbereiter zum Nahekommen zum Christus sein konnte, konnte sie dazu dienen, sich der endgültigen und vollkommenen Freiheit zu nähern. Dass die Torah das aber nicht automatisch bewirkt, sieht man an 3000 Jahren jesuslosen Judentums.

Jakobus war ein Torahlehrer und ein Christuslehrer, muss man annehmen. Und um ein Christuslehrer zu sein, musste er ein Torahlehrer sein, weil ihn sonst kein Jude beachtet hätte. Die Jünger eines Rabbi waren in geistlicher Hinsicht ausschließlich in der Torah und den übrigen Schriften der Bibel gelehrt worden. Aber die Torah stand immer im Zentrum. Und Jakobus hält diese Fahne hoch, die Jesus nie abgehängt hatte, denn wer zu Ihm kommt, lernt, dass nur noch Christus in der Mitte des Lebens und Sehnens stehen kann.

An was Jakobus wirklich dachte, sagt er nicht. Aber da er vor bloßen Ritualen warnt (**Jak 1,26**), muss man annehmen, dass er näher bei Paulus war, als ihn manche Schriftteiler sehen wollen. Man darf aber dennoch nicht übersehen, dass er nicht paulinisch schreibt und lange nichts zu Jesus sagt und die Torah auch nicht als bloßen Zielgeber auf Christus hin bezeichnet. Er ermahnt die Leser und Zuhörer zu gerechten Werken, aber er hält ihnen nicht das Ziel Christus vor Augen. Er bleibt in der Sprache der Tradition. Das ist das Evangelium der Beschneidung.

Aber selbst ein Petrus hätte daran denken können, Jakobus zu tadeln, weil er so wenig zu Jesus sagt. Petrus hatte seine eigene Last zu tragen. Er hatte sich Paulus lehrmäßig angenähert und war dadurch zwangsläufig in die Schusslinie der messianischen Juden gekommen. Seine Aufgabe und sein Aufenthaltsort lässt sich nicht festmachen, wie bei einem Rastlosen, der nirgendwo so richtig zu Hause ist. Petrus musste lernen, sein zu Hause war nur bei dem, den er zuerst drei mal verleugnet und dem er dann dreimal die Liebe zugesichert hat.

Jakobus unterscheidet zwischen bloßen Buchstabentaten, den Ritualen, und den Handlungen, die wirklich gutes Bewirken (**Jak 1,27**). Das hat Paulus auch gemacht. Für Paulus sind Rituale Elemente des Irdischen. Es gibt Rituale, die das Geistliche versinnbildlichen können und so dem geistlichen Anfänger auf die Sprünge helfen können. Es gibt aber auch Rituale anderer Geister, die auf andere geistliche Spuren heben. Sie werden damit zu Helfern des Widerwirkers, der nicht nur das Heil blockieren will, sondern auch in Misskredit bringen und durch ein Scheinbares ersetzen will. ***92**

Auch das, was Jakobus hier schreibt, steht in einer langen jüdischen Tradition. Schon Jesaja hatte gesagt: *„Wozu soll mir die Menge eurer Schlachtopfer dienen?... Das Räucherwerk ist mir ein Gräuel. Neumond und Sabbat, das Einberufen von Versammlungen: Sünde und Festversammlung ertrage ich nicht. Eure Neumonde und eure Feste hasst meine Seele. Sie sind mir zur Last geworden, ich bin es müde, sie zu ertragen. Und wenn ihr eure Hände ausbreitet, verhülle ich meine Augen vor euch. Auch wenn ihr noch so viel betet, höre ich nicht - eure Hände sind voll Blut. Wascht euch, reinigt euch! Schafft mir eure bösen Taten aus den Augen, hört auf, Böses zu tun! Lernt Gutes tun, fragt nach dem Recht, weist den Unterdrücker zurecht! Schafft Recht der Waise, führt den Rechtsstreit der Witwe!"* (Jes 1,11.13-17) Was bedeutet denn das? Die Juden bemühen sich, die Opfervorschriften der Torah zu halten, was sie – erwartungsgemäß – nicht fertig bringen, ohne dass sie dabei einen geistlich nicht ganz vollkommene Haltung einnehmen, und Gott sagt, dass Er diese Art von Torahhalten nicht will. Aber wie soll sie dann sein?

Jakobus zählt Werke der Torah auf, aber ersichtlich nur exemplarisch. Er hätte ebensogut andere Werke der Güte und Barmherzigkeit und Mithilfe sozialer Art nennen können, derer die Juden auch ermangelt haben, wie es immer sein muss, solange man dem Ideal hinterherhinkt.

Es stimmt schon, Gerechtigkeit, Barmherzigkeit und Vertrauen (Mt 23,23), sind auch in der Torah enthalten und gefordert, ***93** und die Torah bringt es zum Ausdruck. Jedoch dieses, was man so leicht fordert, christusgemäß, und, wenn man so will, torahgemäß umzusetzen, das gelingt nur, wenn man in Christus ist.

Das scheinen viele messianische Juden aber auch viele andere Christen nicht verstanden zu haben. ***94** Sie denken, Gott hat etwas aus Seinem Wesen mitgeteilt, indem er es uns sagte, und mit diesem Gesagten und Geforderten muss man jetzt versuchen, so weit wie man es nur kann, es umzusetzen und die göttlichen Vorgaben zu erfüllen. Danach würde Gott das überprüft haben und daraus ein Gericht machen im Sinne von „noch mehr gerecht" oder „doch weniger gerecht", nachdem man von Jesus bereits grundsätzlich gerecht gesprochen worden ist.

Bei manchen messianischen Juden glaubt man sogar, sie so verstehen zu müssen, dass, der Glauben an Jesus gar nichts nütze, denn das Torahhalten müsse noch dazu kommen. So ist es aber nicht. Zwar ist die Torah Ausfluss des göttlichen Willens, aber sie kann das göttliche Wesen nur unvollkommen beschreiben. Man kann auch sagen, der Adamsmensch ist zu beschädigt und zu limitiert, als dass er auch nur in die Nähe der ganzen Erfüllung der Torah, einschließlich der Forderungen nach geistlichen Haltungen wie Barmherzigkeit und Gerechtigkeit und Vertrauen, kommt. Nur mit Christus hat man den direkten Zugang zu Gottes Wesen, nicht mit der Torah.

Nicht die Torah ist Mittler, sondern Jesus Christus. Man braucht den unzureichenden Umweg über die Torah, der im Grunde zur Sackgasse wird, nicht, wenn man schon längst am Ziel angelangt ist. Das Ziel ist aber Christus. Zur Sackgasse wird dieser Weg deshalb, weil man immer zuerst an die Torah denkt und nicht direkt an Christus, der wie der Vater ist. Warum also die unwesentliche Torah heiligen, wenn man direkt Christus heiligen kann? Diese Frage stellt Paulus in seinen Briefen mannigfach. Es ist so wie mit einer Krücke. Wer noch nicht selber laufen kann, braucht noch die Krücke zum Vorwärtskommen. Wer aber ohne sie gehen kann, ist besser dran.

JCJCJCJCJCJCJCJCJC

5.

Ansehnlich oder unbefleckt

Jak 1,26-27; Jak 2,1-4

Seine Zunge nicht zu zügeln und sein Herz zu betrügen (**Jak 1,26**) haben einen seelischen Zusammenhang. Wie kann man sein Herz betrügen? Indem man es reden und nie durch die Stimme des Geistes Christi unterbrechen lässt. Es erzählt seine eigenen Geschichte. Und erst in der Stunde der Besinnung danach, hört man vielleicht wieder die leiseren Töne des Geistes Christi. Es ist beinahe so, dass sich die Zunge verselbständigt und man nicht mit der verstandesgemäßen Kontrolle hinterherkommt. Daher drückt sich der Psalmist so aus, als ob es die Zunge selber sei, die Verderben plant (Ps 52,4). Es heißt ja, man trüge sein Herz auf der Zunge. Das mag von der biblischen Erkenntnis kommen, dass der Mund von dem überfließt, was im   Herzen ist (Lk 6,45), und umgekehrt, wer eine Reinheit des Herzens bevorzugt, wird auch dementsprechend reden (Spr 22,11). Verkehrte Herzen und falsche Zungen hängen aneinander und erzeugen Unglück (Spr 17,20). Das Herz des Menschen sollte ja durch den Geist Christi geläutert und erneuert werden und dadurch ersetzt werden. ***99** Das wäre sein Glück und sein Heil. Wenn man das beständig nicht zulässt, betrügt man sein eigenes Herz und nimmt ihm sozusagen die Bestimmung, die es haben soll.

Natürlich steht das Herz für alles, was die Persönlichkeit in ihrem Wollen und Fühlen ausdrückt. Und das muss sie auch ausdrücken. Schweigen ist manchmal eine harte Charakterübung, ebenso wie es das Reden zur rechten Zeit mit den rechten Inhalten ist. Jakobus stellt klar, dass durch ein falsches Reden kein Gottesdienst entsteht: „*Wenn jemand meint, er diene Gott, und hält seine Zunge nicht im Zaum, sondern betrügt sein Herz, so ist sein Gottesdienst nichtig.*" (**Jak 1,26**)

Vielleicht dachte Jakobus an die Auseinandersetzungen der Diasporajuden mit den Judäa-Juden. Die einen waren die Hellenisten, die dem Griechentum nahestanden, die anderen waren die Hebräer, die noch mehr die Tradition vertraten. Und beide hatten, ihrer Meinung nach, Grund, auf den anderen herabzuschauen.

Aber noch naheliegender scheint der Streit zwischen Torahisten zu sein und Freidenkern. Und zu den Letztgenannten mussten die messianischen Juden natürlich Paulus zählen. Dabei kam es, nach Jakobus, doch nur darauf an, Gott zu dienen und sich unbefleckt vond er Sünde zu halten. Es ist gut möglich, dass Jakobus sich um theologische Spitzfindigkeiten nicht kümmerte. Und daher stellt er klar, was ein wahrer Gottesdienst ist: *„Ein reiner und unbefleckter Gottesdienst vor Gott, dem Vater, ist der: die Waisen und Witwen in ihrer Trübsal besuchen und sich selbst von der Welt unbefleckt halten."* (**Jak 1,27**)

In diesem „Sich selbst von der Welt unbefleckt zu erhalten." betont Jakobus zum Abschluss des ersten Kapitels noch einmal, wie wichtig es für die messianisch-jüdische Gemeinschaft ist, füreinander da zu sein. Das nennt er einen *„reinen und unbefleckten Gottesdienst vor Gott und dem Vater."*

In der zunehmend feindseligen Umgebung, nicht nur in Judäa, sondern auch in der Diaspora sahen sich die messianischen Juden zwei Gefahren gegenüber. Dass sie sich wieder dem Judentum anglichen und dass sie sich dem Heidentum anglichen, da sie ja aus den jüdischen Synagogen und den Synagogengemeinden herausgejagt wurden. Dann muss man eine Schicksalsgemeinschaft (von „Gemeinde") bilden, bei der man sich immer zuerst den Schwachen widmen muss. Wenn man vom Gottesdienst der Kirchen und Synagogen ausgeschlossen wird, dann findet man seine neue Gemeinde sehr bald. Und dort wird man feststellen, dass es Dienste gibt, um Mängel zu beheben oder vorzubeugen.

Diese Aussage von Jakobus war geeignet Mönchsorden ins Leben zu rufen. Viele Mönchsorden sind daher auch nach Jakobus benannt. *„Sich von der Welt unbefleckt halten"* kann natürlich in der abgeschiedenen Klause besser gelingen als anderswo. Es kommt aber nicht auf Quantität an, sondern auf Qualität! Ein

Mönch auf der griechischen Halbinsel Athos, wo keine weiblichen Besucher zugelassen sind, ist bestimmten Versuchungen weniger ausgesetzt, als wenn er mitten in der Stadt lebte und dort am Stadtleben teilnehmen würde. Aber ob er deshalb eine sündige Neigung besser überwinden kann, ist fraglich. Es steht außer Frage, dass man Umgebungen meiden soll, wo man in Versuchung kommen kann. Aber damit ist das Problem, das man mit dem alten Adam hat, noch lange nicht behoben, denn den alten Adam trägt man zeitlebens vor sich her, ganz egal, wo man sich hinbegibt.

„Von der Welt unbefleckt" zu bleiben, das ist ein weites Feld. Manche Ausleger setzen das sogar mit dem Halten der Torah gleich, weil das so weltfern sei. Andere sagen, es gehe Jakobus nur darum, zu verdeutlichen, dass es nicht genügt, nur Hörer das Wortes zu sein. ***100** Klar ist, dass sich Christusnachfolger nicht aus der Welt herausstehlen sollten, denn sie sollen ja gerade „in" der Welt sein, sonst wären sie Marsianer geworden. Aber (beinahe) jeder hat in seinem eigenen Umfeld Wahlmöglichkeiten, wo er sich gerade aufhält.

Man muss moralische verkommene Menschen nicht zu seinen Freunden oder zu seiner ständigen Gesellschaft machen und man muss nicht Orte aufsuchen, wo die Sünde hofiert und gepflegt wird. Man solle auch nicht denken, dass doch das genau Jesus gemacht hätte. Man macht Ihm diesen Vorwurf. Aber deshalb muss er schon lange nicht gestimmt haben. Nicht die Gesellschaft und ihre Gepflogenheiten, oder ihre Vorstellunegn darüber, welche Leute anständig wären oder nicht, bestimmen, wer veine gute Gesellschaft ist und wer verdorben ist. Das Neue Testament macht ja recht deutlich, dass die asozialen Zöllner und Prostituierten einen leichteren Zugang zu Jesus hatten und dass Jesus bei ihnen mehr auf Verständnis und Zuneigung stieß. Was Jesus von der feinen Gesellschaft der Juden hielt, wird besonders deutlich in den zwei Gleichnissen, wo einmal ein Pharisäer und das andere Mal ein Schriftgelehrter die Versager sind und die gemiedenen Zöllner und Samaritaner die Ehrenwerten. ***101**

Wer den Geist Christi in sich wohnen hat, weiß nicht nur, welche Gesellschaft für ihn gerade die falsche ist, sondern es zieht ihn auch in die Gegenrichtung, dahin, wo es Gott wohlgefällig zugeht. Die Stimme des Geistes ist entscheidend. Erst recht wird man keine Gewohnheiten erwerben, die einem nachhaltig den Zugang zu Gott versperren und die Beziehung zu Christus stören, nur um anderen Menschen zu gefallen. Deshalb heiratet ein Christenmensch auch keinen unbekehrten Menschen. Tut er es doch, trägt er die Konsequenzen und setzt dazu die Kinder dem Risiko aus, das, was sie als halbe christliche Erziehung erfahren, ganz zu verlieren, weil der weltliche Teil ihrer Erziehung mit seiner ganzen Macht auf sie einwirken kann und dem alten Adam besser gefällt als das geistgewirkte Leben. Es ist keine Gefahr, einen Sünder zu lieben, solange man ihn nicht zum Führer seines Lebens macht.

Das verhindert man am besten, wenn man den Rat von Jakobus befolgt: *„Meine Brüder, habt den Glauben Jesu Christi, unseres Herrn der Herrlichkeit, ohne Ansehen der Person!"* (**Jak 2,1**). Den „Glauben Jesu Christi" – ein Geheimnis! Was versteht Jakobus darunter? Der „Glauben Jesu Christi", das ist viel mehr als nur der Glauben „an" Jesus Christus, denn dieser würde nur bedeuten, dass man Jesus als Messias und Erlöser von den Sünden angenommen hat.

Den Glauben an Jesus Christus haben viele Menschen. Deshalb müssen sie noch lange nicht eine intensive, lebendige Beziehung zu dem haben, von dem sie ihre Himmelfahrt erhoffen. Jesus soll ihnen zum Dank dafür, dass sie ihm glauben, ein Ticket für den Himmel lösen. Oder vielleicht auch zum Dank dafür, dass sie nicht aus der Kirche ausgetreten sind. Am anderen Ende der Glaubenskala, die noch die betrifft, die nur „an" Jesus Glauben, gibt es aber auch fromme Menschen, die es gut mit ihrem Jesus meinen und ihn sogar lieb haben, nach ihrem eigenen Bekunden. Das sind die Jesusleute, das sind brave Leute, meistens.

Diese Frage muss sich jeder stellen, glaube ich nur an Jesus oder habe ich den Glauben Jesu? Glaube ich an Jesus, weil ich verstanden habe, dass er die einzige Hoffnung auf Rettung und Verbesserung meiner Zukunftsaussichten ist? Und wenn ich das glaube, was redet Jesus zu mir? Redet er überhaupt mit mir? Habe ich überhaupt Interesse, auf Ihn zu hören? Wie ist das? Kann man mit Jesus eine Lebensgemeinschaft haben, die sogar über eine Freundschaft hinausgeht? Sagt mir das etwas, wenn Paulus vom „In-Christus-Sein" redet? Ist mir das fremd? Wenn nicht, dann habe ich den Glauben Jesu Christi, weil der Glauben dann die Treue und das Zutrauen und das Vertrauen betrifft und das einen unablässig begleitet. Man lebt nun nicht mehr nur sich selbst und sogar immer mehr sich selbst nicht mehr, man beginnt christusmäßig zu leben, weil man sich gerne von diesem Geist Christi leiten und begleiten lässt. Vielleicht nicht gleich ganz so gern, aber immer gerner! Christus kann das richten, was wir schief machen. Er lässt uns den Lauf durchs Leben gelingen! Gelingen – nach himmlischer Betrachtungsweise. Diese ist den Menschen meistens verborgen.

Ein Ausleger meint, dass die Zeit zwischen der Himmelfahrt Jesu und seiner Wiederkunft die Zeit des Himmelreichs wäre, weil Jesus da vom Himmelreich regiert, *102 Das darf man ja auch so nennen. Aber, wenn Jesus auch auf Seinem Thron neben dem Vater sitzt, so ist Er jedenfalls ebenso sicher in den Herzen eines jeden, der sein Herz für Ihn aufgemacht hat.

Bei Jakobus war dieser Glauben Jesu Christi auch mehr als nur die Gewissheit, dass Er der zum Himmel aufgefahrene Messias war, was zur Folge haben musste, dass man auch all das, was die Propheten über das messianische Reich gesagt hatten, glauben konnte. Ein Jünger Christi zu sein, das bedeutete, Christus im Wesen und Wirken nachzufolgen.

Nachfolge bedeutet: wesensmäßig Christus werden
Nachfolge bedeutet: wirkungsmäßig Christus werden

Aber dabei geschieht vieles im Verborgenen, weil es vorerst in diesem Weltenlauf noch verborgen sein muss.

Jakobus hatte ja als Bruder Jesu den Wedergang Jesu viel länger verfolgen können, als die anderen Jünger. Er wusste, dass Jesus tadellos gelebt hatte. Was er vorher für extrem und übertrieben gehalten hatte, was auch ein Stück weit befremdlich gewirkt haben musste, war für Jakobus nun das Vorbild, dem es nachzueifern galt. Was man für Irrtümer und Hochmut gehalten hatte, war nun in der Rückschau wahr und Autorität des Wahrhaftigen. Was man an Jesus zu kritisieren hatte, warf nun ein neues Licht auf einen selber, wie fern man doch noch von aller guter Geistigkeit gewesen war. Man war ja bestenfalls ein „Torah-handwerker" gewesen, doch nun tat sich eine völlig neue Welt auf. Jesus Christus – Jakobus nennt seinen Halbbruder dem Fleische nach „Herr der Herrlichkeit", denn er macht alles herrlich. Das ist Sein Kennzeichen, das ist Seine Methode, das ist Sein Vorhaben, alles herrlich zu machen. Nur Er tut das, sonst niemand. Vielleicht gibt es Menschen, die eine Sache, gleichgültig wie sie vorher war, zu etwas nahezu Herrlichem machen. Aber sie werden auch immer wieder Dinge weniger herrlich gemacht haben. Bei Jesus ist das anders, sein Merkmal ist die Verherrlichungsberufung.

Alles, was Jesus tut,
steht in einem Fortsetzungszusammenhang
mit dem Heilwerden der Schöpfung
und der Verherrlichung Gottes.

Diesen Glauben an Jesus Christus soll frei sein *„von allem Ansehen der Person"* (**Jak 2,1**). Zwar erläutert Jakobus gleich, welche Situationen das betrifft. Aber diese Beispiele, die er da bringt, sind ja nicht erschöpfend und sollen nur klar machen, was er meint. Es könnte sein, dass Jakobus auch die unrühmlichen Vorfälle in Gedanken hat, die sich bereits zwischen den Geschwistern zugetragen haben. Damit läge er auf einer Linie mit Paulus, der hierüber gegenüber den Korinthern sehr deutlich geworden ist (1 Kor 1,12; 3,5ff)). Dabei ging es konkret um die

Bevorzugung von Dienern Gottes gegenüber anderen bei den Geschwistern. Diener, die aber offenbar auch in der Lehre unterschiedliche Aufassungen oder Inhalte vertraten. Dieses Thema würde auch noch Jakobus beschäftigen, wenn es nicht sogar schon geschehen war. Da gab es die Jakobiner, die treu an der Torah fest hielten und die „Judäer", die nicht nur Toraheiferer geblieben waren, sondern auch die Nichtjuden an die Torah binden wollten; dann gab es die Simonisten, die sich um Petrus scharten und verstanden hatten, dass die Nichtjuden nicht die (ganze) Torah halten mussten. Und dann gab es schließlich noch die Paulaner, die in der Torah bestenfalls noch ein Hilfsmittel der Grobausrichtung für Menschen sahen, die noch nicht in Christus angekommen waren. Wichtig im Umgang miteinander war aber, dass man nicht den einen über den anderen stellte.

Auch Jesus hat Seinen Zuhörern, beispielsweise im Gleichnis von dem Pharisäer und dem Zöllner, was man heutzutage als „Hassrede" auf die Pharisäer klassifizieren würde, gezeigt, wie fehlerhaft und gefährlich doch das bloße äußerliche Ansehen der Person ist, wozu auch der gesellschaftliche Stand gehört. Wenn man das mit heutigen Zuständen in den Kirchen vergleicht, kommt man zu dem Schluss, dass erstens die Kirchen mit ihren Kirchenvölkern die Jesusrede und die Jakobusrede dringend brauchen und dass es zweitens klar ist, warum so wenige die Theologie und die Gedankengänge eines Paulus überhaupt verstehen können. *103

Damit ist aber zugleich gesagt, dass der Jakobusbrief, nach dem, was man nach einigen Versen bereits zu sagen einige Berechtigung hat, einen Platz in Gottes Wort gefunden hat, weil Gott seinem Volk und allen, die sich zum Volk dazuzählen möchten, noch viele wichtige Lektionen beibringen möchte, die sie deshalb so schlecht lernen, weil in ihnen Christus nicht der Unmittelbare ist. Wer statt Christus Seine irdische Mutter anruft, wie soll der eine innige Beziehung zu Christus haben? Wenn ein Kind über ein anderes Kind mit seinem Vater in Kontakt tritt, deutet das darauf hin, dass die direkte Verbindung zwischen Vater und Kind gestört ist. Das ist um so komischer, wenn das Kind beim Vater auf dem Schoß sitzt und die

Verbindung zum Vater über das andere Kind herstellen will, das im Nebenzimmer auf dem Boden sitzt. Ist Gott uns fern? Nein, sondern wir sind fern von ihm. Wir nähern uns Ihm aber nicht, solange wir uns auf den Umwegen verirren.

Wer noch nach dem Ansehen der Person geht,
hat Gott noch nicht richtig angesehen.

Jakobus bringt ein konkretes Beispiel, um daran erkenntlich zu machen, dass die bisherige Synagogengesellschaft keinesfalls ideale Verhältnisse wiedergab: *„Denn wenn in eure Synagoge ein Mann kommt mit goldenem Ring, in prächtigem Gewand, es kommt aber auch ein Armer in unsauberem Gewand herein, ihr seht aber auf den, der das prächtige Gewand trägt, und sprecht: Setze du dich bequem hierher!, und sprecht zu dem Armen: Stehe du dort, oder setze dich unten an meinen Fußschemel!- habt ihr nicht unter euch selbst einen Unterschied gemacht und seid Richter mit bösen Gedanken geworden?"* (**Jak 2,2-4**) Das ist ein typischer Jakobus-Satz. Vielleicht hatte er das einmal sogar von Jesus gehört und übernommen.

Wer nun denkt, das beschreibe zutreffend die normalen Verhältnisse in einer Kirche, hat zwar Recht, aber das liegt nur daran, dass es immer so zugeht, wenn Menschen eine Versammlung bilden und dabei nach strengen Menschlichkeiten vorgehen. Das ist immer so, derjenige, der die Macht und das Geld hat und deshalb einen Ruf, der ihm voraus und hintereilt, wird von den Menschen als wichtig und beachtenswert angesehen. Die wenigen Menschen, die sich diesen Mechanismen sperren, fallen sofort aus dem Rahmen und werden zu Quertreibern gemacht, obwohl sie meist nur Querdenker sind.

Der Mensch kann nicht nur nicht ins Herz anderer Menschen schauen, er will es auch gar nicht. Er will betrogen werden, weil das die Spielregeln dafür sind, dass man selber auch betrügen darf. Unbekehrte Menschen werden immer zuerst in ihr Geldsäckel sehen, ihr kleines, persönliches Machtreservoir, bevor sie sich für Geistliches wenigstens der Form nach erwärmen können. Und deshalb ist es in den

Kirchen dieser Welt sehr schnell und nachhaltig bis zum heutigen Tage dazu gekommen, dass man die Ober-Geistlichen bei ihnen auch an der äußeren Pracht-
entfaltung und der Schar ihrer Nachzöglinge und Beknieer erkennen kann. Die Kirche Roms hat es am besten verstanden, die Massen bei der Stange zu halten, weil
sie auf Äußerlichkeiten gesetzt hat, die den alten Adam mitzureißen und mit zu
vergeistern vermag.

Jakobus hat das durchschaut, ebenso wie Paulus. Und beide haben sie ihre Schau
von ihrem Vorbild Jesus. „Richter mit bösen Gedanken"! werden Menschen dieser
Rituale der Selbstoffenbarung genannt. Man richtet zwar über andere, aber ent-
blößt sich dabei selbst. Wie zu erwarten ist, begreifen das die Massen, die eben
noch die Füße ihrer Hochheiligkeit geküsst haben nicht. Jakobus muss jemand anderes gemeint haben, er schreibt ja auch von Synagogen! Da müssen Juden angesprochen sein. Die Analogie greift hier nicht, sagt man vielleicht noch, denn man
verehrt ja die rechten Leute, die mit dem geistlichen Gewand!

JCJCJCJCJCJCJCJCJC

6.
Das königliche Gesetz
Jak 2,2-14.26

Jakobus wird auch in den folgenden Versen ganz sozialkritisch (**Jak 2,2-8**), biegt
dann aber sofort ein auf die Gerade, die zur Torah führt, damit die angesprochenen
Juden nicht die Orientierung verlieren. Da ein Torahgedanke, hier ein Jesuswort
und dann wieder dort ein Torahwort! Und beides lässt sich sogar vereinen: *„Wenn
ihr wirklich das königliche Gesetz "Du sollst deinen Nächsten lieben wie dich selbst"*

nach der Schrift erfüllt, so tut ihr recht. Wenn ihr aber die Person anseht, so begeht ihr Sünde und werdet vom Gesetz als Übertreter überführt." (**Jak 2,8-9**) Die „Schrift", das ist wieder die Torah; das „Gesetz", das ist auch die Torah. Alles wird von der Torah bewertet und vielleicht noch hie und da von einem Jesuswort angereichert oder unterstrichen. Hier kommt das Jesuswort nicht ausdrücklich, sondern in einer Kurzform der Bergpredigt: *„Denn wer das ganze Gesetz hält, aber in einem strauchelt, ist aller Gebote schuldig geworden. Denn der da sprach: "Du sollst nicht ehebrechen", sprach auch: "Du sollst nicht töten." Wenn du nun nicht ehebrichst, aber tötest, so bist du ein Gesetzesübertreter geworden. Redet so und handelt so wie solche, die durch das Gesetz der Freiheit gerichtet werden sollen! Denn das Gericht wird ohne Barmherzigkeit sein gegen den, der nicht Barmherzigkeit geübt hat. Die Barmherzigkeit triumphiert über das Gericht.*" (**Jak 2,10-13**)

Jakobus war nicht dabei, als die Bergpredigt zu hören war, aber er redet ganz in ihrem Geist, weil er genau diesem Auftrag folgt. Paulus hatte diesen Auftrag nicht. ***104** Messianische Juden weisen ganz zurecht darauf hin, dass die Bergpredigt genau das zum Ausdruck bringt, an was man gemeinhin denkt, wenn man an die nicht nur buchstabengetreue Torah, sondern an den Geist und das Herz der Torah denkt. Nur dass sie dabei übersehen haben, dass damit die Erkenntnis besiegelt ist, dass die Torah nicht haltbar ist und damit jenseits des Menschenmöglichen liegt.

Es lohnt sich, das genauer anzusehen. Auch hier wieder spielt die Torah die Hauptrolle wie ja auch in der Bergpredigt. Und wie in der Bergpredigt gibt es auch hier mehrere Hauptrollen wie z.B. Gottes Barmherzigkeit. Wie schon Jesus Seinerzeit löst auch Jakobus das Rätsel nur zum Teil auf, wie man bei den Forderungen Gottes überhaupt noch gerecht werden kann. Wer ständig sich bemüht, wie bei Goethes Faust, kommt da jedenfalls nicht hin, mit der Zielerreichung. Zunächst ist ja Jakobus` Rede, dass man Gutes tun soll. Das unterstreicht er nochmal, indem er sagt, dass man nicht einmal in einem einzigen Gebot nachlässig sein darf. Man soll das Ideal anstreben, alle Gebote zu halten. Und das hat man bereits dann verwirkt, wenn man die Brüder ungleichmäßig behandelt. *„Denn wer das ganze Gesetz hält, aber in einem strauchelt, ist aller Gebote schuldig geworden."* (**Jak 2,10**) Nun kann man zwar den Satz „Die Barmherzigkeit triumphiert über das Gericht." So interpretieren, dass eben Gottes Barmherzigkeit das, was man am Gesetz nicht zu erfüllen in der Lage ist, ausgleicht. Aber gerade das will ja Jakobus vorher gar nicht sagen, denn er argumentiert so, dass man so reden und handeln soll wie solche *„die durch das Gesetz der Freiheit gerichtet werden sollen"* (**Jak 2,12**) Gesetz ist nicht gleich Barmherzigkeit.

Zu allen Zeiten hat man gewusst, dass der höchste Richter, der meist ein Monarch war, nur aus Gnade gegen das Gesetz gerichtet hat. Wo man das Gesetz gelten lässt, braucht man keine Gnade. Und so sagt ja Jakobus auch *„Denn das Gericht wird ohne Barmherzigkeit sein gegen den, der nicht Barmherzigkeit geübt hat"* (**Jak 2,13**) Auch das ist ein „Gesetz" auf der Grundlage des Prinzips „Auge um Auge" – ein überschaubares Gerechtigkeitsniveau. Man ist da schlecht beraten, wenn man Barmherzigkeit nur deshalb ausübt, weil man darauf spekuliert, dass man dann bei Gott ebenfalls Gnade erfährt. ***105** Jakobus spricht hier Menschen an, denen aber eine weitergehende Beratung oder Empfehlung nicht ansteht. Das gehörte anscheinend nicht zum Evangelium nach Jakobus. Wie anders theologisiert da doch Paulus!

Der Unbarmherzige ist also der, der gegen das Gesetz oder, wer ein Gesetz ohne Barmherzigkeit als Grundlage für die Gebote sehen möchte, gegen eine göttliche Wesensart verstößt, die Ihn selber vor Strafe retten könnte. Oder anders gesagt, erfülle vor allem auch die Gebote der Nächstenliebe, ohne Ansehen der Person und übe dich in Barmherzigkeit, damit auch Gott sich deiner erbarmt. Das ist Altes Testament, ohne die Botschaft, dass Jesus alle Sünden hinwegnimmt, wenn man sie nur bereut, auch die Sünden der Unbarmherzigkeit.

Dass Jakobus hier überhaupt urplötzlich die Barmherzigkeit ins Spiel bringt, überrascht.

Zwar ist das Alte Testament voll von Bezügen auf die Barmherzigkeit Gottes, um die jeder rechtschaffene Mann auch jederzeit bittet, weil er weiß, dass seine Gerechtigkeit löchrig und unzureichend ist. Aber die Barmherzigkeit hat doch einen Namen, den Jakobus nicht nennt! Und sie wirkt vor allem von Golgatha aus, nicht vom Sinai und der Wüstenwanderung, in der sich so viele Juden noch immer befinden, ohne es bemerkt zu haben! Dieser Namen ist Jesus Christus. Hieran erkennt man, der Jakobusbrief befriedigt nicht diejenigen, die das volle und ganze Programm Gottes zur Kenntnis zu nehmen haben. Das haben viele Theologen auch bemerkt, denn sie halten die Gegensätze zwischen Jakobus und Paulus für unüberbrückbar. Damit ist noch lange nicht gesagt, dass sie nicht doch überbrückbar sind, denn Theologen sind meisterhaft darin, Brücken zu übersehen, aber nicht unbedingt welche zu erbauen.

Gottes Wesen ist Barmherzigkeit. **106** ist die Barmherzigkeit, die erste der Eigenschaften, die Gott ausruft, nachdem Er drei Mal Seinen Namen ausgerufen hat. Als Zweites nennt Er die Gnädigkeit, die in einer engen Beziehung zur Barmherzigkeit steht. Bei der Gnade steht der Grund, wozu sie wirken soll näher im Mittelpunkt ihres Interesses, bei der Barmherzigkeit mehr die Person, um die es geht. Man sagt Gnade vor Recht, aber nicht Barmherzigkeit vor Recht.

Die Begnadigung sagt, dass eine Rechtssache zugunsten einer Person (oder einer Personengruppe) entschieden wird. Damit verfolgt man immer eine bestimmte Absicht mit einem bestimmten Ziel. Die Barmherzigkeit wirkt von Herz zu Mensch, weil es die Situation, in der sich der Mensch befindet, anbietet. Der barmherzige Samariter begnadigte den Notleidenden am Wegesrand nicht, weil es eine Frage war, ob dieser zu Recht oder zu Unrecht in dieser Notlage war, sondern weil einem Menschen geholfen werden musste.

Als Beispiel für die Freiheit, die der Geist Christi im Verhältnis zur Torah gibt, kann man beispielhaft das Gleichnis vom barmherzigen Samariter hernehmen. Es würden wohl auch viele sogenannten Christen den Überfallenen am Straßenrand liegen lassen. Wer heutzutage an einer Unfallstelle vorbeifährt, obwohl noch keine anderen Helfer da sind, hat vielleicht mehr mit der Versagensangst zu kämpfen gehabt, als mit einem Mangel an Nächstenliebe, aber ein Werk des Gesetzes der Freiheit: *„Liebe deinen Nächsten wie dich selbst!"* war es nicht. Wer andauernd so christigeistesabwesend durchs Leben geht, hat keine lebendige Beziehung zu Christus und vernimmt nichts von Seinem Geist, kein Reden, kein Unterrichten, kein Mahnen und kein Warnen. Und in den meisten Fällen wird er das auch nicht wissen, weil er es nicht beurteilen kann.

Wer den Geist Christi hat, weiß, dass er noch zu wenig davon hat. Wer den Geist Christi nicht hat, weiß nicht, ob er etwas davon hat. Bei einem Christusangehörigen würde sich also zumindest das Gewissen regen, wenn er, aus welchen Gründen auch immer, an einem Verünglückten, der noch nicht versorgt ist und bei dem klar ist, dass es sich auch wirklich um einen Verünglückten handelt, vorbeiginge.

Das Gleichnis vom barmherzigen Samariter zeigt auch, ein Nichtjude kann das Tun, was das Gesetz eigentlich fordert, denn er handelte aus tätiger Nächstenliebe. Und so hat Jakobus auch Recht, wenn er sagt: *„Denn wie der Leib ohne Geist tot ist, so ist auch der Glaube ohne Werke tot."* (**Jak 2,26**) Dem hätte Paulus nicht widersprechen können. Aber auch auf diesen Satz passt, dass die rechten Werke wie reife Früchte aus dem rechten Glauben anfallen und es nicht umgekehrt ist, dass man durch seiner Hände Werk oder seiner Füße laufen den entscheidenden Rettungsschritt machen könnte. Der Samariter bei Jesus handelte ja offenbar nicht aus der Torah heraus, will Jesus sagen, sondern aus Barmherzigkeit.

Die Torah mit ihrem Gebot der Nächstenliebe soll ja dem unwissenden Menschen verdeutlichen, was ihm vielleicht noch fehlt. Dem Samariter musste niemand sagen, was ihm fehlt oder dass er hier helfen sollte, weil es dem Gebot der Nächstenliebe entsprach! Angenommen vor dem Samariter wäre ein Jude des Weges gelaufen gekommen, der in seinem umfangreichen Notizbuch über die Torahvorschriften nachgeblättert hätte, ob es eine Zeile mit dem Gebot gab „Überfallenen Verletzten helfen!" und er hätte keines gefunden, hätte es aber richtigerweise unter „liebe deinen Nächsten" subsummiert! Dann hätte er zwar recht getan, aber ihm fehlt ja dennoch das barmherzige Herz, das nicht erst nachblättern muss, was es zu tun hat. Der Jude hätte dann geholfen und hätte sich noch auf die Schultern geklopft: „Wieder eine gute Tat! – das bringt mich dem Himmelreich wieder einen Schritt näher!" Hätte das Gott nicht betrüben müssen? Dies ist genau die Werkgerechtigkeit, die er gar nicht will.

Hätte er bei der Tat der Nächstenliebe auch „Liebe" spüren sollen? Davon sagt die Torah nichts und kann dazu auch nichts sagen, weil sie nur ein Gesetzeswerk ist, das Bestandteil eines Bundes zwischen Gott und Israel ist. Und das makellose Einhalten dieses Gesetzeswerkes würde auch Segen bringen, aber es würde doch nicht das Herz bekehren und jeder Versuch, Gott wirklich zu lieben oder den Nächsten wirklich zu lieben, kann nur scheitern. Und deshalb ist die Torah doch kein vollkommenes Gesetzeswerk und war es nie!

Jesus, heißt es in den Evangelien oft, erbarmte sich und wurde um Erbarmen angefleht. *107 Und das passt zu dem, dass Er sagte: „Ich bin nicht gekommen, dass ich die Welt richte, sondern dass ich die Welt rette." (Joh 12,47)

Christus ist auffallend oft der Erbarmer. Damit weist Ihn das Neue Testament als den JHWH des Alten Testaments aus, der auch oft als Erbarmer gewirkt hat. Das Alte Testament hat dazu über einhundert Schriftstellen. *108 Und auch schon in 2 Mos 34,5 wie in vielen anderen Schriftstellen auch, steht die Barmherzigkeit Gottes zusammen mit Seiner Gnade neben dem Zorn, und zwar so wie es in Jes 54,8 zum Ausdruck kommt: „Ich habe mein Angesicht im Augenblick des Zorns ein wenig vor dir verborgen, aber mit ewiger Gnade will ich mich deiner erbarmen, spricht der HERR, dein Erlöser." Das sagte Gott zu Israel als erstes. Aber das gilt für alle Menschen, eben auch gerade die, die jetzt noch unter Seinem Zorn stehen. Zorn ist nicht das Ende, weil er sonst das Ende Gottes wäre, denn wenn Zorn das Ende wäre, könnte nicht Gott am Ende stehen.

Erbarmen und Gnade stehen am Ende des Handelns Gottes mit der Schöpfung, wie schon zu Anfang. In 2 Mos 34,5 wird der Zorn Gottes sogar von der Gnade umrahmt. Gott beginnt gnädig, wegen der Missetaten der Menschen wird Er zornig, doch dann löst die Gnade die Trennung zwischen Gott und den Menschen auf, weil sich die Menschen begnadigen lassen und nun selber Barmherzigkeit gelernt haben. Die Barmherzigkeit wiederum ist eine Voraussetzung dafür, dass man versöhnlich wird. Wenn Menschen unbarmherzig sind, sind sie auch unversöhnlich und lieblos.

Die Wesensmerkmale Gottes gehören zusammen und sind nicht voneinander zu lösen. Aber, widerspricht Jakobus nicht dem, wenn er sagt, dass der unbarmherzig gerichtet wird, der kein Erbarmen erwiesen hat? (**Jak 2,13**) Diese Aussage bei Jakobus zeigt lediglich, dass man sich hier noch auf einer Stufe des Heilsvorhabens Gottes befindet, wo die Menschen noch weit davon entfernt sind, in Christus zu sein. Wo war die Barmherzigkeit Gottes, als Kinder, Frauen und Männer jüdischer Herkunft erbarmungslos in Auschwitz massakriert wurden? Sie war, allem Anschein nach, nicht da! ***109**

Aber das kann doch nur bedeuten, bei allem, was Gottes Wort zusagt, dass die Barmherzigkeit nur vorübergehend nicht da war. Und so ist es auch beim unbarmherzigen Gericht. Das unbarmherzige Gericht muss noch lange kein ungnädiges Gericht sein. Dann nämlich, wenn das Gericht der Läuterung dient. So wie das auch unter Menschen bekannt ist. Man packt jemand hart an, was sein Gewissen anrührt, bis er zur Umsinnung kommt und dann wieder in der richtigen Spur läuft. Und dann ist man wieder versöhnt mit dem, den man hart angepackt hat. Das gehört dazu, zum richtig in der Spur laufen!

Man kann Christus nur exakt nachfolgen,
wenn man versöhnt und versöhnlich ist.

Das kann immer dann gelingen, unter Menschen, wenn das Gewissen noch nicht völlig abgestumpft ist. Darüber hinaus versagen die Möglichkeiten des Menschen. Doch bei Gott sind alle Dinge möglich. Seine Gerichte sind hart und erscheinen dem Menschen auch unbarmherzig. Daher bittet der Mensch Gott ja auch immer um Barmherzigkeit, weil er davon ausgeht, dass er sie bisher noch nicht in ausreichender Weise erhalten hat. Doch am Ende triumphiert Gott und zwar nicht in Seinem Zorn, weil Sein Zorn nur ein Zwischenzustand ist. Gott triumphiert immer nur im Sieg, der immer da vorliegt, wo es in Richtung zum Ziel des Heilsplanes geht, den Er mit der Schöpfung hat. Man darf also nicht bei Jakobus stehen bleiben, Gottes Willen und Heilsplan wird aber im Jakobusbrief gar nicht besprochen. *110

Man könnte das, was Jakobus ab **Jak 2,14** schreibt auch als Rückschritt oder sogar als Lehre von der billigen Gnade abtun, wenn man es nur kritisch sehen will. Man dreht dabei den Vorwurf, den sich Paulus anhören musste einfach um. Billig wäre eine Lehre von der Gerechtigkeit durch Werke insofern, als es impliziert, dass die eigene Kräfte eben doch ausreichen, um gerecht zu sein und Jesus Opfer gar nicht, oder nur noch als Zusätzliches nötig war. Tatsächlich ist es viel schwerer für das Ego, alles als ungenügend zu betrachten, was man zu leisten in der Lage ist, als noch an das Machbare kraft eigener Gnaden zu glauben. Das ist auch der Grund, warum die reine Lehre von Paulus von vielen abgelehnt wird. Alle vier großen Religionen dieser Welt, Katholizismus, Islam, Hinduismus und Buddhismus schwören auf die Erlösungsmacht der eigenen Taten.
Und auch so manche Bibelausleger. Wer glaubt, „Erst durch Werke wird der Glaube vollendet und kann Gott veranlassen, einen Menschen für gerecht zu erklären." *111 ist vermutlich gar nicht mehr auf der Glaubensgrundlage des Felsens Jesus Christus. Ganz sicher ist er nicht auf der Linie von Paulus. Gott erklärt den Menschen einzig und allein dann für gerecht, wenn er sich ganz und gar zu Jesus Christus bekennt und damit auch bekennt, dass es allein das Werk Christi war, das ihn gerettet hat, nicht die eigenen Werke.

Wenn Paulus in **Eph 2,8-9** sagt, dass wir erlöst sind aus Gnaden durch Vertrauen und nicht durch eigene Handlungen, dann aber hinzufügt: *„Denn wir sind sein Gebilde, in Christus Jesus geschaffen zu guten Werken, die Gott vorher bereitet hat, damit wir in ihnen wandeln sollen."* (**Eph 2,10**), dann meint er nicht, dass also doch auch noch Werke getan werden müssten, um erlöst zu werden, sondern, dass die guten Werke, die jeder gerne tun möchte, sowieso anfallen, weil sie von Gott für einen bestimmt sind. Mit der Erlösungsqualifikation hat das nichts zu tun. *112

Leider führt das Unverständnis über die Lehre von Paulus sogar dazu, dass die Bibel falsch übersetzt wird. So wird im Jüdischen Neuen Testament der Satz: *„Denn wir urteilen, dass der Mensch durch Glauben gerechtfertigt wird, ohne Gesetzeswerke."* (Röm 3,28) verfälscht zu: *„Deshalb sind wir der Ansicht, dass ein Mensch für gerecht erachtet wird durch Gott auf der Grundlage des Vertrauens, das nichts mit der zur Gesetzlichkeit entstellten Befolgung der Gebote der Torah zu tun hat."* *113 Anscheinend sind sich die Verursacher nicht bewusst, dass in Of 22,18 ausdrücklich davor gewarnt wird, etwas dem biblischen Wort hinzuzufügen. *114

Hinzugefügt wurde *„das nichts mit der zur Gesetzlichkeit entstellten Befolgung der Gebote der Torah zu tun hat"*. Mit diesem Nebensatz wurde „ohne Gesetzeswerke" ersetzt. Also anstatt „Gesetzeswerke" oder „Werke der Torah" bringt der Übersetzer die Entstellung der Torah zur Gesetzlichkeit. Hier wird etwas, was klar verständlich ist: „die Werke der Torah" ersetzt durch etwas ganz anderes.

Das ist leicht zu durchschauen, der Übersetzer möchte nicht, dass die Torah schlecht dargestellt wird, doch genau das hat Paulus gemacht. Er hat sagen wollen, die Torah tut nichts dazu, trägt nichts bei zu eurer Gerechtigkeit, weil das alleine Jesus getan hat, was nötig war und das reicht vollkommen aus. Paulus hat nicht sagen wollen, wenn ihr der Torah zuwider handelt, trägt das nicht zu eurer Gerechtigkeit bei. Das hat er schon deshalb nicht sagen wollen, weil das schon lange bekannt war. Wenn das die Lehre von Paulus gewesen wäre, dass man sich nur vor dem Nichtbefolgen der Torah in Acht nehmen müsste, hätte er nie Probleme mit den Juden bekommen. Und es hätte auch nicht einer Apostelkonferenz bedurft und eines Rundbriefes von Jakobus, was denn nun die Nichtjuden beachten müssten.

Die Übersetzer hätten sich fragen müssen, ob sie berechtigt waren, ihre Interpretation, nicht nur in den Text hineinzulesen, sondern das dann als Bibel, also als Wort Gottes auszugeben. Was steht im Text tatsächlich? *115 Im Griechischen steht „choris ergon nomou". „Choris" heißt „ohne", „ergon" ist der Plural von Werk, Tat, Aktion, Aufgabe und „nomos" ist das Gesetz. Drei Wörter, die klar und eindeutig sind. *116 Der Irrtum liegt darin begründet, dass man nicht verstanden hat, dass Paulus das meint, was er sagt. Er hat wirklich die Torah gemeint, als er Torah, bzw. „Nomos" sagte. Er hat nicht den Missbrauch der Torah gemeint, jedenfalls nicht nur, sondern die Torah, so wie sie in der Bibel niedergeschrieben ist. Sie bringt nicht die Gerechtigkeit. Sie bringt genau 0,0 % Gerechtigkeit. Bei den messianischen Juden scheint der Prozentsatz irgendwo zwischen 0 und 100% zu sein. Und genau das hat Paulus bekämpft. Es ist wichtig, das zu verstehen, weil man sonst nicht versteht, wie sehr man von Christus abhängig gemacht ist und wie befreiend dieses Sein in Christus, dem man sich ganz anvertraut hat, werden kann. Es ist aber allein Gottes Sache, wem Er wann das Verständnis dazu gibt.

In Christus hat man eine Abhängigkeit
und Gebundenheit zur Freiheit.

Dass Jakobus die Juden in der Diaspora anschreibt, konnte zur Folge haben, dass sie sich dann gegen Paulus zur Wehr setzten. Das musste daann Jakobus gewusst haben. Auch das würfe ein zweifelhaftes Licht auf das Ansinnen von Jakobus. Das ist ein weiteres Argument dafür, dass der Brief noch vor dem Bekanntwerden der Paulustheologie geschrieben wurde. Man darf aber nicht vergessen, dass er eben gerade an Juden schrieb und dass für die Juden immer noch die Torah zu gelten hatte, daran hatte Jakobus niemals, auch nicht auf der Apostelkonferenz, Zweifel gelten lassen.

Insofern handelt Jakobus hier also doch seiner Linie treu und verantwortlich. Dennoch fehlt ein Hinweis auf Paulus und das scheint das gewichtigste Argument dafür zu sein, dass der Brief vor der Apostelkonferenz geschrieben worden ist. Oder hat Jakobus noch einmal alles sorgsam durchdacht und meinte, noch einmal eine Klarstellung verfassen zu müssen. Und Paulus wollte er gar nicht erwähnen, auch um ihn nicht unnötig in die Schusslinie zu bringen. Aus dem gleichen Grund könnte Paulus in seinem Galaterbrief auf die Nennung von Jakobus verzichtet haben, obwohl er bei Petrus nicht so zimperlich war.

Die Briefempfänger, die diese Botschaft von Jakobus mit der von Paulus verglichen, als dann Paulus mit seinem Evangelium auftauchte, konnten nicht umhin, den Widerspruch zu erkennen. Und aus einigen von ihnen konnten diejenigen erwachsen, über die sich dann umgekehrt wieder Paulus in seinen Briefen beschwerte.

Wenn auch Jakobus noch nichts von Paulus wusste, Gott wusste von ihm. Wenn der Brief von Jakobus göttlich inspiriert und von Gott zur Verbreitung und Kenntnisnahme autorisiert worden ist, andererseits aber Gedankengut enthält, welches der Lehre von Paulus zum Teil entgegengesetzt ist, gibt es dafür nur eine Erklärung: Dass es zwei Evangelien geben soll, die voneinander abweichen und nebeneinander bestehen sollen. Und wenn Ausleger, die um Wogenglättung bemüht sind, sagen, dass die Gerechtigkeit durch Werke, die Jakobus propagiert, nur die Kehrseite der Medaille sei, auf deren anderer Seite von der Gerechtigkeit aus Glauben stünde, dann muss auch stimmen, dass es zwei Evangelien gibt, die zusammen genommen, sowohl für Juden als auch für Nichtjuden alles was sie wissen und beherzigen müssen, beinhalten, soweit es Gott jedenfalls schriftlich aufgesetzt hat. Und je nachdem, welcher Seite man sich zuwendet, bekommt man die Besonderheit der Seite.

Es ist berechtigt, darauf hinzuweisen, dass ein Glaube ohne Werke tot ist, denn ein solcher Glaube, der an Werken tot ist, ist mit Sicherheit nicht der richtige Glauben. Jemand, der den Geist Christi in sich so sehr dämpft, dass er sich nichts mehr von ihm sagen lässt, wie kann er auch nur Werke durch den Geist vollbringen wollen? Ob sich dazu Freude oder Dankbarkeit als weitere Motive dazugesellen, mag dahingestellt bleiben. Werke sind aber stets nur der Ausfluss dessen, was der Geist bewirkt. Sie sind daher nicht heilsrelevant, weil das Heil schon geschehen ist. Sie sind aber heiligungsrelevant.

Werke sind nicht heilsmächtig, sondern heiligungsrelevant!

Aber gerade deshalb , weil die messianischen Juden noch in die Synagogen zu den anderen Juden gingen, war es wichtig, ihnen das geistliche Rüstzeug zu geben, dass sie sich nicht wieder von den anderen Juden überwältigen ließen. Das erklärt nicht nur die Bezugnahme auf jüdische Glaubensinhalte und Riten, sondern auch die Abwesenheit paulinischer Gedanken, soweit es diese überhaupt schon gab. Man befindet sich bei Jakobus also in einem Status der Konsolidierung des Evangeliums der Beschneidung. Daher ist auch die Betonung der Werke, die zweifelsohne Werke der Torah, und damit auch Werke der Gesinnung der Gottesliebe und der Nächstenliebe sind, unverzichtbar.

Wenn manche Philosophen behaupten, das christliche Gebot der Nächstenliebe sei so unerfüllbar wie das jüdische Gesetz, *117 haben sie vielleicht eine wichtige Entdeckung gemacht, und vielleicht auch eine andere versäumt. Die Entdeckung, die sie gemacht haben, ist, dass sie verstanden haben, dass man Paulus beim Wort nehmen kann. Denn er sagt, dass das Gesetz gegeben worden war, damit man sein Scheitern am Gesetz erlernt. Da hat man aber noch den Status eines Verfluchten (Gal 3,10-12). Mit Christus ist man ein Gerechter. * 118 Die Torah ist aber nicht für die Gerechten, sondern für die noch Ungerechten, sagt Paulus (1 Tim

1,9). Selbst ganze Kirchenvölker haben das noch nicht verstanden und überheben sich an den Forderungen des Gesetzes, als ob sie auch nur ein Jota an ihrer Verdammungswürdigkeit abbrechen könnten.

Aber, warum nennt man das Gebot der Nächstenliebe christlich und nimmt Paulus nicht auch da beim Wort, wo er erklärt, dass alles das, was das Gesetz fordert und in den beiden Geboten zusammenfassen kann, dass man Gott und den Nächsten lieben soll, im Geiste Christi sich bereits erfüllt hat und sich deshalb immer wieder erfüllen lässt, denn der Geist Christi erfüllt ja fort und fort? (Gal 3,2-5)

Die Antwort ist eindeutig in der Fragestellung und lautet: weil sie die Bibel nicht beim Wort nehmen und Christus nicht glauben. Das ist der Grund, warum sie nicht erkennen, dass das Gebot der Nächstenliebe bereits im Alten Bund gegeben und im Neuen Bund erfüllt worden ist. Man muss nicht aus dem Gnadenschatz der Kirchen schöpfen, denn da gibt es viel heiße Luft, sondern man muss beim Gnadenschatz der Gemeinschaft mit Christus schöpfen. Christus lebt, die Kirchen sind tot, tot wie ihre Gesetzeswerke und Rituale.

Dass Jakobus unter dem „Gesetz" nicht unbedingt die Torah als Gesetzeswerk der fünf Bücher Mose verstand, zeigt sich in **Jak 2,8**, wo er vom „königlichen Gesetz" spricht. Das haben auch andere Juden schon als Maximalforderungen der Torah erkannt, die zugleich die Grundanforderungen sind. Dass man Gott mit allem Vermögen lieben soll – und es doch nur ein kleines Vermögen zu sein scheint, denn wenn man einmal anfängt Gott zu lieben, merkt man sehr schnell, wie begrenzt man das wirklich kann. Und dann aber: „Du sollst deinen Nächsten lieben wie dich selbst!" Und auch hier gilt, wenn man damit ernst macht, erkennt man schnell seine Grenzen. Also auch hier erweisen sich die Grundanforderungen, die deshalb Maximalforderungen sind, weil mit ihrer Einhaltung alles andere kein Problem mehr darstellen würde, als „unhaltbar". Und schnell sollte klar werden, Liebe zu fordern, wie soll das gehen? Liebe kann entstehen und sich einstellen, aber nur wenn es

Gott schenkt. Doch mit dem Geschenk soll man dann auch wuchern. Auch hier zeigt sich, man ist völlig von der Gnade Gottes abhängig.

Während nicht erst im Neuen Testament, sondern bereits im Alten Testament die Nächstenliebe zum zweitwichtigsten Gebot gemacht wird, weist Jesus im Neuen Testament an: *„Liebt eure Feinde; tut wohl denen, die euch hassen."* (Lk 6,27). Aber was meint das Neue Testament eigentlich mit der Liebe?

Das biblische „lieben" stellt eine vertrauensbildende Verbindung von und zu Gott dar, ohne die weder das menschliche Leben an sich erklärbar ist, noch seine Weiterexistenz, wobei seine Weiterexistenz eine Erlösung aus einer Welt bedeutet, in der es Leiden, Sterben und eben auch den Hass gibt. Dass es die Liebe Gottes ist, die das Erlösungsvorhaben umsetzt, ergibt sich zum Beispiel aus Joh 3,16: „Denn so hat Gott die Welt geliebt, dass er seinen *eingeborenen Sohn gab, damit jeder, der an ihn glaubt, nicht verloren geht, sondern ewiges Leben hat."* ***119**

Aber die Bibel sagt auch, dass der Mensch umgekehrt Gott lieben soll. Das nennt Jesus als erstes aller Gebote (Mt 22,37). Das hat damit etwas zu tun, weil Gottes Wesen Liebe ist und das Ziel des Erlösungsvorhabens nicht ist, dass der Mensch in irgend einen Himmel kommt, sondern dass es ein Einssein auch hinsichtlich des vollkommenen Wesens Gottes gibt. ***120** Da die Liebe das Gegenteil von Hass ist, ist es folgerichtig, dass Jesus sagt, dass man nicht hassen, sondern lieben soll.

Die Liebe Gottes bringt nicht nur Gottes Wohlwollen zum Ausdruck, sondern auch Sein Vereinigungswollen. Er will die Nähe zum Menschen, den Er nach Seinem Bilde gemacht hat, der aber noch nicht fertig ist. Er muss gewissermaßen das Herz des Menschen erst liebesfähig machen. Er muss es erweitern. Jesus Christus ist der Herzreiniger und der Herzerweiterer. Das menschliche Abbild ist noch nicht vollkommen, aber es soll durch die Liebe, diesem Annäherungsstreben an die Wesensgleichheit mit Gott, in den Vervollkommnungsprozess hineingenommen werden. Der Mensch soll also lieben, weil Gott liebt und weil in das dem Vervollkommnungsziel näher bringt

Aber warum tut sich der Mensch so schwer, das zu beherzigen, dass er lieben soll? Nach der Bibel hängt das damit zusammen, dass sich die Menschen gegen Gott gestellt haben und seitdem unter einem Fluch stehen, in eine unheilsame Ferne von Gott gekommen zu sein, die jeder Mensch immer wieder auch als seine Wahl bestätigt, wenn er nicht die Umkehr wählt, die ihm Gott in Jesus Christus anbietet. Damit bleibt er in einem „unheiligen" und auch „lieblosen" Zustand, der sich immer wieder selbst offenbart, weil die Wesensmerkmale Gottes bei ihm nicht zu finden sind, sondern eher das Gegenteil.

Der Mensch ist unbarmherzig, obwohl Gott barmherzig ist, der Mensch ist ungerecht, obwohl Gott gerecht ist und so ist er eben auch lieblos, obwohl doch Gott die Liebe in Person ist (1 Joh 4,8). *121 Einen Mangel an Liebe oder Barmherzigkeit kann also ein Mensch mit einem solchen Mangel nicht seine Bestimmung, bei Gott und „Teilhaber der göttlichen Natur" zu sein, erreichen (2 Pet 1,4). Der Mangel an Liebe ist ein Kennzeichen seiner Gefallenheit und Sündhaftigkeit. Die gerade soll jedoch überwunden und aufgelöst werden, weil Gott heilig ist und jeder, der bei Gott sein will, ebenso heilig sein muss. Das erste, was ein Mensch tun muss, um diesen Mangel zu beheben, ist, Gott, genauer gesagt, Gott in Jesus Christus, zu erkennen und diesen Mangel nicht als Gott gegeben, sondern als Schaden zu begreifen, der behoben werden muss, weil es sonst keine Einheit mit Gott geben kann.

Es ist geradezu ein Kennzeichen eines unbekehrten Menschen, dass er sich für „in Ordnung" hält, so wie er ist. Demgegenüber ist es Kennzeichen eines bekehrten Menschen, dass er bekennt, nur in Christus „in Ordnung" zu sein.

In Christus zu sein, bedeutet, sich Ihm völlig anvertraut zu haben. Man muss verstanden haben, dass Christus am Kreuz für die Sünden der Menschen gestorben ist, damit die Trennung zwischen Mensch und Gott aufgehoben werden kann und die Heiligkeit, die der Mensch braucht, erreichbar ist. Zurecht nennt man Christus den Heiland. Er erlöst den Menschen nicht nur von seiner Sterblichkeit, die wegen Adams Sündenfall über die Menschheit gekommen ist (Röm 5,12-14), sondern auch von allen Defiziten der Sündhaftigkeit. Einem, der aus Liebe sein Leben für einen opfert und dann von den Toten auferstanden ist und verheißen hat, alle zu sich zu ziehen (Joh 12,32), kann man vertrauensvoll nachfolgen. Man muss sich aber mit Ihm einsmachen, weil man nur so Anteil hat an der göttlichen Heiligkeit. Und in dieser Nachfolge und diesem Einsmachen lernt man dann auf wundersame Weise, weiter zu lieben. Und plötzlich wird immer mehr das „Du sollst lieben!" zu einem „Du liebst!" Damit ist aber nicht die Selbstliebe gemeint, die jedem Menschen zu eigen ist.

Mit der Selbstliebe widerspricht der Mensch der Gottesebenbildlichkeit, denn Gottes Liebe ist auf die Schöpfung ausgerichtet und ist nicht auf sich selbst zentriert. Der Mensch, der sich selbst liebt und sich nicht aus dieser Selbstverliebtheit befreien lässt, ist eine Karikatur, die nicht überlebensfähig ist.

Der Mangel an Liebesfähigkeit ist ein Mangel an göttlicher Natur. Und daher braucht man Jesus Christus, denn Er ist der Mittler zwischen Mensch und Gott. In Ihm gibt es diese göttliche Natur, die fertig und vollkommen ist. Sie ist das „Wahre"! Da braucht es keine Studien oder Seminare, denn Christus beherrscht sowohl die Theorie als auch die Praxis. Und Römer 5,5 gibt das Geheiminis preis, wie sich das der Mensch zu Nutze machen kann: *„Denn die Liebe Gottes ist ausgegossen in unser Herz durch den Heiligen Geist, der uns gegeben ist."* Das Ausgießen des Geistes erfolgt in der lebendigen Verbindung mit Jesus Christus. Es ist der Geist Christi, der jeden Menschen zu einem neuen, dem eigentlich wahren Leben erweckt (Röm 8,9). Dazu gibt es keine Alternative (Ap 4,12).

Es gibt sogar Weltmenschen, denen es nicht entgangen ist, dass ein Leben ohne Liebe nicht lebenswert ist. Der Mensch hat aber seine Liebesfähigkeit von Gott, der die Quelle aller Liebe ist. Wenn nun Gott dem Menschen dieses Gebot, Gott und die Mitmenschen zu lieben, ***122** gegeben hat, dann nicht, weil Er nicht wüsste, dass man Liebe nicht verordnen kann, sondern weil man dahin kommen soll, zu erkennen, dass man es sich selber zum obersten Gebot und zum höchsten Ziel machen muss.

Der Mensch weiß um die Qualität der Liebe, deshalb möchte jeder geliebt werden. Aber, er muss selber damit anfangen. Darin hat Jesus das perfekte Vorbild gegeben. Und deshalb gilt gerade für die, die wenig oder gar keine Liebe erfahren, aber um die zentrale Bedeutung der Liebe für die Menschen wissen, dass ihr Leben nicht ohne Liebe bleiben muss, wenn sie nur selber lieben. Und so löst sich die bange Feststellung, dass ein Leben ohne Liebe nicht lebenswert sei, fast wie ein Rätsel, mit dem Aufruf auf: Also liebt! und mit der Selbsterkenntnis: Also liebe ich! Und dann werden auch zusätzliche Kräfte frei, die man bisher noch nicht kannte! *123 Wer sich der Liebe Jesu sicher weiß, bekommt sie auch zu spüren und wird seine eigene Liebesfähigkeit nicht zur Eigenliebe verwenden, weil sie sich auf andere richtet. Das bewirkt dieser neue, lebendig und liebesfähig machende Geist (1 Kor 15,45), der die Menschen beseelt, damit sie ihre Bestimmung erreichen.

Aber die Möglichkeiten zu lieben sind für den Menschen tatsächlich grenzenlos, ganz unabhängig von den Verhältnissen, in denen er lebt. Man liebt gewissermaßen immer in den Himmel hinein, von jeder beliebigen Situation in dieser Welt aus. Im Getriebe dieser Welt hat diese Art der selbstlosen Liebe, die auf Gott und den Mitmenschen ausgerichtet ist, vielleicht keine vermarktbare Zukunft, denn der Geist der Liebe ist nicht unbedingt mit dem Zeitgeist kompatibel. Bei Gott gibt es hingegen nur diese Art der Liebe. Wer Gott verstehen und erfahren will, wer sich zu Ihm hin annähern lassen will, kommt daher ohne sie nicht aus. Wer also wahrhaft geliebt werden möchte, sollte sich nicht länger Jesus Christus verschließen.

Wo die Liebe ist, kann auch kein Hass sein. Hass ist offenbar etwas, was den Menschen davon abhält, seine wahre Bestimmung zu erreichen. Und was Israel anbelangt oder jede andere Nation, ist auch da eine wohlwollende Einstellung, ihnen gegenüber, die einzig richtige. Nach der Bibel stellt Gott Israel unter den Nationen besonders heraus (2 Mos 19,5-6). Israel wird für immer sein besonderes Volk sein (Jer 31,33-37). Israel soll ein Segen für alle Nationen werden (1 Mos 18,18). Israel wird die Nationen einst führen, nicht zum Selbstzweck, sondern, um den Nationen zu dienen „zur Freude von Generation zu Generation". *124 Den Israelgegnern sei zur Warnung gesagt, dass Gott verheißen hat, diejenigen zu segnen, die Israel segnen und diejenigen Fluch erleiden zu lassen, die Israel verfluchen. *125 Wer Israel antastet, tastet Gottes Augapfel an (Sach 2,12), denn Gott liebt Israel. * **Jesaja 43,3.4; Jer 31,3.**

Kann man es sich dann leisten Israel zu hassen? Das führt nur zur Selbstzerstörung. *126 Israel aber bleibt bestehen, denn es ist verheißen, dass es zum Ziel gebracht wird (Röm 11,26).

Wer hasst, ist geistig unmündig und noch unter die Gottesferne des Weltlichen versklavt (Gal 4,3). Wer hasst, verfestigt seine Gefallenheit und Sündhaftigkeit und huldigt der alten Adamsnatur. Nur wer davon frei ist, kann wirklich lieben und nur wer frei ist davon, kann auch richtig leben. *127 Diese Freiheit bekommt man in Reinform in Christus, in Seinem Geist (2 Kor 3,17).

Hass bedeutet Sklaverei und Verfall, die Liebe im Geiste Christi befreit von allen zerstörerischen Gebundenheiten und wirkt aktiv daran, Lebenswerte aufzubauen (Gal 5,1). Sie ist heilsam für einen selber, aber auch für alle anderen. Je früher man damit anfängt, das ernst zu nehmen, desto eher erfährt man selber das, was Gott Israel zugesagt hat: *„Ich habe dich je und je geliebt, darum habe ich dich zu mir gezogen aus lauter Güte."* (Jer. 31,3.)

Bei Jakobus fällt auf, dass er als „königliches Gesetz" nur das Gebot der Nächstenliebe zu kennen vorgibt. Das andere, Gott zu lieben, macht er hier nicht zum Thema. Die Juden in der Diaspora sind fürs Erste eher damit zu erreichen, dass sie ihren Umgang untereinander überdenken, denn das war klar, da gab es sehr vieles zu verbessern im Umgang miteinander und vielleicht gab es auch schon Streit über die rechte Lehre in Bezug auf Jesus und die Torah.

Andere bezeichnen das Gebot zur Nächstenliebe als „Gebot Jesu". Jesus selber hat den Nächsten geliebt wie sich selbst. Jeder, der in Chrisus ist, wird folgerichtig den Nächsten lieben wie sich selbst und, wenn er nicht in Christus ist, sich und den Nächsten nicht so lieben wie es richtig wäre. Wenn das der Fall ist, kann man auch

Jakobus zustimmen, dass es ein königliches Gesetz ist, das man verinnerlicht haben sollte.

Dennoch ist festzuhalten: Das gelingt aber in vollkommener Weise nur in Christus. Es bleibt dabei! Jesus hatte selber dieses Gebot ausdrücklich hervorgehoben (Mk 12,31) Er sagte: *„Es ist kein anderes Gebot größer als dieses"* Und ein anderes setzte er dem gleich: *„Du sollst den Herrn, deinen Gott, lieben von ganzem Herzen, von ganzer Seele, von allen Kräften und von ganzem Gemüt!"* (Mk 12,30)

Und Paulus stimmte dem voll und ganz zu: *„denn wer den andern liebt, der hat das Gesetz erfüllt"* (Röm 13,8) und *„und was da sonst an Geboten ist, das wird in diesem Wort zusammengefasst: »Du sollst deinen Nächsten lieben wie dich selbst.«"*

Jakobus und Paulus lehren hier zumindest teilweise das Gleiche, darf man sagen, nämlich so, dass es bei ihren Aussagen Bereiche der Deckungsgleichheit gibt. Das kann nicht verwundern, denn beide wussten, was im Zentrum der Lehre Jesu stand. Sie waren beide von Jesus persönlich belehrt woren, auch wenn bei Jakobus erst nach der Auferstehung Jesus der Groschen gefallen war. Sie stimmten somit überein mit der Forderung nach einer tadellosen Ethik, mithin der Einstellung gegenüber den Mitmenschen. Während aber Paulus alles, was man können soll oder darf oder wird in einen engen Beziehungszusammenhalt mit Jesus Christus bringt, scheint Jakobus noch nicht einmal daran zu denken. Das wäre sonderbar, wenn man nicht verstehen wollte, dass sich Jakobus und Paulus auch in ihrer Lehrmeinung und Lehrgewissheit unterschieden, und ja, das galt auch in ihrer Beziehung zu Jesus. Jesus hatte sich Paulus ganz anders offenbart wie Jakobus. Und Jesus hatte nicht beiden die gleichen Unterweisungen gegeben. Anders lassen sich die Briefinhalte nur schwer erklären.

Eine tadellose Ethik verlangt das ständige Bemühen immer das Richtige zu tun, gerade weil man von der Torah her weiß, dass schon eine Sünde ausreicht, den Zorn Gottes zu verdienen. Insofern ist das bloße Befolgen der Torah nur zeugungsfähig für den Erwerb von Gerechtigkeit, wenn man alle Gebote hält. Das ist eine Unmöglichkeit, weil ja nur Gott von Seinem Wesen her immer vollkommen ist. Daher muss der Versuch, die Gerechtigkeit aus Werken zu erlangen, fehlschlagen. Gerechtigkeit befindet sich auf einer geistigen Ebene.

Jakobus sagt, dass man das „königliche Gesetz" nach der Schrift erfüllt, wenn man den Nächsten liebt. Er sagt aber nicht, dass das zum Ziel führt. Er sagt noch nicht einmal,m dass das gelingt. Vor allem sagt er nicht, dass das nur in Christus gelingt. Schön, dass wir Jesus haben, der uns von usnerer Südnenschuld erlöst hat, doch jetzt lasst uns endlich damit anfangen, die Gebote zu halten, so wie sie Jesus gehalten hat. So könnte man Jakobus verstehen. Paulus kann man nicht so missverstehen! Das Ziel hat Paulus eindeutig als „in Christus" zu sein, angegeben. Das sagt Jakobus hier nicht. ***128** Er will hier keine theologische Aussage zu Christus machen, sondern die Wichtigkeit des Gebotes der Nächstenliebe herausstellen.

Wenn also Jakobus sagt, *„wer das ganze Gesetz halten [will], aber in einem strauchelt, ist allem verfallen"* (**Jak 2,10**) ist er zunächst ganz auf der Linie von Paulus. Die Frage ist aber dennoch, ob man deshalb die Torah minutiös einhalten soll, weil man sonst nie ein Gerechter werden kann. Man kann Jakobus unterstellen, dass er indirekt sagt, dass dann jeder durch die Torah überführt wird, weil kein Mensch sich vollkommen an diese Richtlinie halten kann. Hielte ein Mensch auch noch so viele Gebote, so wird er doch in einem irgendwann fehlen. Aber anstatt, dass Jakobus an der Stelle sagt: und deshalb brauchen wir den allein Gerechten Jesus, schwenkt er über zum Ausüben von Barmherzigkeit, als ob einem Barmherzigkeit, die man selber übt, entscheidend weiter helfen könnte.

Nein, es ist die Barmherzigkeit, die Gott dem Sünder bereits erwiesen hat, indem Er den Sohn opferte, anstelle von uns. Jakobus bleibt die Antwort schuldig, was gegen das Sündigen hilft. Es ist gerade so, als ob hier an der Stelle nach Vers 13 etwas Wichtiges fehlt. So wie es da steht, muss jeder denken, er müsse sich nur noch mehr anstrengen ja alle Gebote zu halten und dann noch barmherzig sein, damit die Barmherzigkeit die doch noch auftretenden Sünden in den Augen Gottes zu überdecken vermöge. Diese Gedankenfolgen hätte natürlich Paulus weit von sich gewiesen.

Jakobus bleibt hier unklar. Hat also Jakobus geglaubt, dass man die Torah halten könne? Konnte er so weit entfernt von Paulus sein? Einige heutige messianische Juden glauben, dass man die Torah halten könne, sonst könnten sie nicht sagen: „Und ganz sicher stimmt es nicht, dass das mosaische Gesetz von vorne herein unerfüllbar war." **129** Paulus erklärt, dass die Torah die Funktion hatte, den Menschen zu zeigen, dass sie die Forderungen Gottes zu erfüllen nicht in der Lage waren. Wenn das Gesetz erfüllbar gewesen wäre, dann hätte es das Opfer von Jesus nicht bedurft. Man unterstellt also, dass Jesus nie hätte kommen müssen, um für die Menschen zu sterben, wenn sie sich ganz penibel um die Torah bemüht hätten. Diese Torahgerechten hätten dann Jesus zuegschaut, wie Er am Kreuz stirbt für diejenigen, die es mit der Torah dann doch nicht ganz hinbekommen hätten! Was für eine absurde Vorstellung!

Aber Paulus sagt ausdrücklich, dass die Gerechtigkeit nicht aus Torahwerken kommt (Gal 2,16). Er sagt *„aus Gesetzeswerken wird kein Fleisch gerechtfertigt".* * Stern widerspricht dem, wenn er sagt, dass die Torah haltbar gewesen wäre. Und zwar meint er damit nicht ein paar Gebote, die man hält und manche nicht, sondern er meint alle Gebote, die man halten kann, er meint die gesamte Torah!

Für die Paulusjünger liegt der Fall klar. Die Torah ist ja dazu da, den Menschen als Sünder zu überführen. Sie ist für den Sünder gemacht (1 Tim 1,9). Und daher ist es gleichgültig, an welchem Gebot man strauchelt und es erkennt, Hauptsache man erkennt es und geht mit Jesus diese Schwachstelle an. Wer das nicht glaubt, muss sich fragen lassen, ob er noch an Selbstgerechtigkeit festhält. Ist es nicht sogar Hochmut, zu glauben, dass man die Torah halten kann, wenn man sich nur genug anstrengt? Wer die Torah überschätzt, überschätzt sich selber und wer sich selber überschätzt, überbewertet die Torah. Wer die Torah und sich überschätzt, lässt Jesus nicht genügend Raum zur Entfaltung. Also muss diese Überschätzung weg.

Viele Juden lesen diesen Hinweis, dass aus Gesetzeswerken kein Fleisch gerechtfertigt wird, anders. Wer die Torah irgendwie kritisiert, hat sie als Ganzes abgelehnt. Der Unterschied ist gravierend. Im einen Fall, bei Paulus, wird die Torah gekennzeichnet als eine unhaltbare Forderung, woran der Mensch seine Unfähigkeit und grundsätzliche Sündhaftigkeit erkennen soll. Im zweiten Fall der Torahjünger bleibt die Torah voll gültig und hat das Ziel, wegen ihrer „Haltbarkeit", gehalten zu werden. *130 Doch diese Sichtweise ist unbiblisch und blockiert den Menschen, wenn man dies nicht als Umschreibung dafür sehen will, dass es Christus ist, der den Willen Gottes auch hisichtlich der Torah jederzeit vollständig erfüllt. Christus ist Gott, Christus ist der Willen Gottes. Die Torah ist nur ein kleiner Teilbereich Seines Willens in eine menschliche Sprache gefasst.

Doch eine solche Umschreibung, dass die Torah ganz für den Willen Christi oder Gottes stünde, quasi als Metapher, ist missverständlich und nicht sinnvoll. Das hat Paulus gezeigt, der eine klare Ansage macht: *„Christus hat uns losgekauft von dem Fluch des Gesetzes."* (Gal 3,13) Nun sagen manche zwar, der Fluch der Torah ist nicht identisch mit der Torah. Aber aus dem Kontext ergibt sich, dass es ja ohnehin nie um die Torah als solches geht, sondern um das, was die Torah für den Menschen sein kann. Und sie kann nur ein limitierter Segen sein, denn der volle Segen kommt nur aus dem Christuswesen, nicht aus dem Torahwesen. Gottes Segen fließt durch Christus zu den Menschen, nicht durch die Torah. Und daher ist für Paulus im Vergleich zu Christus die Torah identisch mit dem Fluch, und erst wenn man Christus weglie
ße, als wüsste man nichts von Ihm, bekäme die Torah den Rang des Besten, was ein Mensch anstreben kann. Wer Christus nicht hat, sollte wenigstens die Gebote Gottes halten. Aber dann ist er noch unter der Bürde des Sollens.

Christus hat uns befreit vom Fluch des Sollens
und uns mit dem Dürfen gesegnet

Das gilt in Bezug auf die Gebote Gottes, auf den Willen Gottes, auf die Liebe als Ausdruck der Grundeinstellung, die ein Mensch gegenüber Gott und den Menschen haben darf.

Die Torah ist nicht haltbar, weil der Mensch von Grund auf sündhaft und verdorben ist. Er wird es nicht erst, sondern ist es bereits, und er wird auch umgekehrt nicht sündlos, nur weil er es möchte, denn sündigen und sündhaft zu sein gehört zu seiner Natur. Er hat dafür keine Gegenmittel und braucht daher den Mittler Jesus. Wäre es anders, sollte man jeder Mutter raten, ihr Neugeborenes zu töten, weil es noch nicht gegen die Torah rebellieren konnte. Aber das würde nicht helfen, weil es gar nicht auf die Torah ankommt, sondern auf das Bekenntnis zu Jesus Christus. Jedes Neugeborene muss also zuerst erwachsen werden und eine gewisse geistige Reife besitzen, um zu verstehen, was es mit der Torah, mit der Sünde und dem Sündenbefreier Jesus auf sich hat. Sie können nicht ewig im Himmel von den Engeln in den Schlaf gewiegt werden. Genauso wenig wie Erwachsene in einen Dauerschlaf versetzt werden sollten, nur weil sie bereits auf Erden an der Erkenntnis der Wahrheit vorbeigeschlafen haben. Auch sie müssen erst aufwachen und einem geistlichen Wachstum ausgesetzt werden, dem sie selber, aus guten Gründen und nach reiflicher Überlegung, zugestimmt haben.

Es war schon mit dem Sündenfall klar, dass kein Mensch, außer Jesus, die Torah halten können würde. Wenn Jakobus so sehr betont, dass man doch eigentlich alle Gebote der Torah halten müsste, entspricht das der jüdischen Tradition der Superfrommen. Die hatten das schon immer so gelehrt, weil da eben auch dieser richtige Gedanken drin steckt, dass eine kleine Verunreinigung bereits die ganze Disqualifikation und Herabsetzung vor Gottes Heiligkeit und Makellosigkeit bedeuten müsste. Das wusste man ja vom Opferdienst. Die ganzen Opfer waren dazu da, einen wieder zu entsühnen, und zwar ganz und gar, nicht nur ein bisschen und ungefähr. Es mussten schon immer alle Sünden bereinigt und bereut werden.

*131 Das „königliche Gesetz" ist die Torah insofern, weil es Königen klar machen kann, dass sie Bettler und Arme vor Gott sind, aber nur dann, wenn sie es nicht als

Chance verstehen, gerecht zu werden, sondern ihre Aussichtslosigkeit erkennen, vor Gott niemals gerecht sein zu können. Jeder Mensch bleibt jederzeit bedürftig vor Gott. Das ist zwangsläufig so, solange er noch nicht seine Bestimmung, unmittelbar bei Gott zu sein, erreicht hat. Er hat vor allem die Gnade und die Liebe Gottes notwendig. Sie sind es, die ihn ins Leben gerufen haben, sie sind es, die ihn auch der Bestimmung zuführen.

Königlich ist das Gesetz auch, weil es vom König aller Könige gegeben worden ist. *132 Ganz orientierungslos soll der Mensch, soll Sein Volk Israel nicht sein. Gott wollte sich ja mit Israel vermählen. Es ist aber unklug, wenn man sich in eine Ehe begibt, wo der andere nicht weiß, was er zu erwarten hat. Da sagt der Bräutigam, du wirst dieses und jenes tun und ich werde dieses und jenes tun. Das darfst du von mir erwarten und ich erwarte das von dir. Manch eine Ehe ging sehr schnell in die Brüche, weil die Frau erfuhr, dass ihr Mann auf gar keinen Fall Kinder haben wollte. *133

Bei Völkern, bei denen die gesetzgebende Gewalt in der Hand des regierenden Monrachen war, war es klar, dass es Gesetze nur gab, weil der Herrscher eine Ordnung nach seinen Vorstellungen herstellen und erhalten wollte. Das Gesetz war seine Willenskundgebung. Völlig klar war aber auch, dass man diesen Willen verstehen sollte: wenn der König ein Gesetz erlassen hätte, wonach man nach dem ersten Atemzug den zweiten tun müsste, hätte jeder gesagt, das tun wir doch sowieso, dazu brauchen wir kein Gesetz. Wenn alle Gesetze dieses Königs nur solche Dinge betroffen hätten, die man sowieso beachtet, weil sie selbstverständlich zum Leben dazu gehören, hätte dieses Land überhaupt kein Gesetz benötigt. Der Wille des Königs hätte mit dem Wille des Volkes übereingestimmt.

Israel bekam also am Sinai nur deshalb die Torah, weil der Willen Gottes vom Willen des Volkes abwich. Das Volk war ungebildet und unwissend. Das Gesetz ist in dem Moment überflüssig, wo der Wille Gottes mit dem Willen des Menschen übereinstimmt. Das wird in vollkommener Weise nur der Fall sein, wenn der Willen ausgereift ist und der Ausfluss des gereiften Wesens ist. Und deshalb braucht ein in Christus vollkommen gemachter Mensch auch keine Torah. Sein Wollen und Tun kommt aus dem Wesen Christi.

Das Wollen und Tun eines gereiften Menschen kommt aus dem Wesen des Christus, nicht aus dem Gesetz.

Auch wenn man es „königlich" nennt. Noch königlicher ist Christus. Das ist freilich eine königliche, nämlich von Christus her begründbare Erkenntnis! Eigentlich müsste diese Erkenntnis dazu führen, dass man sich von den Geboten Gottes nichts mehr sagen lassen muss, wenn man Christi Wesen verinnerlicht hat. Stattdessen hört man, dass man mit dem Geist Christi die Gebote mit den Forderungen gerne hält, aber nicht als Forderungen, sondern als Herzensanliegen. Dass das Herz mühelos seinen Wünschen nachgehen kann, ist eine Grunderfahrung des Menschen. Und daher spricht ja Gott auch davon, dass Er die Herzen der Menschen erreichen und umwandeln will. Und erst dann hat man nämlich auch die Liebe Gottes. *134 Wer vorher so viel von seiner Liebe zu Gott oder Jesus redet, unterliegt einem Trugschluss. Er hat sich in einen Kult, eine Einstellung seines eigenen Herzens verliebt, aber nicht in Gott. Ohne Christus, so ist die neutestamentliche Lehre, wird das Herz nicht heil und nur ein heiles Herz kann Gott lieben.

Schon im Alten Testament stellt Gott die Verhältnisse klar: *„Dein Wohlgefallen zu tun, mein Gott, liebe ich; und dein Gesetz ist tief in meinem Innern."* (Ps 40,9) Der Psalmist dachte dabei wohl daran, dass er, weil er Gott liebte, auch gerne die Gebote Gottes hielt und sie gewissermaßen zu seinem inneren Schatz gehörten, weil er mit dem Halten der Gebote Gott erfreuen konnte. Aber Gott lässt jeden, der es verstehen kann, auch ausrichten, dass es wirklich ein Verinnerlichen des Willens Gottes gibt. Doch das ist nur in Christus möglich. Ein Abraham, ein Jakob, ein Josef, ein David und selbst ein Daniel, sie alle konnten Gott nur eingeschränkt lieben. Sie konnten Ihn gerade so sehr lieben, wie es der Geist JHWHs in ihnen anstiftete.

Das ist der Grund, warum Gott immer wieder auf das Ziel der wesensmäßigen Einheit mit den Menschen hinweist (Joh 17,11.22). Das Abendmahl kann man als Sinnbild darauf verstehen. Zuerst muss man seine Sünden los werden. Das ist durch Christi Blut geschehen. Doch dann wird man mit Gott eins, ein Teil seines Geistesleibes. Das ist das Ziel, auf das die Schöpfung zustrebt. Dazu muss der Christus in den Herzen, dem Sitz des Willens des Menschen, seine Wohnung nehmen (Eph 3,17). Dann ist man frei von allen gesetzlichen Überlegungen und Gebundenheiten des „du sollst", eines Sollens, weil man noch nicht hat (2 Kor 3,17). Durch die Schriften der Kirchenleute geistert immer wieder das Wort vom freien Willen des Menschen, obwohl es doch Freiheit nur in Christus gibt, weil nur da der Mensch seine Bestimmung erreicht. Es ist absurd, wenn ein Topf davon spricht, dass er fei wäre, wenn er sagt, dass er kein Topf sein möchte, sondern ein Bügeleisen. Der Mensch ist unter die Sünde verkauft und daher ihr Diener. Erst Christus befreit ihn und erst dann ist er wirklich frei.

Wie wir wissen, ist unser Wissen nur Stückwerk. Unser Wollen hängt auch an unserem Wissen. Wenn unser Wissen unvollständig, irrtumsbehaftet und fehlerhaft ist, dann gilt das Gleiche für den Willen. Beide stehen noch unter dem Kreuz und müssen ans Kreuz. Der Willen Gottes ergibt sich aus dem Wort Gottes. Bei Gott stimmen Worte und Wollen überein und beide sind vollkommen. Sie sind irrtumsfrei und fehlerlos. Das bedeutet aber, dass man sich automatisch, wenn man sich dem Wort Gottes unterstellt, auch Gottes Willen unterstellt. Das kann man nur in Christus. *135

Es geht aber hier darum, zu erkennen, dass für die Menschen zuerst einmal gilt, dass sie das, was sie säen, auch ernten werden. Wer gute Werke sät, erzielt gute Ergebnisse. Wer aber auf Christus setzt, erfährt eine ganz andere Saat. Er sät gewissermaßen in eine andere Kategorie, die alle anderen überlagert. Hier greifen viele Ausleger zu kurz, wenn sie das nicht erkennen können, dass Jakobus hier diese Kategorie gar nicht anspricht. ***136**

Man kann Barmherzigkeit nur versagen, wenn man keine Barmherzigkeit hat. Das ist in Christus unmöglich. Und daher geht es darum, aus der Unbarmherzigkeit herauszukommen und in Christus hineinzukommen. ***137** Jakobus spricht zu Anfängern des Glaubens. Er spricht die Dinge an, die zum Erreichen des messianischen Königreichs wichtig sind. Und das ist vielleicht auch der Grund, warum der Name Jesu Christi im Brief nur zwei Mal erwähnt wird. Dass dies so ist, spricht nebenbei auch für die Authentizität des Schreibens. Der Schreiber war messianischer Jude, der eine Ausrichtung auf das messianische Reich Gottes hatte. Den messianischen Juden musste man nicht schreiben, dass Jesus der Messias war. Man musste sie nur ermahnen, was sie zu beachten hatten, um ins Reich zu kommen. Bei Paulus geht es vergleichsweise noch um etwas anderes, nämlich den Unterschied aufzuzeigen zwischen der Ordnung nach der Torah mit dem Bund, den Gott mit Israel gemacht hat, und Jesus Christus, der höheren Ordnung, bei der es um den Bund mit Israel gar nicht geht.

JCJCJCJCJCJCJCJCJCJC

7.
Jakobus und Paulus
Jak 2,12-26; 3,1ff

Wer den Jakobusbrief mit dem Römerbrief oder Galaterbrief vergleicht, dem kann nur schwer verborgen bleiben, dass sich Paulus und Jakobus zumindest beim ersten Lesen zu widersprechen scheinen. Paulus sagt zum Beispiel: *„Denn Gottes Gerechtigkeit wird darin offenbart aus Glauben zu Glauben, wie geschrieben steht:*

Der Gerechte aber wird aus Glauben leben." (Röm 1,17) ***95** Oder im Galaterbrief sagt Paulus: *„Wir wissen, dass der Mensch nicht aus Gesetzeswerken gerechtfertigt wird, sondern nur durch den Glauben an Christus Jesus."* (Gal 2,16) Jakobus sagt aber, als ob er darauf zu entgegnen habe: *„Ihr seht also, dass ein Mensch aus Werken gerechtfertigt wird und nicht aus Glauben allein."* (**Jak 2,24**) Wenn das kein Widerspruch ist! Man sollte sich also hüten, zu sagen, dass es in der Bibel keine Widersprüche gibt. Ob es sich dabei vielleicht um vermeintliche Widersprüche handelt, steht auf einem anderen Blatt.

Die Bibel berichtet in einem ihrer ersten Kapitel, dass die Männer, mit denen Gott ein Bekanntschaftsverhältnis eingeht und denen Er große Verheißungen macht, z.B. Abraham oder Jakob, mehrere Frauen hatten. Im neuen Testament soll dann aber ein Gemeindeaufseher *„Mann einer einzigen Frau"* sein (1 Tim 3,2). Gott verlangt von Israel, das Er als seine Braut ansieht, die Einehe mit Ihm und bezeichnet die Verhältnisse, die Israel mit Nebengöttern eingeht als Ehebruch. Tatsächlich kann ein inniges Verhältnis mit Ihm nur zustande kommen, wenn man nicht noch anderen Göttern huldigt. Und deshalb soll es zwischen Menschen auch nicht anders sein, weil auch hier das Ziel ist, einem einzigen Menschen optimal nahe zu kommen. Jede Nebenbeziehung zerstört das Vertrauensverhältnis nachhaltig. An diesem Beispiel sieht man, dass Widersprüche in der Bibel dazu sind, in der Auflösung etwas zu lernen.

Bereits diese Feststellung, dass es Widersprüche zwischen Jakobus, der für das messianische Judentum seiner Zeit steht, und Paulus gibt, wird von manchen Theologen nicht hingenommen. ***96** Eine andere Sache ist, wenn man etwas hineininterpretiert. Interpretationen sind nützlich, schließlich helfen sie zum Verständnis, wenn sie richtig sind. Leider gibt es zwei Sorten von Interpretationen: solche, die stimmen. Und solche die nicht stimmen.

Es gibt aber Ausleger, die an die Irrtumslosigkeit der Bibel glauben und davon ausgehen, dass Gott sich schwerlich, schon gar nicht in dieser wichtigen Sache des Heils und der Gerechtigkeit, widersprechen kann. Und daher versuchen sie als

Harmonisierungsvertreter und Widerspruchsopponenten am Jakobusbrief solange gedanklich herumzudoktern, bis man ihn zur Kehrseite der paulinischen Medaille von der alleinseligmachenden Gnade und des allein rettenden Glaubens erklären kann. Erklären kann man viel, auch warum eine Erklärung, die keine ist, dennoch eine sein soll. Wirklich überzeugend scheint es allerdings noch keinem gelungen zu sein, darzulegen, warum Jakobus das Gegenteil von Paulus in Bezug auf die Bedeutung des Glaubens im Verhätnis zu den Werken vertreten kann, aber doch das Gleiche meinen soll. *97 Jedoch können sie dann auch nicht auf die Lösung des Problems gekommen sein.

Zu dieser Auffassung kommt man, wenn man die zahlreichen Auslegungen zum Jakobusbrief durchliest. Da scheint einer vom anderen abgeschrieben zu haben, um damit letztlich doch nur die eigene Hilflosigkeit zum Ausdruck gebracht zu haben. Da werden immer wieder die gleichen Vorschläge mit unterschiedlichen Worten gemacht, die vermutlich deshalb nicht richtig überzeugen können, weil der Leser merkt, dass sie falsch sind.

Die festgefahrene Hilflosigkeit der Theologen könnte an ihrer traditionellen Voreingenommenheit liegen. Theologe ist ja heute ein Beruf wie jeder andere. Man bekommt die Theologie beigebracht und auf diesem Wissensfundament wird man bei einer Kirche oder beim Staat angestellt, um eben dieses Wissensfundament an die nächste Nichtforschergeneration weiter zu geben. Ein Ingenieur bei BMW wird für BMW arbeiten, wo nicht, muss er mit der Kündigung rechnen, was er nur dann verlustlos riskieren wird, wenn ihn Audi aufnimmt, um ihn besser zu bezahlen.

Für alle anderen Kircheningenieure gilt, dass sie sich bekehren zu einer neuen Sichtweise, ohne Rücksicht auf Verluste und sei es das Ansehen innerhalb der Zunft. So würde beispielsweise ein evangelischer Theologe, der an einer evangelischen Bildungseinrichtung ein Lehrstuhl für das Neue Testament hat, diesen stark gefährden, wenn er sich zur Lehre der Allversöhnung bekennen würde. Und auch an einer staatlichen Bildungseinrichtung müsste er sich vor so einem Richtungswandel vorsehen, wenn er seinen Arbeitsplatz behalten wollte. Oder man stelle sich einen katholischen Priester vor, der zu der Überzeugung gelangte, dass Fürbitten an die Adresse von Maria Gotteslästerung sei! Sein Verbleiben im Amt ist nicht sehr günsitg für alle Beteiligten zu sehen.

Damit soll gesagt sein, dass professionelle Theologen, also Leute, die mit ihrem „geistlichen" Amt Geld verdienen, nicht ohne weiteres ihren freidenkerischen Errungenschaften freien Raum lassen können und dass sich ihr Gewissen immer einer gewissen Behinderung der freien Entfaltung gegenübersieht.

Wenn Luther den Jakobusbrief nicht mochte und seine Inspiration anzweifelte, liegt das daran, dass Jakobus vermeintlich das Gegenteil desen lehrt, was Paulus in seinen Briefen vertritt. Seitdem gibt es Heerscharen von Bibelauslegern, die sich redlich mühten, Luther zu widerlegen und mit guten Argumenten versucht haben, klar zu stellen, dass sich beide, Paulus und Jaobus ergänzen.

Luthers Bedenken über die Kanonizität kam nicht von ungefähr. Sie sind verständlich, wenn man bedenkt, dass Luther nur wenig heilsgeschichtliches Verständnis hatte. Er kannte nur schwarz oder weiß. Himmel oder Hölle. Gerettet oder verdammt. Protestantisch oder verloren. Er kam ja lehrmäßig von der katholischen Kirche und ist bei vielem im Katholizismus stecken geblieben. So auch in der Irrlehre, das die christliche Kirche Israel ersetzt habe und man deshalb die Berechtigung hätte, überall da, wo im Alten Testament etwas zu Israel geschrieben steht, nunmehr die „christliche Kirche" zu lesen sei, es sei denn es handelte sich um einen noch in der Schwebe befindlichen Fluch und das verheißene Verderben. Es ist klar, wer kein heilsgeschichtliches Verständnis hat, kann diese Frage nach dem Lehransatz von Jakobus nicht beantworten, weil er von vorneherein ablehnt, daran zu denken, dass Jakobus vielleicht doch ein anderes Evangelium lehrte als Paulus. Nach alledem, was man aber aus der Apostelgeschichte weiß und wissen muss, wenn man sie aufmerksam studiert hat, trifft genau das zu. Jakobus vertrat das Evangelium der Beschneidung und Paulus das Evangelium der Nicht-Beschneidung. Das ist nicht graue Theorie, sondern etwas, was Paulus selber so zum Ausdruck brachte und in den Ereignissen bei der Bekehrung des Kornelius und der Apostelkonferenz einen unmissverständlichen Niederschlag gefunden hat (Gal 2,7).

Akademischer Streitpunkt kann allenfalls sein, was denn nun im Einzelnen die Unterschiede dieser frohen Botschaften ausmachte. Wie bereits wiederholt bei der Betrachtung der bisherigen Briefe erläutert wurde, **98** blieben die Judenchristen um Jakobus und die Jünger Jesu bei der Beobachtung der Torah, während Paulus versuchte, seinen Zuhörern zu verdeutlichen, dass die Torah für Nichtjuden nicht zu befolgen sei, wenn sie Christi Geist in sich wirken ließen und dass die Torah auch für Juden niemals in Konkurrenz treten dürfte gegen Jesus Christus.

Das Verhältnis von Jesus zur Torah verhält sich der Lehre von Paulus gemäß etwa so wie das Ziel zur Zielgebung. Die Zielgebung kann nichts weiter dienen, als zum Ziel zu führen, weshalb sie ihre Bedeutung verloren hat, wenn man das Ziel erreicht hat. Das Ziel hat man aber erreicht, wenn man in Christus ist und Christus in einem ist. Das in etwa ist die Lehre von Paulus in Bezug auf die Torah.

Das Problem, das unweigerlich bei denen entsteht, die das nicht verstehen können, ist, dass sie geneigt sind, aus der tatsächlichen Freiheit in Christus eine Freiheit zum Sündigen zu machen, weshalb man diesen Unständigen die Torah wieder und weiter einbläuen muss, mit dem Hinweis, dass, wer mutwillig sündigt, dem Gericht verfällt. Wer mutwillig sündigt, hat offensichtlich nicht das „In-Christus-sein" verstanden, noch eingenommen und ermangelt ebenso der guten Werke aus eben dem gleichen Grund, denn die wahren Werke sind jene, die aus einem lebendigen Treueverhältnis zu Christus als Früchte der Beziehung anfallen. Und genau das ist ein berechtigter Grund, warum Jakobus in seinem Brief die Massen der Judenchristen, die seinen Brief lesen oder hören, ermahnt, dass der Glaube ohne Werke tot sei. Es stimmt, denn den Glauben, den sie haben, ist der Glauben der Väter, die sich befleißigten, die Torah einzuhalten. Wer also meint, dass er die Torah halten muss, soll es unbedingt tun.

Der Glauben ohne Werke ist ein toter Glaube. Er ist freilich nicht deshalb tot, weil grundsätzlich Werke zur Rettung dazugehören würden, sondern genau umgekehrt, wer keine Werke tut, beweist, dass er nicht den Geist des Neuen Bundes haben kann, der sich nämlich auch durch Werke der Gerechtigkeit auszeichnet. Diese Werke kommen allerdings nicht aus der Torahgesinnung, sondern aus der Christusgesinnung.

**Gott wohlgefällige Werke kommen
nicht aus der Torahgesinnung,
sondern aus der Christusgesinnung.**

Und selbstverständlich kann man die beiden miteinander verwechseln, was aber nichts daran ändert, dass sie grundverschieden sind. Man kann z.B. einem Freund etwas mit dem Hintergedanken schenken, dass man ihn bald zur Unterstützung in eigener Sache braucht. Man kann aber die gleiche Tat vollbringen und das gleiche Geschenk schenken, wenn man es nur aus Liebe tut, die den anderen erfreuen und ihm nutzen will.

Es gibt also einen entscheidenden Unterschied. Ob Jakobus das gewusst hat, kann man nicht wissen. Sein Brief lässt weder zwingend den Schluss zu, dass er Paulus nicht verstanden und dessen Lehre nicht vertreten hat, noch, dass er Paulus verstanden hat und dessen Lehre mit einer entsprechend geltenden Gültigkeitsreichweite vertreten hat. Der Brief lehrt aber zumindest schwerpunktmäßig etwas anderes als wie es Paulus vertreten hat. Und das ist aus den oben genannten Gründen nur allzu verständlich. Die Spur der Geschichtsschreibung stimmt mit dem Zeugnis der Bibel, dem Geschichtsdokument erster Güteklasse, überein.

Wer die Bibel heilsgeschicht liest, versteht den Jakobusbrief nicht als stroherne Epistel wie Luther und auch nicht als rätselhaft. Jakobus hat nur das seinen jüdischen Glaubensgenossen in der Diaspora geschrieben, was dem messianisch-jüdischen Glauben entsprach.

Einige Bibelausleger mögen aus der relativen Ferne zwischen Jakobus und Paulus zu der Deutung gelangen, dass es zur Zeit der Abfassung des Jakobusbriefes die paulinischen Gemeinden noch nicht gab. Das würde bedeuten, dass der Brief älter ist als die Paulusbriefe. Andererseits muss er nach der Anfangszeit geschrieben worden sein, denn vorher gab es noch keine messianischen Juden in der Diaspora. So ein Rundbrief macht nur Sinn, wenn sich da schon einiges in der Diaspora geregt hat. Auch gibt es ein gewichtiges Argument gegen die These, dass es den missionierenden Paulus noch nicht gab. Jak 2,14ff! *„Was nützt es, meine Brüder, wenn jemand sagt, er habe Glauben, hat aber keine Werke? Kann etwa der Glaube ihn retten?"* (**Jak 2,14**) Hier macht Jakobus eine Aussage, die man zwar auch so deuten könnte, dass er gerade eben noch nichts von der paulinischen Sichtweise in Bezug auf die Gerechtigkeit durch den Glauben kannte. Aber der erste Eindruck ist eher ein anderer. Jakobus scheint hier klar gegen die Vorstellung, dass der Glaube allein ausreichen würde, anzugehen. Und das sagte man Paulus nach, dass er das predigen würde.

Das lässt den Schluss zu, dass er von Paulus und seinen Lehren gehört haben kann, vielleicht ohne sie genau und aus erster Hand gehört zu haben, weil er mit Paulus noch nicht gesprochen hatte. Der Brief müsste dann aber vor der Apostelkonferenz geschrieben worden sein. Wäre er danach geschrieben worden, müsste man ihn als Kampfansage an Paulus werten, was die schwerwiegende Frage aufwerfen würde, warum ihn Gott in den Kanon stellen ließ. Nach der Konferenz hätte Jakobus unbedingt auf Paulus in irgend einer Weise Bezug nehmen müssen.

Es kann aber auch sein, dass es umgekehrt war. Dann stünden die Briefe von Paulus, vor allem der Galaterbrief unter dem Verdacht unter anderem gegen Jakobus geschrieben zu sein. Dabei müsste Paulus nicht einmal den Brief bzw. eine Abschrift davon, selber gekannt haben. Es reichte ja, wenn ihm berichtet würde, dass von Jakobus ein Brief kursierte, der den Inhalt hatte, dass man unbedingt an der Torah festhalten müsste. Vielleicht hätte Paulus darauf lapidar antworten können: „Wenn man nichts Besseres hat!" Aber klar ist auch, dass er in seiner Verkündigung auf diese Sichtweise eingehen musste. Und das hat er tatsächlich reichlich.

Als dritte Möglichkeit ist auch denkbar, dass beide nichts von den jeweiligen Briefen des anderen wusste und beide nur auf die aus ihrer Sicht notwendige Art und Weise auf Zustände in dem Adressatenkreis reagieren mussten.

Es ist hier viel Gedankenarbeit zu leisten, so oder so, wenn man Jakobus mit Paulus unter einen Hut bringen will. Das darf jeder, wie er will. Die Frage nach dem tatsächlichen Verhältnis der beiden zueinander, sollte aber die historischen Realitäten nicht außer Acht lassen. Tatsache ist, dass Jakobus eine andere Vorgeschichte hatte wie Paulus, und dass er eine andere religiöse Umgebung hatte, eine andere Lehrerschaft, denn er hörte von den Jüngern Jesu, Paulus hörte vom auferstandenen Christus. Auch Jakobus hat noch mit dem Auferstandenen gesprochen, aber offenbar war die Begegnung mit Jesus nur kurz, um dem Jakobus die Tatsache der Auferstehung vor Augen zu führen. Jesus wusste ja, dass Jakobus der Gemeindeleiter werden würde. Tatsache ist, dass Jakobus und Paulus sich jahrelang nicht begegneten und keinen Kontakt hatten, ehe sich Jakobus überhaupt mit den Lehren von Paulus auseinandersetzen sollte.

Es ist einfach Wunschdenken, das auf keinen belastbaren Fakten gründet, wenn man sagt, dass Jakobus und Paulus das Gleiche verkündeten. Das war auch nicht im Interesse Gottes, weil Gott heilsgeschichtlich und ordentlich vorgeht. Er richtet sich nicht nach dem Chaos der Theologen oder dem Harmonisierungsbestreben von Kirchenzentrikern.

Zu **Jak 2,14-26**, über die Frage wie die Werke den Erlösungsstand des Menschen begründen können, schreibt ein Ausleger, der gerne daran festhalten möchte, dass Jakobus und Paulus die gleiche Botschaft hatten „*Was Jakobus in diesem Abschnitt seines Briefes sagt, spricht er nicht aus, weil er im Gegensatz zu Paulus den*

Glauben für unwichtig hielte. Vielmehr gerade weil er ihn wie Paulus für entscheiden wichtig hält, möchte er, dass Glaube wirklich Glaube ist und bleibt."

Das ist eine nicht nachweisbare und schwer zu stützende These. Wenn man sagt, dass jemand sich zum Thema A nicht äußert, gerade weil es ihm um das Thema A geht, ist das eine gewagte These. Genau das macht Grünzweig hier. Er gibt zu, dass Jakobus hier im Brief etwas nicht sagt. Er behauptet aber, er tue das gerade deshalb, weil er durch das Nichtssagen genau das sagen will, was er verschweigt. ***139** Das klingt vielleicht besonders klug. So tut man jedoch neutestamentlichen Texten Gewalt an und trägt nur zur Verdunkelung der Heilsgeschichte bei.

Es muss offen bleiben, wie weit Jakobus, als er den Brief schrieb, von Paulus und seinen Lehren wusste und ob er sogar explizit gegen Paulus schrieb, aber für einen unvoreingenommenen Leser ist klar, dass er zum Teil das Gegenteil zu lehren scheint als Paulus. ***139** Dieser Feststellung berechtigterweise die Schärfe zu nehmen, gelingt nur, wenn man Jakobus und Paulus, jeden für sich, in ihren heilsgeschichtlichen Aufgaben sieht.

Man muss sich einmal überlegen, was die Juden jener Zeit überhaupt unter Glauben, griechisch „pistis", verstanden. Pistis gab das Verhältnis an, das man mit Gott hatte. Die Frommen dachten, so wie der Pharisäer in dem Gleichnis von Jesus, der auf den Zöllner herabschaute, dass sie ein besonders gutes oder enges Verhältnis mit Gott hatten. Und es war klar, jede Sünde verschlechterte dieses Verhältnis, jedes rechte Tun der Werke der Torah verbesserte dieses Verhältnis. Die Hoffnung der Juden musste also darauf abzielen, möglichst viele Torahwerke zu tun und möglichst wenig zu sündigen.

Ganz so scheint Jakobus auch in seinem Brief zu denken. Das Thema der Gerechtigkeit, wie sie Paulus in seinen Briefen entwickelt, ist bei Jakobus nicht im Ansatz zu sehen. Bei Paulus ist „pistis" ebenfalls die Beziehung zu Gott, die in völligem Vertrauen in Ihn und in Ihm gründet. Dieses Vertrauen ist also doppelt verwurzelt. Doch Paulus bringt nun erstmals den Gedanken, dass die Beziehung zu Gott dann am engsten ist, wenn man sich völlig Christus überlassen und hingegeben hat und nur noch aus dieser Beziehung heraus lebt. Es ist das „In-Christus-sein", wo das Torahdenken keinen Platz mehr hat, denn wozu braucht man die Torah, wenn man mit Christus eins ist? Wer sagt, dass das eine schöne Theorie ist, für den ist es eben nur eine Theorie und er soll bei der Torah-Praxis bleiben. Besser ist die Christus-Praxis.

Es ist nicht bekannt, was Jakobus zu diesen Gedanken des Paulus gesagt hat, aber aus dem Jakobusbrief kann man nicht entnehmen, dass er ihnen zugeneigt gewesen wäre. Denn wenn man ihn beim Wort nimmt, braucht man unbedingt Torahwerke. Während also Paulus die Nützlichkeit von Torahwerken, etwa, wenn man noch nicht in Christus ist, nicht leugnet, redet Jakobus überhaupt nicht von einem „In-Christus-sein". Und die harmonisierungsfreudigen Theologen können noch so oft sagen, dass Jakobus das auch so sah wie Paulus, es findet sich kein Beleg dafür. Die Ereignisse bei der Apostelkonferenz deuten auch nicht darauf hin. Im Gegenteil, die Jünger mussten erst einmal darüber beraten, ob Paulus überhaupt Recht hatte. Gott musste ihnen das gnädig bestätigen.

Bei Jakobus sind die Werke auch mehr als nur ein Ausfluss des rechten Verhältnisses zu Christus. Jakobus erwähnt seinen Bruder Jesus in diesem Zusammenhang überhaupt nicht, was unbedingt notwendig gewesen wäre, wenn man sagen will, dass es so sei. So liest es sich als ob man durch das bloße Halten der Torah in den Stand der Seligkeit, aber nicht in Christus kommen würde. ***140** Jakobus Brief ist keine Heilungspredigt, sondern eine Torahpredigt. ***141** Er will damit verdeutlichen, dass die Torah nach wie vor wichtig ist, wenn man sein Verhältnis mit Gott bereinigen und verbessern will. Und das ist ja auch nicht falsch. Aber es ist eine unvollständige Botschaft. Christus fehlt.

Jakobus meint hier mit der Torah die gleiche Torah, von der Paulus in Röm 3,28 sagt, dass man durch sie nicht gerechtfertigt wird. ***142** Und was Paulus unter der Erneuerung der Sinne in Röm 12,1ff meint, geschieht im Geiste Christi und nicht im Geiste der Torah. Wahrscheinlich hat Jakobus an die reinigende Kraft der Bemühungen geglaubt, die Torah zu halten, zumal auch er davon ausgegangen ist, dass er den Geist Gottes hatte, der ihn aber dazu brachte, die Torah zu halten und so eine Art Reinigung zu erfahren.

Der Punkt ist aber, dass man dabei über ein bestimmtes Maß nicht hinauskommt und nie und nimmer vor Gott dabei gerechtfertigt wird. Man bleibt ein Häftling in der Todeszelle, dem der Wärter bescheinigt, dass er sich sehr gut benommen hat, vor seiner Hinrichtung. Fein, aber an der Todesstrafe hat sich nichts geändert. Sie wird vollstreckt, auch am „netten" Mörder! Denn das einzige, was ihn noch retten kann, ist die Begnadigung.

Noch einmal sei es gesagt. Der Jakobusbrief vertritt hinsichtlich der Stellung zur Torah eine Gegenposition zu den Briefen des Paulus. Es ist nur interpretationsbedürftig, inwieweit sich diese Gegenposition vereinbaren lässt mit dem paulinischen Gedankengut. Wer sagt, dass es nicht vereinbar ist, kann es damit erklären, dass er sagt, dass die Gegenposition keine Vereinbarkeit braucht, um Gegenposition zu sein, sondern ganz im Gegenteil sonst keine Gegenposition sei. Somit bleibt der Nachweis der Sichtweise, dass beide, Jakobus` Erläuterungen zum Gesetz und die von Paulus, vereinbar wäre, Aufgabe derer, die diese Sichtweise vertreten. Dieser Nachweis kann jedoch nicht erbracht werden, weil alles, was an Argumenten hervorgebracht wird, spekulativ ist und Zirkelschlüssen entnommen ist. Weil Jakobus nichts anderes als Paulus verkündigt haben soll, muss es eine Vereinbarkeit der beiden geben und daher ist das, was sich bei Jakobus so liest, als sage er das Gegenteil von Paulus, in Wirklichkeit nur eine Bestätigung oder Ergänzung. *143

Es ist leicht einzusehen, dass diese Methode dazu führt, dass man sich unglaubwürdig macht. Warum sagt denn Paulus, niemals sollen wir Kinder der Sünde werden (Röm 6,1-2)? Doch nicht weil die Torah die Sünde verbietet. Das tut sie. Die Torah ist ein Sündenverweigerungsregister. Sondern, weil es außerhalb von Christus immer wieder nur Sünde gibt. Wer sich außerhalb von Christus befindet, ist dazu verdammt, zu sündigen. Die Bergpredigt zeigt das sehr deutlich. *144

Gelegentlich wird von Theologen die Meinung vertreten, die Zehn Gebote wären ein Ausfluss der Schöpfungsordnung. *145 Das würde bedeuten, dass sie nach Abschluss der Sieben-Tage-Schöpfungswoche bereits vorlagen. Dabei wird die Spezifizität des Dekalogs in Bezug auf Israel verkannt. Die Gebote sind, ebenso wie die Schöpfung der Himmel und der Erde, Ausdruck des Willens Gottes. Wenn sie aber eine solche universale Bedeutung hätten, warum hat Gott sie nicht schon Adam und Eva gegeben, nachdem er sie aus dem Garten Eden ausgetrieben hatte? Oder Noah? Oder Abraham? Nicht einmal Jakob, der Stammvater Israels kannte die Zehn Gebote als Dekalog oder als Grundlage eines hochrangigen Bundesgesetzes. Dabei war er doch der Stammvater Israels viele Jahre, bevor Mose am Berg Sinai die Gesetzestafeln empfing. Und übertreten haben alle gegen diese Gebote, Abraham, Isaak und Jakob und alle ihre Nachfahren, außer Jesus.

Gott hat viele Jahrhunderte die Menschen im Unklaren gelassen, dass es so eine Art Top Ten Seiner Willenskundgabe gab. Der Grund ist einfach, weil diese Gebote im Rahmen des Bundes mit Israel zur Geltung kommen sollten. Jakob hatte mehrere Frauen und alle schenkten ihm Söhne. Die Bibel tadelt das nicht. Unter Ehebruch versteht man in der christlichen Kirche, wenn man mit einer anderen als der Ehefrau geschlechtlich verkehrt. *146 Man könnte sagen, Jakob hat die Ehe nicht gebrochen, denn er war ja mit allen verheiratet. Wenn man also in einer Gesellschaft lebt, die Mehrehen zulässt, ist man auf einmal kein Ehebrecher mehr? Dann wären Muslime keine Sünder, aber Christen, die das gleiche tun! Doch Gott hat keinen doppelten Standart. Jakobus hatte auch Kinder von Mägden. Auch das tadelte Gott in der Bibel nicht.

Wenn man durch „heiraten" nach Menschenart dem Vorwurf des Ehebruchs entgegnen könnte, müsste man ja nur Mehrehen zulassen und schon wäre etwas, was Sünde war, keine Sünde mehr. Dann könnte ein Mann, wie es im Islam möglich ist, wenn er eine Frau haben will, sich zum Zwecke des geschlechtlichen Verkehrs verheiraten, um sich gleich danach wieder scheiden zu lassen. *147 Dass diese Absurdität nicht im Sinne Gottes sein kann, ist klar. Ein Mann kann nur einen Gott anbeten. Wenn es richtig ist, dass die Ehe ein Bild ist für das Treueverhältnis, das ein Mann mit dem einen Gott hat, dann kann ein Mann auch nur eine Frau haben. Daraus folgt, dass Jakob unrecht gehandelt hat. Aber warum findet sich in der Bibel kein Hinweis, dass Gott ihn darauf hingewiesen hat? Weil es ganz offenbar verschiedene Heilsphasen mit Offenbarungsstufen gibt. Jakob war ein Mann seiner Zeit. Wer es sich leisten konnte, und sich das nervlich zutraute, hatte mehrere Frauen. Dabei ging aber etwas sehr Wertvolles verloren, denn auf der menschlichen Ebene gilt: niemand hat größere Liebe, als der, der einen mehr liebt als alle anderen.

Hier fängt der Mensch an, zu leben. Hier weiß er, was Liebe ist. Die größte Liebe, die ein Mensch haben kann, ist die Liebe Gottes, die sich zu Gott bezieht und auf Ihn gerichtet ist. Und danach kommt das Abbild, der ebenso exklusiven Liebe, die jeder Mensch erleben kann, unabhängig von seiner Beziehung zu Gott. Auf dieser Liebe kann man aufbauen. Mit ihr kann man wachsen. Mit ihr kann man aber auch scheitern, weil die Würdigkeit des Gefäßes, in das Gott die Liebe hinein gibt, immer auch noch ausbaufähig ist. Wer anstatt das Würdevolle Wert zu schätzen, seine Aufmerksamkeit verzettelt, so wie Salomo oder David, bleibt in den Anfängen stecken und das bedeutet oft Rückschritt.

Wenn Schöpfungsordnung bedeutet, dass es neben den physikalischen Ordnungen auch geistliche gibt, dann muss man zustimmen, dass die Gebote Gottes genau diesen Bereich abdecken, wenn auch nur unvollständig und modellhaft. Die Zehn Gebote auf den Gesetzestafeln waren und sind ein Provisorium. Das ist deshalb so, weil hinter den Geboten ja eine Zielsetzung steckt, die, wenn das Ziel erreicht ist, keine Bedeutung mehr hat, während Gott als geistige Realität fort und fort existiert und mit Ihm alle, die gleichen Geistes sind. Für Robinson Crusoe spielte das Gebot „Du sollst nicht stehlen" keine Rolle, da er diese Sünde nicht mehr begehen konnte. Auch konnte er nicht eigentlich die Ehe brechen. Das Gebot „Du sollst nicht ehebrechen", hat nur eine Funktion, wenn es Ehen gibt, bzw. wenn Ehebruch möglich ist. Man kann aber noch weiter gehen und sagen, das Gebot hat nur eine Funktion, wenn es potentielle Ehebrecher gibt. Oder anders gesagt, bevor Gott die Welt geschaffen hat, gab es das Gebot noch nicht. Und wenn die ganze Schöpfung Christus endlich untergeordnet ist, wird es auch keine Gesetzestafeln mehr geben müssen.

Man kommt also zu der Feststellung, ja, die Gebote Gottes gehören irgendwie zur Schöpfungsordnung. Man muss aber bedenken, dass mit Christus eine neue Schöpfung gekommen ist. Stehen wir unter der alten oder unter der neuen Ordnung? Paulus sagt eindeutig, dass es Menschen gibt, die unter der neuen Ordnung stehen und der Hauptunterschied ist, dass sich die alte Ordnung zur neuen so verhält wie die Gebote zu Christus. Christus ist besser als die Gebote, weil in Ihm das „Du sollst!" immer schon ein „Es ist!" ist.

Die Schlussfolgerung, dass man wegen der Schöpfungsordnung die Gebote der Torah halten muss, ist also nur richtig, wenn man sich noch in der alten Ordnung befindet. Man darf sich aber laut Paulus nach der neuen Schöpfungsordnung richten, und wenn man das ganz und gar tut, ist man in Christus und andere stellen fest, was einem selber selbstverständlich ist, dass man nicht andere Götter anbetet, dass man nicht stiehlt, dass man nicht lügt, dass man nicht ehebricht, nichts vom Besitztum anderer begehrt usw.

Deshalb ist in der neuen Schöpfungsordnung die Frage, „muss man die Gebote halten?" falsch gestellt. In der neuen Schöpfungsordnung befindet man sich aber nur, wenn man in Christus ist. Dass das ein Theologe nicht richtig verstanden hat, erkennt man daran, wenn er den Widerspruch zwischen der Behauptung, man müsse die Zehn Gebote halten und der Behauptung, man müsse den Sonntag anstatt des Sabbattages halten, nicht sehen kann. Aber vielleicht sieht er ihn und versucht ihn wegzuerklären, dann hat er es auch nicht richtig verstanden.

Die Setzung eines anderen Wochentages zum Ruhetag durch die Kirche war und ist eigenmächtig und willkürlich. Der Sonntag ist ja der erste Tag der Woche, an dem, nach der Schöpfungsordnung, die Schöpfung begonnen hat. Gott begann damit, die Materieansammlung in eine Ordnung zu bringen (1 Mos 1,2ff). Wenn man diesen Tag, der mit „tohu wa bohu", also Formlosigkeit und Leere, begann, zum Ruhetag macht, beginnt man eigentlich wieder von vorne und braucht noch die Anfangsdinge. Wenn man behauptet haben will, dass die Zehn Gebote die von uns zu beachtende Schöpfungsordnung im geistigen Sektor wiedergeben, dann darf man nicht den Sabbat durch einen anderen Tag ersetzen. Mit dem gleichen Recht wie man das tut, könnte man auch die anderen Gebote abändern. Zum Beispiel statt „Du sollst kein falsch Zeugnis ablegen", „Du sollst kein falsch Zeugnis ablegen, außer wenn es der Kirche Vorteile einbringt." *148 Ebenso könnte man die anderen Gebote mit einem Zusatz versehen, denn bei Gott gibt es keine Unterscheidung zwischen dem sogenannten moralischen Teil der Torah und dem rituellen Teil. Diese Einteilungen sind künstlich und Ausdruck der Verwirrung bei den Theologen.

Dass Jakob in seinem Brief die Werke preist und Paulus in seinen Briefen die Gnade Gottes und das Vertrauen in Ihn über alle frommen Werke stellt, ist allen bekannt. Und natürlich gab es viele Versuche, das in Übereinstimmung zu bringen. Aber nicht alle kamen zu dem Schluss, dass das eine jeweils nur die Kehrseite der gleichen Medaille sei. Der prominenteste Vertreter der Zweifler war Luther. *149 Und er hatte gute Gründe dazu.

Die Frage, die sich viele gar nicht gestellt haben, ist, ob die Harmonisierungsversuche der Ausleger nicht in der Denkvoraussetzung begründet sind, dass die Schriften des Neuen Testaments die gleiche Botschaft, wenn auch mit verschiedenen Schwerpunkten, hätten. Angenommen man vertritt die Auffassung, dass Jakobus ein anderes Evangelium lehrte als Paulus, dann würde man nicht lange suchen müssen, um auf Anhaltspunkte dafür zu stoßen, die man als recht deutlich bezeichnen würde. Das liegt auf der Hand. Das bedeutet, dass alle Versuche, den Jakobusbrief mit dem Paulusbrief zu harmonisieren einer Denkvoraussetzung geschuldet sind, die man als gegeben nimmt, obwohl sie erst noch zu belegen wäre. Weiter bedeutet es, dass diese Versuche scheitern müssen, wenn die Denkvoraussetzung einem Irrtum zugrunde liegt.

Besondere Anhaltspunkte für dieses Scheitern müssen dann solche Stellen sein, die den Eindruck erwecken, als habe Jakobus die Lehren von Paulus konterkariert. **Jak 2,14** ist so eine Stelle im Jakobusbrief. *„Was nützt es, meine Brüder, wenn jemand sagt, er habe Glauben, hat aber nicht Werke?"* Wenig später folgt die nächste Stelle. Hier wird sogar beinahe Paulus zitiert, der selber in Röm 4,3 auf das Alte Testament in 1 Mos 15,6 Bezug nimmt: „Abraham aber glaubte Gott, und es wurde ihm zur Gerechtigkeit gerechnet." So in **Jak 2,23** und Röm 4,3! Während Paulus das als Beweis verwendet, dass der Glauben rettet, behauptet Jakobus: *„Ihr sehet also, dass ein Mensch aus Werken gerechtfertigt wird und nicht aus Glauben allein."* (**Jak 2,24**) Bei Paulus heißt es hingegen: *„Das sagen wir: Ist Abraham durch Werke gerecht, so kann er sich wohl rühmen, aber nicht vor Gott."* (Röm 4,2)

Wenn diese Widersprüche so zu harmonisieren sind, dass man sagt, der Glauben ist entscheidend, wird sich aber in den Werken erweisen, so gibt es doch schwerwiegende Einwände dagegen: Weil jeder Mensch am Gesetz scheitern muss, müsste die Aussage in Jak **2,12** (KÜ): *„So sprecht [nun] und so handelt als [solche], [die] künftig durch [das] Gesetz [der] Freiheit gerichtet werden"* so verstanden werden, dass das Gesetz der Freiheit von diesem Torah-Fluch befreit, denn Jakobus will ja sicherlich nicht zum Befolgen der Torah aufrufen, damit man dann wegen seinem ungenügenden Befolgen der Torah durch die Torah gerichtet wird. Denn dann kann ja das Gericht nur eine Verurteilung sein.

Also hat Jakobus hier entweder gesagt, dass das Gesetz der Freiheit ein anderes Gesetz ist, nämlich das Gesetz, das Christus verkörpert, der allein vom künftigen Gericht freispricht, oder er meinte tatsächlich die Torah und unterstellte, dass man es tadellos halten könnte. Indem er aber sagt *„sprecht nun und so handelt als solche"* würde er ja den Verdacht erregen, eine Werkgerechtigkeit lehren.

So haben es auch einige Kirchen verkündigt und manche behaupten hier, den Nachweis geführt zu sehen, dass Jakobus die Toraheinhaltung lehrte. Dabei kann es aber seit Paulus nicht mehr bestritten werden, dass man die Torah nur noch beachten kann, als man sie überhaupt sinngemäß mit den Werken Jesu in Einklang bringen kann. Das wiederum ist nur möglich, wenn man Jesu Handeln und Wirken unter dem Liebesbopferdienst, den Er erbracht hat, mit Beginn Seines Wirkens und dem Ende am Kreuz von Golgatha, als höchste Tat, als das „sprecht nun und handelt als solche" versteht.

Ja, es stimmt schon, Israel hat die Torah sehr oberflächlich beachtet und an der Oberfläche noch weitere Stücke dran gehängt, die nur geeignet waren, den Blick auf das Wesentliche zu verstellen. *150 So manche Verirrung hat das Ursprüngliche überlagert. Und so wurde die Torah mit ihren Anhängseln und Zuladungen zu einer Last. Und so konnte Jakobus auch die Torah als solche, wenn man sie richtig anwendete, als königliches Gesetz bezeichnen, um den Unterschied zum vulgären Umgang der Nation herauszustellen, die noch meint, einen wahren Gottesdienst vollführt zu haben, wenn man den Messias tötet. Und ja, genau das Gleiche kann auch den Kirchenchristen geschehen, wenn sie sich selbstgefällig zurücklehnen und sagen „Uns kann nichts passieren, denn der Glauben allein…" oder „unser Gottesdienst, so wie er ist, reicht!" Doch das kann doch nur bedeuten, dass diese „Gläubigen" noch in einem Glaubensstand sind, der Christus noch gar nicht verinnerlicht hat. Sie gehören nicht zur Gemeinde Christi! Ebensowenig wie die Juden, die sich ihren eigenen Gott mit seinen eigenen Gottesdienstvorschriften machen und dann glauben, dass sie besonders fromm sind und Gunst vor dem Gott ihrer Väter gewinnen. *151

Das „Gesetz der Freiheit", an das Jakobus denkt, scheint genau das zu sein, was er vorher genannt hat, das Gesetz mit dem Gebot, welches alle anderen zusammenfasst: Liebe deinen Nächsten wie dich selbst. Das ist das Gesetz der Freiheit. Es ist sowohl torahgerecht, entspricht also der Vorschrift des Judentums, als auch christusgerecht. Das ist es aber nur dann, wenn es, bevor es torahgerecht worden war, christusgerecht war, denn Christus ist präexistent und die Torah nicht. Die Torah ist nur ein Ausfluss aus den Gedanken Christi, die heilsgeschichtlich den

Bund mit Israel eingeplant haben. Die Liebe aber ist hingegen ein ewiger Wesenszug Christi. Daher ist jeder, der die Liebe Christi in sich hat und damit auch seinen Nächsten liebt, dem Wesen Christi verwandt. Und ein Jakobus kann es als Gebot ausgeben, nach diesem Gesetz der Freiheit zu handeln. Das wiederum ist eine Sprache, die die Angesprochenen verstehen, für höhere Theologie ist hier kein Platz. Warum nennt Jakobus dieses Wesentliche des Gesetzes Gesetz der Freiheit? Macht Nächstenliebe frei? Es macht jedenfalls von dem ganzen Stress frei, den man hat, wenn man seine Mitmenschen nicht liebt. Jeder, der geliebt hat, weiß auch, wie frei es einen machen kann, nicht mehr hassen zu müssen und sich leisten zu können, jedem Menschen gegenüber versöhnlich zu sein.

Liebe und Bramherzigkeit hängen natürlich eng miteinander zusammen, denn wer liebt ist auch barmherzig und Barmherzigkeit ist ein Akkt der Liebe. Wenn nun Jakobus sagt, *„Barmherzigkeit rühmt sich gegenüber [dem] Gericht"* (**Jak 2,13** KÜ), dann scheint er damit anzeigen zu wollen, dass das Befolgen der Barmerzigkeit und des Gesetzes der Freiheit einen vor dem Gericht bewahrt, das für die Übeltäter wartet. Aber das kann nur Christus, weil man vorher schon Christus angehört hat und das Maß an Barmherzigkeit, das man ausgeübt hat, nicht entscheidend ist.

Es ist aber auch ein paulinisches Thema, denn die Torah hängt mit dem Gericht zusammen, weil jeder Jude, der gegen die Torah verstößt, ins Gericht muss. Sie hängt nicht so eng mit der Barmherzigkeit zusammen, denn das Gesetz sagt, dass auf das Sündigen, also die Verstöße gegen die Torah die Todesstrafe steht. Nur eine Begnadigung kann davor befreien. Die Barmherzigkeit rühmt sich aber auch deshalb gegen das Gericht, weil sie das Gericht überstrahlt und überdauert. Die Gnade Gottes bringt die Erlösung, nicht die untauglichen Versuche, die Torah einzuhalten. Und wenn die Gerichte Gottes auch Gnadegerichte sind, weil sie nach und nach zurechtbringen, sind sie auch wieder ein wunderbarer Gnadenerweis der Barmherzigkeit Gottes.

Christus bringt ausschließlich und unablässig gute Werke hervor. Die Beispiele für gute Werke, die Jakobus aufzählt, zeigen, Jakobus meint tatsächlich Liebeswerke und Werke der Barmherzigkeit. (**Jak 2,15ff**) Zurecht sagt er daher, dass ein Glaube ohne Werke tot ist (**Jak 2,17**). Er sagt an keiner Stelle, das Werke erlösen oder auch nur einen Beitrag zur Erlösung leisten. Das wäre eine Irrlehre gewesen. Aber er bringt auch nicht Jesus Christus in einen engen Zusammenhang mit den Werken. Stattdessen unterstreicht er noch die Wichtigkeit der Werke. Das tut er beinahe im Wettstreit mit Paulus, der ebenso entschieden den Glauben ohne Werke hervorhebt.

Auch Jakobus denkt wie Paulus an Abraham, um zu beweisen, dass seine Lehre richtig ist, auch ganz wie der Verfasser des Hebräerbriefs. Während jedoch der die Glaubenshaltung Abrahams und anderer biblischer Gestalten hervorhob, tut Jakobus genau das Gegenteil. Er fragt: *„Wurde nicht Abraham, unser Vater, aus Werken gerechtfertigt, [da] [er] seinen Sohn Isaak auf dem Altar darbrachte? [Daran] [sieh]st du, da[ss] der Glaube [mit] seinen Werken zusammenwirkte und der Glaube [erst] aus den Werken vollkommen ge[mach]t wurde."* (**Jak 2,21-22** KÜ) Jakobus sagt hier aber nicht das Gegenteil von dem, was der Verfasser des Hebräerbriefs sagt. Er bringt vielmehr eine wichtige Ergänzung. Er bestätigt nämlich indirekt den Hebräerbrief, weil er zugibt, dass Abraham den Glauben haben musste, der mit seinen Werken zusammenwirkte. Sie wirkten dergestalt zusammen, dass der Glaube die richtigen Werke hervorbrachhte. Hätte Abraham nur geglaubt und Gottes Gebot Isaak zu opfern nicht befolgen wollen, hätte sich der Glauben als unvollständig, inkonsequent und fehlerhaft erwiesen. Der rechte Glauben bringt also auch immer die richtigen Werke hervor. „Glauben" steht hier für das Vertrauensverhältnis mit Christus. Vielleicht wollte Jakobus hier nicht mehr sagen.

Leider gibt es auch hier wieder Bibelleser und Kirchenleute, die diese Verse missverstehen. Aus dem *„Glaube, der mit seinen Werken zusammenwirkt"* machen sie das Dogma, dass Glaube + Werke = Errettung. Für Paulus gilt hingegen:

Glauben (der rechte Glauben, der auch Werke hervorbringt) = Errettung. Unbenommen bleibt, dass Paulus dazu neigte, vor dem falschen Gebrauch der Torah zu warnen, weil er sah, dass viele nur einen Teil Christus hatten und den anderen Teil ihres Glaubens mit der Torah auffüllten – oder auch umgekehrt! - und weil er wusste, dass es für Nichtjuden nicht notwendig war, über die Torah und das Judentum zu Christus zu gelangen, wenn sie den direkten Zugang fanden. Schriftgemäß warnte Paulus nicht nur vor dem falschen Gebrauch der Torah, sondern vor der Torah, aber er meinte nicht, dass die Torah keine Berechtigung hätte, beachtet zu werden. Jedenfalls aber nicht als Heilsmittel anstelle von Christus.

Ebenso mag Jakobus ein Toraheiferer gewesen sein, ohne jedoch irgendwelche Werke als heilsnotwendig behauptet zu haben. Hätte er das, wäre er ein Irrlehrere gewesen. Auch wenn heute Christen sagen, die Torahgebote sind zwar nicht heilsnotwendig, aber aus Dankbarkeit halte man nun als Christ auch die Torah, haben sie die Hauptlehre von Paulus gar nicht gründlich verstanden. Christus hielt auch nicht aus Dankbakeit gegenüber dem Vater die Torah. Christus braucht unsere Dankbarkeit nicht und die Torah braucht sie auch nicht. Christus braucht unsere gleiche Denkart, unser gleiches Gemüt, unser Ihm zugeneigtes Herz.

Wir können auch aus lauter Dankbarkeit die Torah nicht halten, wir können es nur aus der Gesinnung Christi heraus und dann geht es weit über die Torah hinaus, weil man bei Christus angelangt ist. Wenn wir versuchen, aus Dankbarkeit die Torah zu halten, werden wir scheitern, weil wir es nicht können. Und wenn wir dann immer wieder feststellen, dass es mit unserer „Dankbarkeit" jedenfalls nicht so weit bestellt sei, dass wir die Torah einhalten können, haben wir wieder ein Problem mit unserem Scheitern.

Wir sollten in der Tat Jesus gegenüber dankbar sein, aber wir sollten nicht aus Dankbarkeit irgendwelche Gebote halten. Das ist nicht der beste Antrieb, um Gott zu gefallen. Besser ist es, sich Ihm zu öffnen, dass Seine Wesensart durch den

Geist in den Menschen einfließen kann. Die Torah – das ist für Anfänger des Glaubens. Gibt es auch Fortgeschrittene des Glaubens? Das ist zweifelhaft!

Was Jakobus aufzählt, Abrahams Werke, Rahabs Werke, sind Glaubenswerke. Aber wenn es auch Werke sind, gingen den Werken doch stets die rechte Einstellung voraus. Wer die rechte Einstellung hat, bringt Werke hevor, die für Außenstehende und übrigens auch für die Engel ein sichtbarere Beweis der Einstellung sind, die den Werken zugrunde liegen. Gute Werke sind immer nur Begkleiterscheinungen von guten Gedanken, weshalb auch Taubstummblinde und Querschnittsgelähmte eine heilvolle Verbindung mit Jesus, durch den Glauben, eingehen können. Jakobus anerkennt die Wichtigkeit des Glaubens, aber er meint, die Werke besonders hervorheben zu müssen.

Die messianisch-jüdische Gemeinde in Jerusalem erreichte irgendwann die Kunde, dass ein gewisser Paulus ein Evangelium vom Glauben und der Gnade in Jesu Christi verkündete, in dem die jüdische Torah immer wieder als Gegensatz dargestellt wurde. ***152** Die Wiedergabe der Lehren von Paulus kam aber nur in entstellter Form bei Jakobus an. Jerusalemer Christen waren auch in die Diaspora gekommen, hatten die Gemeinden, in denen Paulus gepredigt hatte, besucht und waren dann zurückgekehrt. In Jerusalem erstatteten sie Bericht und erweckten dabei den Eindruck, dass Paulus die „Werkgerechtigkeit" stark vernachlässigte. Ob das dann Jakobus veranlasste, den Brief an die „Fremdlinge in der Diaspora" zu schreiben, wird weiter strittig bleiben. Nicht strittig ist, dass er in diesem Brief so sehr die Werke betont, dass man leicht zur Annahme Anlass findet, dass er wegen oder sogar gegen die Lehren des Paulus geschrieben worden ist.

Dass Paulus sich auch gegensätzlich zum Gesetz geäußert hat, erschwert die Beurteilung, inwieweit Jakobus überhaupt aufgeklärt war, was Paulus lehrte. So schrieb Paulus beispielsweise: *„Wie? Heben wir denn das Gesetz auf durch den Glauben? Das sei ferne! Sondern wir richten das Gesetz auf."* (Röm 3,31) Und: *„Wie nun? Sollen wir sündigen, weil wir nicht unter dem Gesetz, sondern unter der Gnade sind? Das sei ferne!"* (Röm 6,15) Hier speziell in der Übersetzung von Martin

Luther, dem Jakobusbriefverweigerer. Was heißt das: „*Wir richten das Gesetz auf*"? Das heißt, dass man nur so das Gesetz zu seiner wahren Bedeutung bringt, wenn man es unter dem Blickwinkel des Vertrauensverhältnisses mit Christus betrachtet. Man kann keine rechte Vorstellung von der Torah haben, was sie darstellt, was sie leisten kann, zu was sie Nutze ist, wenn man es nicht von Christus aus beurteilt. Wer meint, dass er die Gebote halten muss, hat sie wohl noch nicht so gehalten, dass sie ihm in Fleisch und Blut übergegangen sind, also soll er sich weiter darin üben und dann bemerkt er vielleicht irgendwann einmal, dass er einfach alles Christus überlassen soll. Mit dem Vertrauen in Christus steigt zuerst das Interesse an der Torah, um dann wieder zu sinken, weil man mehr und mehr aus dem Geist Christi heraus lebt.

Wer den Jakobusbrief ernst nimmt und die Torah nur als Echtheitsprüfer des Glaubens benutzt, kann das tun, ohne dass ihm das vollständig gelingen kann, weil es unendlich viele Gebote und Verbote gibt, auf die ein Mensch stößt, die nicht in der Torah aufgelistet sind. Jeder bekommt in seinem Leben seine eigenen Torah-Situationen, wenn er sie nicht gleich als Christus-Situation beurteilt. Das haben die Juden auch bemerkt, weshalb sie in der sogenannten „mündlichen Torah" noch viel mehr Gebote und Verbote hinzugefügt haben, im „Glauben", dass das berechtigt wäre. Sie hatten zumindst verstanden, dass die Torah nicht alles regelt. Moses hatte damals keine Fahrstühle. Aber wenn Arbeit am Sabbat verboten war, dann musste man doch jetzt eine Regel erlassen, ob die Benutzung des Fahrstuhls einer Arbeit gleich kam. Und dennoch hatte dieses Bemühen einen Makel, die Anweisung kam nicht von Gott! Wie konnte Gott die Juden da alleine lassen? Die meisten jüdischen Ausleger bemerken hier eine gewisse Verfahrenslücke des Bundes mit Gott. Christus gibt hier die Antwort. Für Christen gibt es keine Lücke. Sie sind mit Christus immer alltagstauglich, situationsangepasst, allseitsbereit.

Ein Ausleger hat herausgefunden, dass es auf diese erste Frage, ob man denn sündigen soll, weil man unter der Gnade sei, vier Antworten gibt. 1. Das kann man nicht, da man mit Christus eins gemacht ist. 2. Das braucht man nicht, da die

Herrschaft der Sünde über das persönliche Leben durch die Gnade gebrochen worden ist. 3. Das darf man nicht, weil es einen wieder unter die Herrschaft der Sünde bringen würde. 4. Das sollte man nicht tun, denn es würde in einer Katastrophe enden. *153

Zu 1.: Doch, man kann, denn wer ist vollkommen mit Chrisus eins geworden?

Zu 2.: Die Herrschaft kann man aber jederzeit wieder zulassen, wenn man sich nicht von Christus leiten lässt.

Zu 3.: Richtig! Aber für jemand in Christus stellt sich die Frage nach dem Dürfen gar nicht, weil er die Sünde verabscheut. Es kann dann allenfalls noch eine Frage des Rückfallens sein. *154

Zu 4. Ja, wenn einem die Gnade Jesu nicht vorher wieder zur Besinnung und zu Umkehr bringt.

Es bleibt unklar, ob Jakobus den Judenchristen in der Diaspora, die ja von Paulus gehört oder es sogar mit Paulus zu tun bekommen hatten, eine Gegendarstellung zur paulinischen Theologie liefern wollte, oder ob er nur das richtig stellen wollte, was die Judenchristen in der Diaspora unrichtigerweise dachten, nachdem sie Paulus falsch verstanden hatten. *155

Der Brief bedient die Forderungen beider Varianten, aber keine so richtig überzeugend, was bedeutet, dass hier die dritte Möglichkeit gegeben sein könnte: es geht nicht um Paulus und seine Lehren! Paulus lehrte ja tatsächlich die weitgehende Nutzlosigkeit der Werke und auch des stark limitierten Wertes einer bloßen Befolgung der Torah, wenn man Christus nicht auf seiner Seite hatte.

Irgendwann war Jakobus zu Ohren gekommen, dass es messianische Juden gab, die glaubten, jemand würde lehren, dass man die Torah nicht beachten müsste, oder dass es sogar schädlich wäre, die Torah zu befolgen. Welcher fromme Jude gibt freiwillig die Torah auf!? Jakobus gehörte jedenfalls nicht dazu! Als große Übeltäter klassifiziert Jakobus in seinem Brief aber seine Adressaten. Dass die zuerst genannte Vermutung ebenso die richtige sein könnte, erweist sich darin, dass Jakobus daran erinnert, wie wichtig es ist, mit Lehrmeinungen und dem Verbreiten von Worten vorsichtig umzugehen (**Jak 3,1ff**)

Bei alledem kann man sich fragen, wo Petrus stand und wie das Verhältnis zu Jakobus war. Jakobus war zweifellos das Haupt der Gemeinde zu Jerusalem, während Petrus im Heiligen Land einmal da auftaucht und dann wieder woanders. Auf der Apostelkonferenz, wo die „Säulen" Jakobus, Petrus und Johannes zugegen sind (Gal 2,9), ergreift zwar auch Petrus das Wort, und zwar zugunsten von Paulus, aber der Entscheidungsträger ist Jakobus.

Wie konnte es sein, dass nicht Petrus, der eine gewisse hervorgehobene Stellung unter den zwölf Jüngern hatte, sondern Jakobus, der keiner der Jünger war, die Gemeindeleitung inne hatte? Vielleicht, weil er der Bruder von Jesus war. Er war aber nur dessen Halbbruder. Vielleicht schätzte man Petrus zu impulsiv und unbesonnen ein, woran sich die anderen Jünger sehr gut erinnern konnten. Einmal hatte er sein Schwert gezogen und auf einen Amtsträger eingehauen. Er mochte deshalb kein gutes Vorbild und auch als kein vertrauensseliger Verhandlungspartner für die örtlichen Behörden gegolten haben. Gut möglich auch, dass Petrus das Führungsamt angeboten worden war, er es aber abgelehnt hat, weil er sich nicht würdig hielt. Er hatte ja Jesus immerhin mehrfach verleugnet. Wie auch immer, Petrus war nicht der Führer der Bewegung. Es war Jakobus.

Das zeigt sich auch in der Episode, die Paulus berichtet, als er mit Petrus in Antiochien Tischgemeinschaft mit Juden und Nichtjuden hatte: *„Denn bevor einige von Jakobus kamen, aß er mit den Heiden; als sie aber kamen, zog er sich zurück und sonderte sich ab, weil er die aus der Beschneidung fürchtete. Und mit ihm heuchelten auch die anderen Juden, sodass selbst Barnabas verführt wurde, mit ihnen zu heucheln."* (Gal 2,12) Es hatten also die von Jakobus das Kommando. Außer der Heuchelei von Petrus zeigt diese Episode außerdem noch, dass Petrus diejenigen, die von Jakobus kamen, fürchtete. Wenn Petrus der große Führer der Christenheit gewesen wäre, hätte er es erstens nicht nötig gehabt zu heucheln, denn er war ja die große Respektperson, zweitens hätte er vor denen von Jakobus nicht gekuscht. ***156** Und drittens hätte er sich nicht so von Paulus vorführen lassen, der ihn vor aller Augen zurechtwies (Gal 2,14). ***157**

Außerdem ist hier zu sehen, dass möglicherweise Jakobus und Petrus keine einheitliche Sicht gehabt hatten wie man sich gegenüber Nichtjuden zu verhalten habe. Gibt es dafür biblisch Anhaltspunkte? Sehr wohl. Die Chronologie der Ereignisse ist so, dass Petrus eine Sonderoffenbarung erhalten hatte, dass auch die Nichtjuden bereits Zugang zum Heil erhalten hatten. Das war die Geschichte mit dem Heiden Kornelius (Ap 10). Das wiederum stimmte mit dem überein, was Paulus aus seiner Missionstätigkeit zu berichten hatte. Und auch wenn Petrus vielleicht nicht in allem mit Paulus übereinstimmte und zwar deshalb, weil er vielleicht gar nicht alles verstanden hatte (2 Pet 3,16), so redet Petrus dennoch von Unwissenden und Leichtfertigen, die Paulus Lehren verdrehen. Damit können nur messianische Juden gemeint sein, weil sonst niemand ein Interesse haben konnte, die Lehren von Paulus zu verdrehen. Petrus hat also einen eigenen Zugang zu den Lehren von Paulus, während die um Jakobus in Jerusalem diesen Zugang nicht hatten und deshalb einen Streit mit Paulus anfingen. Und andererseits können sie dann Petrus noch viel weniger respektiert haben, weil er etwas erzählte, was Paulus bestätigte. Das war ein handfester Lehrstreit, der da nicht ganz ausgetragen wurde, vermutlich um des lieben Friedens willen (Ap 15,1-2). ***158**

Aber Petrus gab den messianischen Juden um Jakobus nicht Recht. Im Gegenteil steht Petrus dem Paulus zur Seite, indem er, wie Paulus, die Beschneidungslust seiner messianisch jüdischen Gesetzeseiferer zurückweist: „Warum versucht ihr denn nun Gott dadurch, dass ihr ein Joch auf den Nacken der Jünger legt, das weder unsre Väter noch wir haben tragen können?" (Ap 15,10) Wenn alles weiter menschlich zuging, hat Petrus sich da bei den messianischen Juden keine Freunde gemacht. Vielleicht trug das mit dazu bei, dass er Jerusalem und Judäa verließ, denn es waren ja diejenigen von Judäa, die der Tradition des Beschneidens so sehr verhaftet waren (Ap 15,1), dass sie meinten einen Streit entfachen zu müssen.

Zwar gab es Beschlüsse auf der Apostelkonferenz, aber das bedeutet nicht, dass alle damit einverstanden waren oder das auf einmal gut fanden, was sie vorher als Irrweg bezeichnet hatten. Das ist ja auch heute so, man geht auf eine Konferenz und nicht alle gehen wieder zufrieden nach Hause, und nicht alle haben ihre Sichtweise geändert. Das sind immer nur einzelne! Die harmonischen Anfangszeiten der Jerusalemer Gemeinde waren längst vorbei!

Petrus saß also gewissermaßen zwischen den Stühlen. Das hatte ihn auch dazu gebracht, zu „heucheln". Paulus drückt das hart aus in seinem Brief an die Galater und die Tatsache, dass er die Sache nicht nur in Antiochien, sondern durch seinen Brief auch nach in Galatien publik macht, zeigt, dass er den Lehrstreit, „Beschneidung – ja oder nein?" für sehr wichtig hielt und als Grundsatzfrage, ob sein Evangelium nicht gleichrangig sei mit dem, das der Petrus vertrat, verstand (Gal 2,7f). Vielleicht war er auch sauer auf Petrus, dass er ihm nicht so zur Seite stand, wie er es erwartet hatte. Aber das kann man derzeit nicht wissen.

Somit war es für Paulus und die messianischen Juden in Judäa auch ein Lehrstreit „Torahtradition – ja oder nein?" Mit dem rechten Verständnis steht und fällt für Paulus der rechte Glauben (**Gal 3,1f**). Gerade weil Paulus im Brief an die Galater zeigt, dass es eigentlich bei dem Streit um die Bedeutung der Torah geht (**Gal 3,5ff**), denn für ihn sind Torahwerke, Werke des Fleisches, jedenfalls wenn sie nicht in der Christusgesinnung getan werden. Das gilt für alle Werke. Insofern macht Paulus zwischen Torah und sonstigen Gesetzen und Geboten keinen Unterschied. Wenn sie nicht aus dem Geist Christi heraus gemacht werden, sind sie zum Wachstum in Christus nicht geeignet. Petrus hat ihn vielleicht verstanden, bei alle anderen ist es noch zweifelhafter.

Und so kann man sagen, dass man von vier Fraktionen innerhalb der Gläubigen reden kann.

1.

Da ist Paulus mit seinen Jüngern, wobei die Bezeichnung „Jünger" als Lernende, Mitlehrende und Mitarbeiter zu verstehen sein soll. *Oswald Sanders, „Geliebte

Jüngernschaft", 2016. Sanders weist darauf hin, dass Jesus Seine Jünger angewiesen hat, alle Völker zu Lernenden zu machen, nicht zu Konvertiten. Ein feiner Unterschied mit gravierenden Folgen, wenn der Unterschied tatsächlich beabsichtigt ist.

2.

Dann gibt es Petrus, der sicherlich auch einen Kreis um sich hatte.

3.

In dritter Linie kommt Jakobus mit den übrigen der zwölf Jünger, zu denen sich das Neue Testament ausschweigt, von denen man aber annehmen kann, dass sie hinter der Entscheidung von Jakobus auf der Apostelkonferenz standen.

4.

Und dann gab es die übrigen messianischen Juden in Jerusalem und Judäa, die alle an der Torah uneingeschränkt fest hielten und versuchten so zu leben, wie es Jesus in der Bergpredigt vermeintlich gefordert hatte. Und das erklärt auch, warum Jakobus den Juden in der Diaspora die Torah so hoch hält, dass Jesus insgesamt nur zwei Mal erwähnt wird. Das erste Mal, als Jesus am Anfang des Briefes sagt, dass er „Knecht Gottes und des Herrn Jesus Christus" ist (Jak 1,1). Das zweite Mal als er den Geschwistern sagt: „Haltet den Glauben an Jesus Christus, unsern Herrn der Herrlichkeit, frei von allem Ansehen der Person." (Jak 2,1)

JCJCJCJCJCJCJCJCJC

8.

Der Eifer um ein verhärtetes Volk

Jak 3,13.15; 4,2-17; 5,1-6

In **Jak 3,13** kommt Jakobus wieder auf sein Hauptthema zu sprechen: *„Wer unter euch [ist] weise und [ein] [den] [Glauben] Meister[nder]? [D]er zeige durch [sein] edles Verhalten seine Werke in [der] Sanftmut [der] Weisheit."* (Jak 3,13 KÜ) Auch hier stimmt wieder die Reihenfolge. Wer so weise ist, ein den Glauben Meisternder zu sein, der wird auch ein edles Verhalten und Werke ans Tageslicht bringen. Ein Meister des Glaubens erbringt meisterhafte Glaubenswerke.

Dass Jakobus einigen seiner Addressaten unterstellt *„irdisch, seelisch, dämonisch"* (**Jak 3,15**) gesinnt zu sein, zu morden und zu eifern, zu zanken und zu streiten (**Jak 4,2**) und sie schließlich auch noch „Ehebrecherinnen" (**Jak 4,4**) nennt, lässt sich kaum anders deuten, als dass er von ihrem Glaubensweg nicht viel hält und sie auf Abwegen sieht. Diese messianischen Juden glauben vielleicht, dass dieser Jesus der Messias war. Aber ihre Lebensweise ist die eines ungläubigen Heiden und kann nur getadelt werden.

Das wäre eine Erklärung dafür, warum ihnen Jakobus so sehr die Wichtigkeit der rechten Werke einbleut. Hier ist über Gnade nur in dem Zusammenhang zu reden, dass eine Unterordnung unter Christus notwendig wäre, um in ihren Genuss zu kommen (**Jak 4,6**). Solche Leute würden das Wort von Paulus, dass man keine Werke zu seiner Erlösung braucht, umdrehen. Das hat es zu allen Zeiten gegeben. Aber diese Leute sind sowieso Anfänger des Glaubens, die über Anfänge, ohne die Huld Gottes nicht hinauskommen. Nach ihnen darf man sich in einer Gemeinde nicht richten, weil sie dort sowieso nichts zu suchen haben. Sie haben den Geist Christi nicht, denn er würde nie so etwas zulassen. Und deshalb darf sich die Verkündigung auch nicht nach ihnen richten. ***159** Aber sie kann sich nach den

Schwachen richten, die noch Anfänger eines Glaubens sind, der auf das Kommen des Königreichs ausgerichtet ist, weniger auf die Vereinigung mit Christus. Jakobus schreibt an solche Leute auch. Er weist seine Briefempfänger allen Ernstes an: „Unterwerft euch nun Gott! Widersteht aber dem Teufel! Und er wird von euch fliehen." (**Jak 4,7**) *160

Was muss das für ein wilder Haufen gewesen sein, der es noch brauchte, darauf hingewiesen zu werden, dass man sich nicht in der geistlichen Nähe Satans, sondern bei Gott aufhalten sollte! *„Naht euch Gott und er wird sich euch nahen."* (**Jak 4,8**). Auch hier darf man sich keinen Illusionen hingeben. Die Erweckung durch Jesus geschieht bei jedem, weil Christus es will und die Zeit für gekommen hält, nicht weil einer von uns denn ersten Schritt gemacht hätte. Gott hockt nicht schmollend in der Ecke und rührt sich nur, wenn wir demütig nach Ihm rufen! Sondern Er ist der Rufer, weil der Mensch gar nicht wissen würde, warum er überhaupt rufen sollte. Jakobus schreibt (auch) zu Anfängern des Glaubens, denen noch nicht einmal die Anfangsdinge klar waren.

Aber was meint Jakobus, wenn er sagt: *„Oder meint ihr, dass die Schrift umsonst rede: „Eifersüchtig sehnt er sich nach dem Geist, den er in uns wohnen ließ"."* (**Jak 4,5**) Fraglich ist, auf welche Schriftstelle sich Jakobus bezieht. Aber klar ist, dass der Geist Christi in den Gläubigen keine Ruhe geben kann, wenn sie nicht den Weg des Glaubens und des Vertrauens gehen wollen. Gott sehnt sich danach, in Eintracht mit dem Geist des Menschen zu sein. Dazu hat Er ja den Menschen geschaffen, nicht um von Ferne zuzuschauen, was im Universum und auf dem kleinen blauen Planeten geschieht, sondern um ein familiäres, persönliches Miteinander zu erleben. Doch damit der Mensch für Gott empfangsbereit ist, muss der Mensch sich ganz dem Geist Christi unterordnen, der um ihn wirbt und gewissermaßen schon im Geistlichen einen Ehebund eingeht. Dass Gott auf Sein Volk Israel immer wieder eifersüchtig war, ist ein durchgängiges Motiv im Alten Testament. Immer wieder hat Israel andere Götter angebetet und hat dadurch die Ehe gebrochen, die es am Sinai mit JHWH geschlossen hat.

Eifersucht ist bei Gott ein Mittel, das er einsetzt, um zu Seinen Heilszielen zu kommen. Es ist eine außergewöhnliche Eifersucht, weil sie dazu führt, dass Gott Seine Eifersucht ausführen lässt, indem Er sie auf die Völker und auf Israel überträgt. Er macht Israel auf die Nationen eifersüchtig, und, das ist nicht zu übersehen, Er macht die Nationen auf Israel eifersüchtig. Israel hat, aus Sicht der Völker damit angefangen, sich als Volk Gottes zu bezeichnen. Dann meinten die Christen, sie müssten behaupten, anstelle von Israel das neue Volk Gottes zu sein. Und schließlich kamen die Mohammedaner mit der gleichen Idee, die sie für sich in Beschlag nahmen, später waren es die Kommunisten und sogar die Atheisten, die im 20 Jahrhundert alle Theisten für geisteskrank erklärten. *161

Verständlich ist die Eifersucht auf Israel! Israel ist Gottes Volk! Gott reizt Israel zur Eifersucht, indem Er sich den Nationen heilsam zuwendet (Röm 11,11). Da Israel sich als Volk Gottes als erste unter allen Nationen versteht, kann die vermeintliche Abwendung des Bräutigams und die Hinwendung zu anderen Völkern für die Braut nur eine Kränkung hervorrufen und ihren Eifer anstacheln, die Ursache dafür zu verstehen und die weiteren Folgen abzuwenden. Wenn eine Frau ihren Mann liebt, wird sie eifersüchtig, wenn der Mann sich vermeintlich einer anderen Frau zuwendet. Sie will dann wissen, warum es dazu gekommen ist und wie sie wieder die alleinige Favoritin ihres Mannes wird. *162 Gottes Eifersucht ist ein Eifer für das Heil.

Gott gibt die Erklärung dafür, warum Er sich auf besondere Weise den Nationen zugewandt hat. Es ist Israels Untreue: *„Den ganzen Tag habe ich meine Hände ausgestreckt zu einem ungehorsamen und widersprechenden Volk."* (Röm 10,21) Es ist also in Wirklichkeit so, dass die Braut Israel schon mehrfach die Ehe gebrochen hat und anderen Göttern nachgefolgt ist und dadurch Gott zur Eifersucht reizte. *163 Das Alte Testament ist voll von den Anklagen Gottes an Sein Volk wegen dessen ehebrecherischen Verhaltens. Auch die schweren Strafen für Ehebruch im Alten Testament, die uns hart und grausam vorkommen, sollten die schwerwiegenden Folgen der Auflösung einer Beziehung, die auf etwas Heilsames und Vollkommenes abzielen sollte, zeigen.

Wer die heilsame Beziehung zu Gott vernachlässigt oder gar aufkündigt, verschmäht ja sein eigenes Heil. Etwas Schlimmeres kann einem Menschen nicht zustoßen. Zwischen Gott und Israel ging es aber um einen Ehebund, der eine wichtige Etappe auf dem Weg war, die ganze Menschheit zu erlösen. Es war also wichtig dem Volk Israel die Tragweite seines Verhaltens gegenüber dem Bundesgott auch im privaten Bereich vor Augen zu halten. *164 So wie Israel Gott verlassen hatte, wendete sich Gott, das macht Paulus im Römerbrief klar, anderen Nationen zu (Röm 10,19). Unter Menschen geschieht oft etwas Vergleichbares. Eine Frau ist untreu geworden und der Mann, der berechtigt wäre, die Ehe aufzulösen, wendet sich nun seinerseits anderen Frauen zu, wo er meint, das, was ihm fehlt, zu bekommen. Dabei muss man nicht an körperliche Verbindungen denken. Der Ehepartner sollte für alle Dinge der erste Ansprechpartner sein. Er sollte der Austauschpartner sein, bevor es ein anderer wird.

Auch Gott hat Israel, Seine Braut, nicht verstoßen, denn Er will sie ja nur zur Eifersucht reizen, dass sie ihre Lage überdenkt und sich bereit macht, sich wieder auf ihren Bräutigam zu konzentrieren und sich ihm in Liebe zuzuwenden. Um es klar zu sagen, Gottes Eifer richtet sich auf das Wohlergehen des Menschen. Der Bräutigam JHWH eifert um seine Braut Israel, weil sie in ihr Verderben rennt. Und so eifert Er um jeden Menschen. Auch bei Menschen gibt es einen berechtigten Eifer, wenn es ein Eifer für das Gute ist und nicht egoistischen Motiven folgt.

Unter Menschen gibt es natürlich das Umgekehrte genauso. Der Mann kümmert sich nicht mehr um die Familie und vernachlässigt seine Frau. Dadurch bricht er die Ehe, denn diese ist ein Bund, der darin besteht, dass sich beide gegenseitig versichern, füreinander zu sorgen, sich dem anderen in Liebe zuzuwenden, nicht egoistische Interessen zu verfolgen, sondern gemeinsam aufzutreten, eins zu sein. Und das gilt ganz gewiss nicht nur im Leiblichen. *165 Ehebruch fängt lange vor dem bloßen leiblichen Fremdgehen an. In der Bibel fängt Ehebruch im Herzen an. Die Varianten des Ehebruchs, die Jesus in Mt 5,32 und Mt 19,9 aufzählt, müssen von der Beziehung Gottes mit Israel aus gesehen werden. Es gibt viele weiteren Varianten. Eine davon nennt Jesus in Mt 5,28. Das sagt Jesus selber in Mt 5,28, wo er auf die seelische und geistliche Ebene abhebt.

Leider wird das bei Eheschließungen zu wenig beachtet. Bevor der Leib eins wird, sollten Geist und Seele sich auch einig sein. Wo dieses Gemeinsame nicht gegeben ist oder nicht mehr geschieht, entsteht Trennendes und endlich kommt es zu einem Bruch, der nicht mehr zu heilen ist. Und das ist der Unterschied zu Gott, denn Gottes Liebe und Treue sind grenzenlos. Und das zeigt auch Gott mit Israel, dem Mustervolk Gottes, dem Er sich wieder nach der unvollständigen Trennung zuwendet und ganz Israel zu Seinem erlösten Volk, zu Seiner „reifen" Braut macht (Röm 11,26). Wenn die Schar der katholischen und protestantischen Theologen behauptet hat, dass Gott Israel verlassen habe, weil Er dazu das Recht hatte, muss dem entgegen gehalten werden, dass es bei Gott nicht immer um das Recht geht, sondern um Treue, Vertrauen und Liebe und Barmherzigkeit.

Zu beachten ist hier auch, dass Jakobus die Briefempfänger nicht als Leib Christi oder Gemeinde Christi anspricht, wie man es von Paulus kennt. Er sieht in den messianischen Juden den gläubigen Rest des Volkes Israel, also die Braut.

Paulus hätte dem nicht widersprochen. Er beschreibt aber die Gemeinde Jesu, die sich aus Vertretern der Nationen zusammensetzt, als etwas Neues, als Leib Christi, zu dem Christus das Haupt ist. Nach diesem Bild, dem eine Realität zugrunde liegt, gehört die Gemeinde zum Haupt als Leib und damit zum Bräutigam. Allerdings gehört auch die Braut, so lange sie treu ist, zum Bräutigam. Die Frage ist dann nur noch, wann es zu der Vereinigung der Braut mit dem Bräutigam kommt. Diese Frage stellt sich bei dem Leib Christi mit dem Haupt nicht so.

Zwar wird es auch da zu einer Zusammenführung kommen, zum Zeitpunkt der Entrückung und Auferstehung der Leibesglieder, aber es ist eindeutig, dass ein Glied am Leibe Christi über den Geist Christi bereits eng mit Christus verbunden ist. Dieses Einswerden ist ein Geistiges und geht ganz offensichtlich dem Einswerden der Braut Israel mit dem Bräutigam Jesus weit voraus. Wer hier argumentiert, dass es keinen Unterschied gibt zwischen Israel als Braut und der Gemeinde, die man auch Braut nennen könne, *166 übersieht, dass die Bibel jedenfalls einen Unterschied macht, weil sie den Gang Israels durch Gottes Heilsgeschichte bei allen Analogien doch noch ganz anders darstellt. Genau das ist der Grund, warum es zwischen den messianischen Juden auf der einen Seite und den Paulianern auf der anderen Seite Auseinandersetzungen gab und warum es sie heute noch gibt. Diese Auseinandersetzungen würden aufhören können, wenn man einsehen würde, dass beide Gruppen unterschiedliche Aufgaben und Wirkungsbereiche haben. *167

Das Verhältnis zwischen JHWH-Jesus und dem Volk Israel ist biblisch als Eheverhältnis beschrieben worden. Darüber hinaus ist auch nicht zu widersprechen, dass jegliches Verhältnis, das Gott mit den Menschen eingeht oder eingehen möchte, aus dem gleichen Grund, warum es zwischen Gott und Israel gewählt worden ist, als Eheverhältnis dargestellt werden kann. Das ändert aber nichts an den Absichten Gottes in Bezug auf Israel und die Gemeinde Jesu, wie sie in der Heilsgeschichte zum Tragen kommen.

Jakobus wusste, dass Gott das Volk Israel als Seine Braut und Frau bezeichnete. Der Ehebund fing in Israel im Grunde schon mit der Verlobung an, denn bis zur Hochzeitsfeier musste der Bräutigam der Braut noch eine geeignete Wohnung herrichten und die Braut begann, ihr Hochzeitskleid anzufertigen. Die beiden waren bereits füreinander bestimmt und hatten zugestimmt. Und so wechseln die Begriffe Braut und Frau, von denen Gott spricht. *168 Paulus schreibt zwar in Eph 2,14, dass Christus aus beiden, Angehörigen der Nationen und Angehörigen „eins gemacht" hat. Aber hier ist offenbar die Gemeinde gemeint, nicht der Ehe-Bund, der zwischen Gott JHWH und Israel am Sinai geschlossen worden ist, mit der Gründungsurkunde der Torah, dem Ehevertrag. Paulus spricht auch in Eph 5,32 von dem Geheimnis des Verhältnisses von Christus zur Gemeinde. Wenn es ein Geheimnis war, dann kann nicht der Ehebund von Gott und Israel gemeint gewesen sein, weil das schon lange bekannt war. Die Stelle kann so gedeutet werden, dass Paulus die Gemeinde als tatsächliche Braut Christi sieht.

Das ändert aber nichts an der Tatsache, dass die Ehe zwischen Christus, dem JHWH des Alten Bundes und Israel nie beendet worden ist und dass Paulus viel öfter davon redet, dass die Gemeinde der Leib des Hauptes Christus ist und demzufolge Christus durch den Geist Christi viel näher steht als Israel als Volk, so nahe wie ein Haupt überhaupt mit seinen Gliedern verbunden sein kann. Und hier gelten die Ideale der Ehe zwischen Mann und Frau natürlich noch viel mehr, denn dieses Ideale sind absolute Treue, Hingabe, Liebe.

Israel wurde aber eine untreue Braut. So wird Israel im Alten Testament beschrieben. *169 Der einzelne Ungläubige und Untreue aus dem Volk kann daher als Ehebrecherin bezeichnet werden. *170

Jakobus fordert die Leser auf, Hände und Herzen zu reinigen (**Jak 4,8**). Das betrifft die Werke, die man tut, aber zuerst die Gesinnung. Die angesprochenen Juden haben das verstanden, weil sie es aus dem Alten Testament kannten. Die Hände und das Herz sollten im Dienste JHWHs stehen. Und dass man dabei leiden konnte, ein gottesfürchtiger Mensch zu sein, war auch bekannt. Aber dass man sogar dazu aufgefordert werden konnte, dem Elend etwas Gutes abzugewinnen, war doch ungewöhnlich: „Fühlt euer Elend und trauert und weint; euer Lachen verwandle sich in Traurigkeit und eure Freude in Niedergeschlagenheit!" (**Jak 4,9**) Wenn man mit in Betracht zieht, was Jakobus vorher den Diaspora-Juden gesagt hat, ist man geneigt zu sagen, dass sie allen Grund hatten, sich nicht zu freuen, sondern sich zu schämen und zu trauern, wie eine Ehebrecherin, die auf frischer Tat überführt worden ist und angesichts der Schwere der Tat sich über die Konsequenzen ihres Tuns im Klaren sein sollte. Tatsächlich ist es so, dass man sein „Elend" begreift und fühlt, wenn man sich bewusst geworden ist, dass man

Gott untreu geworden ist und schmählich versagt hat. Da kommen Scham und Trauer über einen.

Auch hier zeigt sich also, Jakobus steht voll in der jüdischen und biblischen Tradition, derjenigen Bibel, die damals nur das Alte Testament umfasste. Jakobus kannte den Psalm 24,3-4, wo es heißt: „Wer darf hinaufsteigen auf den Berg des HERRN und wer darf stehen an seiner heiligen Stätte? Der unschuldige Hände und ein reines Herz hat." Und mit was ist dieses Hinaufsteigen auf den Berg Gottes vergleichbar? Mit dem Segen, den man durch seine Taten und seine Gesinnung bekommt: „Er wird Segen empfangen vom HERRN und Gerechtigkeit von dem Gott seines Heils." (Ps 24,5). So sehr das auch stimmt, wieder kommt Jesus Christus darin nicht vor.

Auch die Aufforderung, „Demütigt euch vor dem Herrn! Und er wird euch erhöhen." (**Jak 4,10**) ist den Juden in der Diaspora geläufig. Auffälligerweise wird ein weiterer messianischer Jude den messianischen Juden in der Diaspora das Gleiche anraten. Es ist Petrus in seinem ersten Brief: „So demütigt euch nun unter die gewaltige Hand Gottes, damit er euch erhöhe zu seiner Zeit." (1 Pet 5,6) Petrus liefert auch eine Begründung dazu: „denn Gott widersteht den Hochmütigen, aber den Demütigen gibt er Gnade." Aber das ist altes jüdisches Gedankengut. Man kann sich fragen, welcher der beiden Briefe von Jakobus und Petrus der Ältere ist und ob der Verfasser des älteren von dem jüngeren Brief wusste. ***171**

Jakobus greift mit **Jak 4,11** wieder das Thema auf, wie man mit einem Glaubensbruder umgeht. Was meinte Jakobus aber damit: „Wer über einen Bruder schlecht redet oder seinen Bruder richtet, redet schlecht über das Gesetz und richtet das Gesetz." (Jak 4,11)?

Die Torah, meint Jakobus, lässt eine solche Verhaltensweise nicht zu. Doch die Torah ist bei weitem nicht erschöpfend, was das Thema anbelangt. Die Ratschläge, wie man recht redet, bzw. böses reden vermeidet, kommen erst in den Psalmen. ***172** Hat etwa Paulus nicht schlecht über Petrus geredet, als er dessen Heuchelei publik machte? Hatten Matthäus, Markus, Lukas und Johannes nicht schlecht über

Petrus geredet? *173 War das, was Jakobus da schreibt, nicht sogar ein versteckter Hinweis an die Adresse von Paulus?

Man fragt sich wirklich, warum Paulus überhaupt den Namen Petrus nennt. Er hätte ja auch von einer Person reden können, ohne den Namen preis zu geben. Die Lösung dieses Widerspruchs zwischen dem, was Paulus gemacht hat und dem was Jakobus hier sagt, liegt in der Gesinnung, die bei dem vorhanden ist, der etwas sagt. Paulus ging es darum, eine für die Gemeinde sehr gefährliche Sache klar und nachprüfbar auszusprechen, um damit eine wichtigen Sachverhalt klar zu machen. Der Sachverhalt war, dass es zwei Evangelien für zwei verschiedene Adressaten gab und jedes der beiden seine von Gottes Gnaden verordnete Autorisierung und den zugewiesenen Aufgabenbereich hatte. Jegliches Handeln, welches dies gefährdete oder behinderte, wie z.B. die Heuchelei des Petrus, war konsequent und nachhaltig abzuweisen. Die Motive des Paulus waren also lauter. Es ist gut möglich, dass Paulus in seinem Eifer für die Gerechtigkeit, der bei ihm schon immer stark ausgeprägt war, gar nicht daran gedacht hatte, dass er Petrus kompromittierte. Andererseits, wer ein öffentlich wirksames Heilsamt ausübt, muss sich auch einer Kritik stellen, die einen Sachverhalt öffentlich für alle erkennbar richtigstellt.

Jakobus meinte mit denen, die schlecht reden, solche Brüder, deren Motive nicht lauter und arglos waren, sondern denen es um das Schlechtmachen und Herabsetzen von Personen ging. Der Tadel des Paulus gegenüber Petrus war ebenso berechtigt wie sein Tadel gegen diejenigen, die versuchten, die Nichtjuden zu beschneiden. Und auch Jakobus hatte Recht. Man redet nicht schlecht über andere, mit der Absicht ihr Ansehen zu beschädigen. *174

Aber warum richtet man damit das Gesetz? Wenn man die Torah als Gesetz Gottes angenommen hat, was man dazu auch noch ständig bekundet, und sich dann gegen das Gesetz, bzw. gegen den Geist des Gesetzes wendet, indem man gegen es handelt oder sein Ansehen beschädigt, hat man sich über das von Gott gegebene Gesetz gestellt. Dann gibt man aber nicht mehr Gott, dem Gesetzgeber, die Ehre, sondern sich selbst. Man hat sich zum Richter über das Gesetz aufgeschwungen (Jak 4,11), auch wenn man noch so oft beteuert, dass man am Gesetz festhalte. Genau genommen tut das jeder, der gegen eines der Gebote der Torah verstößt. Er widerspricht damit Gott, weist das Gesetz zurück und schwingt sich über beide auf. Er muss sich dann fragen lassen: *„Einer ist Gesetzgeber und Richter, der zu retten und zu verderben vermag. Du aber, wer bist du, der du den Nächsten richtest?"* (**Jak 4,12**)

Den Nächsten richten, das ist Zeichen einer Übernahme von Funktionen, die Gott sich vorbehalten hat. Es ist eine Amtsanmaßung. Man hat nicht irgend ein Amt an sich gerissen, sondern hat gewissermaßen Gott vom Thron heruntergestoßen, um selber darauf Platz zu nehmen. Man will nicht auf die Erhöhung durch den Herrn warten, weil man ja weiß, dass Gott ein gerechter Richter ist und dementsprechend für mich die Erhöhung nicht ganz so ausfallen könnte, wie ich es mir erwünsche. Und deshalb überhört man auch andauernd, wenn Jakobus sagt: *„Demütigt euch vor dem Herrn! Und er wird euch erhöhen"* (**Jak 4,10**).

Sündige Menschen haben kein Interesse an Demut und Demütigung. Gelegentlich begreifen auch Weltmenschen, dass Demut etwas ist, was bei Mitmenschen, die über Anstand und Bildung verfügen, gut ankommt und eine Lebens- bzw. Arbeitsmethode ist, mit der man vieles erreichen kann. Aber die Demut vor dem Herrn ist noch einmal etwas anderes, weil sie allem Weltlichen entsagt, wenn es Gottes Interessen entgegen steht. Das ist Demut, der Mut zu dienen, koste es, was es wolle, Hauptsache es kostet nicht das Miteinander mit Gott, denn das ist unersetzlich.

Es ist klug, diese Demut vor Gott zu haben, da *„ihr nicht wisst, wie es morgen um euer Leben stehen wird; denn ihr seid ein Dampf, der eine kleine Zeit sichtbar ist und dann verschwindet"* (**Jak 4,14**) Und dann fängt das Leben einer höheren Ordnung erst an. Wenn man da nicht richtig gesät hat, erntet man auch nicht gut. Dazu passt der Spruch von Jakobus, der ein geflügeltes Wort ist, denn so soll man in Demut reden: *„Wenn der Herr will, werden wir sowohl leben als auch dieses oder* *jenes tun.* "(**Jak 4,15**) „... *dieses oder jenes...*" es ist einerlei, Gott bestimmt es, Er gibt den Takt vor. Den einen hat Er mit diesem angetraut, den anderen mit jenem. Hauptsache im Dienste Gottes und mit Freude und Vertrauen.

Als Richard Wurmbrand nach vielen Jahren im Gefängnis des kommunistischen Rumäniens das Angebot bekam, dass er freigelassen würde, um ein hohes Kirchenamt einzunehmen, lehnte er ab, weil er jede Zusammenarbeit mit den Gottlosen verweigerte und kein Heuchler werden wollte. *175

Hier konnte die Freude nur eine innere sein, angesichts der äußeren lebensunwerten Verhältnisse. Der Samen, den Wurmbrand legte, ging in der „Hilfsaktion Märtyrerkirche" auf, die seit vielen Jahrzehnten vielen notleidenden Christen in aller Welt hilft. Oft ist es so, dass man die Aussichtslosigkeit und Vergeblichkeit seines Tuns und Seins zu erkennen meint, doch kein gutes Tun bleibt folgenlos, kein guter Gedanke ist ins Nichts gedacht. Und weil das so ist, soll man sich bei allem Handel und Wandel in der Welt frei machen für die Belange Gottes, denn nur sie haben eine ewige Zukunft und bleibenden Wert. Solange wir leben, werden wir das tun, will Jakobus sagen, zu was uns der Herr bestellt. Er gibt die Aufgaben und Werke. Und daher kann es mit dieser Einstellung der Demut auch gar kein großtuerisches Rühmen geben. Man rühmt sich allenfalls seiner Schwachheiten, um damit Gott noch größer zu preisen (2 Kor 12,9).

Viele Verkündiger müssen da etwas falsch verstanden haben. Nicht die Verkündigung soll schwach sein, sondern die Aufrichtigkeit stark, damit man jederzeit alles ins rechte Verhältnis setzen kann. Nicht von mir kommen die biblischen Weisheiten, ich darf sie nur weitergeben und darauf hoffen, dass sie angenommen werden und Frucht bringen! So denkt der Diener Gottes. Und der nützlichste Diener Gottes ist derjenige, der sich zurücknimmt und Jesus alles übernehmen lässt.

Leider sind sehr viele berufsmäßige Kirchenleute eitel und ruhmsüchtig. Sie sollten lieber demutsüchtig sein und ihrer Schwächen bewusst. Die mit Christus verbundenen Gläubigen bemerken den Unterschied! Nur wer bei Gott Schätze sammelt, ist auch bei Gott reich (Lk 12,21). Viele bauen ganze Scheunen, um darin ihr Stroh zu sammeln.

Es ist gut möglich, dass Jakobus deshalb die Brüder vor dem Richtgeist warnt, weil er dabei an den Streit zwischen Paulianern und Toraheiferern denkt. Doch da gibt es nichts zu schlichten. Beide Parteien müssen nebeneinander ihren Dienst tun. Da ihnen der heilsgeschichtliche Durchblick aber fehlt, meinen sie, dass der eine den anderen bekämpfen muss. Jakobus geht es hingegen um Eintracht. ***176**

Mit seinen Ratschlägen ist Jakobus auf der Linie von Jesus und dem Alten Testament, denn es hat auch schon bei den Vorvätern geheißen: *„Wer sich rühmt, der rühme sich des Herrn!"* (Jer 9,22) Wer weiß, dass er seine Gerechtigkeit, seine Weisheit, seine Heiligung und seine Erlösung niemand sonst als Gott zu verdanken hat (1 Kor 1,30), lässt dem Selbstrühmen keinen Raum und erkennt es als die Torheit eines Toren. Anstatt „Stolz" zu sein auf irgend etwas oder irgendwen, sollte man seinen Dank für Gott und seine Freude an Seinen Segnungen zum Ausdruck bringen. Auch das ist ein Zeichen der zunehmenden Abwendung von Gott, dass man Ihm nicht dankt, sondern stolz auf sich oder andere ist: *„Die Furcht des HERRN bedeutet, Böses zu hassen. Hochmut und Stolz und bösen Wandel und einen ränkevollen Mund, das hasse ich."* (Spr 8,13)

Gegen eine lasche und laue Einstellung gegenüber einer nicht rein geistlichen Lebensführung, stellt Jakobus fest: *„[wer] nun trefflich zu handeln weiß und [es] nicht tut, [für] den ist es Sünde."* (**Jak 4,17** KÜ) Dem inaktiven Nachfolgertum Christi erteilt Jakobus somit eine klare Absage.

Vor dem Tun, kommt aber auch bei Jakobus das Wissen. Und um an dieses Wissen zu gelangen, braucht man unbedingt die Inspiration durch den Geist Christi. Der ist ein leiser Zuflüsterer meist. Petrus vertrat die Auffassung, dass es für einen Menschen besser ist, wenn er nicht zu viel weiß, im Falle, dass er nicht dem Wissen gemäß handelt und lebt.

Es ist klar, dass man Verantwortung übernimmt, wenn man etwas weiß. Wissen macht verantwortlich. Der Umkehrschluss muss dann also lauten, wer etwas nicht weiß, kann auch nicht für das Nichtwissen verantwortlich sein. Wenn jemand noch nie etwas von Christus gehört hat, ist er nicht dafür verantwortlich.

Auffälligerweise spricht Petrus in seinem zweiten Brief ebenso hart gegen solche Menschen, die den „Weg der Gerechtigkeit" erkannt haben, sich dann aber *„von dem heiligen Gebot, das ihnen gegeben ist"* abgewandt haben (2 Pet 2,21). Sie haben eine gewisse Erkenntnis über Jesus Christus, bleiben aber weiterhin mit dem Schmutz der Welt verbunden. Die weitere Beschreibung zeigt aber (2 Pet 2,18ff), dass es keine Glieder am Leibe Christi sein können, weil sie keine echte Beziehung zu Christus hatten. An den Früchten kann man erkennen, wen man vor sich hat. Es gibt also Menschen, die sogar davon reden, dass Jesus der Messias und Erlöser ist, aber sie tun das nicht, weil ihnen der Geist Christi die Gewissheit dazu gibt, sondern weil sie sich von irgend jemand dazu überreden ließen, das zu glauben. Ihnen fehlt die herzliche Verbundenheit und der Geist Christi, der nicht weht, wo ihn die Menschen hin dirigiert haben wollen, sondern ausschließlich da, wo Er selber will.

Jakobus geht mit seiner Aussage hier nicht ganz so weit. Aber wer wissend nicht das tut, was er tun müsste, begeht eine Zielverfehlung. Mit welcher Konsequenz sagt Jakobus nicht, aber bei Jakobus muss ein Handeln immer darauf abzielen, sündlos zu sein, indem man die Gebote Gottes befolgt.

Die Reichen scheinen bei Jakobus nicht zu den Favoriten zu gehören, von denen man annehmen könnte, dass sie den rechten Weg der Tugend gehen (**Jak 5,1-6**). Jakobus rechnet mit ihnen ab: *„Nun also, ihr Reichen, weint und heult über eure Plagen, die über euch kommen! Euer Reichtum ist verfault, und eure Kleider sind von Motten zerfressen worden. Euer Gold und Silber ist verrostet, und ihr Rost wird zum Zeugnis sein gegen euch und euer Fleisch fressen wie Feuer; ihr habt Schätze* *gesammelt in den letzten Tagen. Siehe, der von euch vorenthaltene Lohn der Arbeiter, die eure Felder geschnitten haben, schreit, und das Geschrei der Schnitter ist vor1 die Ohren des Herrn Zebaoth gekommen. Ihr habt auf der Erde in Üppigkeit gelebt und geschwelgt; ihr habt eure Herzen gemästet an einem Schlachttag. Ihr habt verurteilt, ihr habt getötet den Gerechten; er widersteht euch nicht."*

Jakobus differenziert nicht. Man könnte meinen, er denkt, dass es unter den Reichen keine Gerechten gibt. Und das könnte er unter dem Eindruck der misslichen Situation in Jerusalem geschrieben haben, die dadurch zustande gekommen war, dass viele ihr Hab und Gut hergegeben hatten und nun auf die Unterstützung anderer angewiesen waren. ***177**

Das wiederum könnte das Ergebnis einer falschen Lagebeurteilung gewesen sein. „Jesus kommt ja sowieso bald zurück. Er steht vor der Tür und wir gehen auf den Berg und warten auf Sein Kommen." Doch Er kam nicht! Paulus initiierte Hilfssendungen für die Jerusalemer. ***178** Er tat das ganz gewiss nicht, weil es im Alten Testament geweissagt war, dass man Zion jubeln lassen soll, sondern weil es für ihn selbstverständlich war, dass man den Brüdern in der Not helfen würde, wenn man dazu in der Lage war.

In Jerusalem konnte einer nur reich werden, wenn er mit den Römern gut zusammenarbeitet und sich nicht gegen die religiöse Führung gestellt hatte. Also beispielsweise einer, der sagen konnte, „für Politik interessiere ich mich nur, soweit es für meine Zwecke nützlich sein kann".

Bei den armen Gemeindemitgliedern waren solche Gedankenträger eher nicht vorzufinden, aber bei denen, die in teuren Kleidern an ihnen vorbei liefen. Und falls man sie nach ihrer Meinung über Jesus gefragt hätte, hätte man vielleicht zu hören bekommen: „Den Frieden hat er jedenfalls nicht gebracht. Die Zeloten ***179** gefährden unsere Geschäfte, sie sind Schuld an dem Misstrauen der Römer und dem stockenden Warenfluss. Wir wollen Wohlstand für alle, denn dann ist das Land am stabilsten und dann kann man die besten Geschäfte machen. Wir brauchen keine Ruhestörer."

Die Reichen ziehen sogar den Armen noch die letzten Münzen aus dem Säckel (Jak 2,6). Sie können nicht genug kriegen. Die Reichen gehören meist zu denen, die ihre Finger tief in den Geschäften dieser Welt haben, die Angelegenheiten Gottes sollen sich auf das Geistliche beschränken. Sie trennen ja dann auch das Geistliche sauber vom Weltlichen, indem sie den Lauf der Welt laufen und ihn mitbestimmen und am Sabbat in die Synagoge gehen. Ganz genauso gehen auch Christen sonntags in die Kirche, das ist ihr Obolus zur Geistlichkeit. Das ist ihre Anbetung. Aber Anbetung muss auf der Grundlage von Wahrheit geschehen. *180 Erstaunlicherweise sind christliche, nichtjüdische Ausleger auf die Idee gekommen, dass die Reichen in Jak 5 nur reiche Juden seien. *181

Als ob das nicht auch für Nichtjuden genauso gelten würde, dass Reichtum zu einer Stolperfalle werden kann. Schon der Gedanke ist absurd. Aber man hat diesen antisemitischen Geist in sich, und der will immer wieder gesäugt werden. Das gilt auch für den letzten Satz dieses Abschnitts: *„Ihr habt verurteilt, ihr habt getötet den Gerechten; er widersteht euch nicht."* (**Jak 5,6**)

Das wird auf Jesus bezogen, aber das ist auch richtig für jeden „Gerechten", denn allen Nachfolgern Jesus geht es ganz ähnlich wie Ihm. Für manche Ausleger soll Jakobus hier gesagt haben, dass Jakobus auf die Juden schimpft – als ob die alle reich wären, dabei hat man anscheinend vergessen, dass es die christlichen Europäer waren, die in ihren Ländern die Juden immer wieder ausplünderten und arm machten.

Und natürlich waren es Juden, die Jesus umbrachten. Doch theologisch ist das ergänzungsbedürftig. Jesus ist ja auch nicht nur für die Sünden der Juden gestorben, als ob sie die einzigen Sünder gewesen wären. Er ist für jeden einzelnen gestorben und hat somit mit Blut geschrieben, dass Ihn jeder einzelne hinreichend umgebracht hat.

Auch Jesus hat die Reichen gescholten (Lk 6,24-25) und Jakobus folgt hierin seinem Bruder. Doch die Reichen dieser Welt gibt es in aller Welt. Man soll sich nicht Schätze auf der Erde beschaffen, sondern im Himmel (Mt 6,19). Schon gar nicht soll der Reichtum so zustande gekommen sein, dass man andere ausbeutet und benachteiligt (5 Mos 24,14-15).

JCJCJCJCJCJCJCJCJCJC

9.
Geduld und Tugend
Jak 5,7-9.12.16.19.20

In **Jak 5,7** wird deutlich, dass die messianischen Juden eine baldige Ankunft des Herrn erwarten, sonst könnte sie Jakobus nicht zur Geduld aufrufen. Auch *„der Bauer wartet auf die köstliche Frucht der Erde und hat Geduld ihretwegen, bis sie den Früh- und Spätregen empfange."* (Jak 5,7) das deutet auf einen zweifachen Segen. Der frühe Segen besteht darin, dass man in der Lage ist, sich in Geduld üben zu können und eine gewisse Vorfreude entwickeln darf. Wer kennt das nicht! Die Vorfreude auf das Kommen des Herrn kann aber umso größer sein, weil man ja weiß, dass man nicht enttäuscht wird, sondern dass etwas kommt, was die Erwartungen weit übertreffen wird. Bauer ist der Bruder insofern, als er sein Leben lang durch gute Werke und gute Haltungen gesät hat. Dadurch hat er ein geistliches Wachstum bekommen, das ihn innerlich reich macht und auf die Zusammenkunft mit Christus vorbereitet hat.

Für die messianischen Juden fiel der Frühregen mit dem Schawuoth, an dem Petrus seine Rede hielt und zu dem so viele die Wirkungen des heiligen Geistes bezeugen konnten. Dieses Ereignis, das die Urgemeinde als Schatz hütete, brachte viel Glaubensstärke und Vertrauen in Jesus, dass dieser tröstliche Geist sie nun immer begleiten würde, bis Jesus selber wieder zurückkam. Und das wäre dann zur Zeit des Spätregens, beim Schofarblasen, denn erst dann würde sich ganz Israel Gott zuwenden zu einer vollen Ernte am Laubhüttenfest.

Und noch einmal sagt es Jakobus: *„Habt auch ihr Geduld, stärkt eure Herzen! Denn die Ankunft des Herrn ist nahe gekommen."* (**Jak 5,8**). Man merkt, der Brief geht dem Ende entgegen. Das ist eine Durchhalteparole. Man kann sich fragen, wenn Gott zu diesem Brief inspiriert hat, warum er zwei Mal etwas sagen lässt, was zumindest den Anschein erweckt, dass ein Irrtum vorliegt. Aber der Brief gibt authentisch die Gedanken eines Jakobus im Jahre 40+x wieder, bzw. 64-y.

Damals gab es die Naherwartung und solange Gott dem Volk Israel die Chance einräumte, sich national zu Ihm zu bekennen, konnte Er Seinen Dienern nicht ins Herz legen, dass die Zeit des nahen Kommens Jesu Christi auslaufen würde und das „bald kommt er" sich umwanden würde in ein „bald stirbst du und dann ist es für dich im Nu geschehen, dass du beim Herrn bist…".

Nur Paulus war es allem Anschein nach vergönnt, zu verstehen, dass Anfang bis Mitte der sechziger Jahre, die Gnadenzeit für Israel ablief und ein neuer Äon begann. Der Äon der Gemeinde Jesu als der gläubige Rest des Kirchenchristentums. So wie es ein Judentum mit einem gläubigen Anteil an Juden gegeben hatte, so würde es jetzt ein gläubiger Anteil an Christen geben, die von der Kirchenchristenheit ebenso bekämpft werden würde wie es die gerechten Juden in der israelischen Gesellschaft erdulden mussten. Nur dass die Abneigung und Gegensätzlichkeit des Kirchenchristentums dann auf zwei Leidensträger aufteilen würde. Der eine die Gemeinde Jesu, der andere das Judentum insgesamt. Infolgedessen begab sich das Kirchenchristentum in einen schärferen Gegensatz zu Gott als es Israel jemals in der Lage zu tun war.

Geduld ist eine Voraussetzung dafür, dass man alle Sinne beisammen hält und nicht in die Irre geht. Wer keine Geduld hat, beginnt überstürzt und unüberlegt zu handeln. Das mahnt auch der Hebräerbrief an: *„Denn Ausharren habt ihr nötig, damit ihr, nachdem ihr den Willen Gottes getan habt, die Verheißung davonträgt."* (Heb 10,36) Das Ausharren gehört aber offensichtlich zum Willen Gottes dazu. Und der ist ganz unabhängig davon, wie lange das Ausharren dauert. Das Ausharren gehört zur Glaubensstärke, **182** die man besser als Vertrauensstärke bezeichnen sollte, und steht dann am Anfang des Laufes, der zum Empfang der Verheißung führt.

Jakobus vertritt ebenfalls die Auffassung, dass die Wiederkunft Christi nicht mehr allzu fern ist (**Jak 5,8-9**) und der Richter vor der Tür steht. Der biblische Text besagt aber lediglich, dass sich die Anwesenheit des Herrn genaht hat, was immer stimmt, solange es eine Anwesenheit überhaupt geben wird. Doch diese wurde von Jesus den Jüngern bereits zugesagt und deshalb glaubten gerade sie mit Jakobus auch daran.

Was sie nicht wissen konnten, ist, wann der Herr zurückkehren würde. In all den Jahren bis zur Zerstörung des Tempels und der endgültigen Verstockung Israels wurde dieses Thema des Zeitpunkts mit Sicherheit ausführlich diskutiert. UInd spätestens, nachdem ein oder zwei Jahrzehnte vergangen waren, dachte so mancher vielleicht auch an die biblische Bewährungs- und zugleich Gnadenzeit von 40 Jahren, so dass man auf etwa das Jahr 70 gekommen ist, bis zu dem die „nahe" Anwesenheit des Herrn zu erwarten sein könnte.

Auch die Ereignisse ab der Mitte der sechziger Jahre, als sich die Juden gegen die Fremdherrschaft der Römer auflehnten und zahlreiche blutige Auseinandersetzungen das Land in Unruhe versetzten, waren geeignet, ein nahes Kommen Christi erwarten zu können, denn das erinnerte an die Endzeitreden von Jesus.

Um diese Zeit herum scheint auch Jakobus gewaltsam sein Leben verloren zu haben. Wieviele der ursprünglich zwöf Jünger noch lebten, ist ungewiss. Doch wie groß war dann die Enttäuschung für das messianische Judentum, als die Römer Jerusalem und den Tempel zerstörten und, ohne dass Gott eingriff, Millionen Juden umbrachten oder verschleppten. **183** Und viele, die die Briefe von Paulus an die

Thessalonicher kannten, dachten besorgt darüber nach, ob vielleicht sogar die Entrückung bereits stattgefunden hatte, und zwar ohne sie.

Doch auch nach der Zerstörung des Tempels und Jerusalems geschah nichts. Wie war damit umzugehen? Wie sollte man weiterleben und mit welcher Zukunftserwartung? Fast hatte es den Anschein als hätte sich die messianisch-jüdische Gemeinde in Jerusalem und Judäa von diesem Schock nicht erholt, weil sich ihre Spur in der Geschichte verliert. Jedenfalls trat ihre Bedeutung gegenüber den nichtjüdischen Christusgemeinden im Römischen Reich stark zurück, bis sie tatsächlich vollends verschwand, vermutlich bereits im 2. Jahrhundert.

Infolge des Bar Kochba Aufstandes 65 Jahre nach der Zerstörung Jerusalems kam es den Historikern zufolge zu noch weit größeren Verlusten unter den Juden und außerdem wuchsen die Diasporagemeinden wegen der Flüchtenden. *184

Auch mit **Jak 5,12** zeigt Jakobus, dass er ganz treu auf den Spuren seines Bruders wandeln will, denn so hatte es auch schon Jesus gefordert (Mt 5,34-37): *„Vor allem aber, meine Brüder, schwört nicht, weder bei dem Himmel noch bei der Erde noch mit irgendeinem anderen Eid! Es sei aber euer Ja ein Ja und euer Nein ein Nein, damit ihr nicht unter ein Gericht fallt."* (**Jak 5,12**) Die Problematik beim Schwören ist ja die, dass man das, was man zugesagt hat, vielleicht nicht einhalten kann, schlicht weil es nicht möglich ist, was aber zum Zeitpunkt des Schwurs noch nicht abzusehen war.

Dass man kein falsches Zeugnis ablegen soll, ist bereits seit Übernahme der Torah klar und musste nicht extra betont werden. Aber dass Menschen großzügig sind, wenn sie etwas versprechen und verbindliche Handlungen und Geschäfte einge-hen, ist ein ganz anderes Problem. Man täuscht dabei im Grunde etwas vor, wozu es eine viel größere Macht bedürfte, um es sicher verwirklichen zu können. Jakobus konnte sich nicht denken, dass es einmal eine mächtige Kirche geben würde, die mehr als nur ein Ja und Amen zu sagen hatte, die Verträge mit weltlichen Mächten schloss und selber wie eine weltliche Macht auftrat, mit einem eigenen diplomati-schen Dienst, einer eigenen Bank, eigenen Ländereien und Besitztümern und einer eigenen Armee oder zumindest Armeen, die in ihrem Dienst standen! Und mit Dogmen, Erlassen, Verträgen und Dokumenten, unter denen auch manche waren, bei denen man bei der Abfassung wusste, dass sie eine Fälschung waren. *185

Jakobus bringt in **Jak 5,16** noch einen wertvollen seelsorgerischen Ratschlag: *„Bekennt nun einander die Sünden und betet füreinander, damit ihr geheilt werdet! Viel vermag eines Gerechten Gebet in seiner Wirkung.“* Die katholische Kirche begründet daraus das Beichtsakrament. Es wurde, wie die anderen Sakramente der katholischen Kirche zu einem Machtinstrument, denn wer nicht gebeichtet hatte, bekam keine Sündenvergebung und musste ins Fegefeuer oder in die Hölle, also musste er beichten. Doch die Beichte konnte ihm nur der Priester abnehmen. Sünden durfte nur der Priester vergeben. Der Sünder war also der Gnade der Kirche ausgeliefert und hatte nichts von einem gnädigen Jesus, wenn der Pfarrer nicht mitspielte. Das Gleiche galt für Fürsten, Kaiser und Könige, die auf die Vergebungsbereitschaft der Diener der Kirche angewiesen waren. Wenn der Priester einen nicht von den Sünden lossprach, stand man im Abseits der Ächtung. Man war gesellschaftlich erledigt. Da half nur das, was der Volksmund dann als „zu Kreuze kriechen" bezeichnete. Das bekannteste Beispiel ist der Gang des deutschen Königs Heinrich IV. ins italienische Canossa im Jahre 1076, wo der Papst weilte, der ihn in den Bann gestellt hatte, solange wie der König nicht um Vergebung bat, dass er es gewagt hatte, dem Papst zu widersprechen. Im Bann waren ihm die deutschen Fürsten nicht mehr zum Gehorsam verpflichtet und hätten selber den Bann fürchten müssen, wenn es sie nicht gekümmert hätte.

Jakobus wusste auch von dieser absurden Verirrung der Kirche der folgenden Jahrhunderte nichts. Man kann daran zweifeln, ob Menschen überhaupt in der Lage sind, sich so etwas Perfides auszudenken, wenn jemand, anstatt Seelsorge zu betreiben, indem er dem Mitmenschen gut zuspricht und Trost gibt, die Seele unter Druck setzt und dazu zwingt, einem Menschen Geheimnisse anzuvertrauen, die diesem Macht über einen geben.

Natürlich hat das die Kirche schamlos ausgenutzt und nur die Scham und die Berechnung hat es verhindert, dass die Menschen mit allen ihren seelischen Beschwerden und Sünden zu ihrem Priester gegangen sind. Denn der konnte mit seinem rundum-Wissen seine Position wunderbar ausnutzen und Ränke schmieden und Ratschläge geben, die der Kirche viel Geld und Besitztum einbrachte, denn er wusste ja, was seine Schäfchen bewegte und wie sie dachten und was sie vor hatten, wo ihre Schwächen und wo ihre Stärken waren. Nie hat der Spruch, „Wissen ist Macht" mehr Bestätigung erfahren wie durch das Beichtwissen der Kleriker. Sie wussten vieles, was andere nicht wussten und so konnten sie den Lauf der Dinge beeinflussen und steuern.

Aber wie hat es Jakobus gemeint? Wie ein Seelsorger. Warum sollte man sich einander die Sünden eingestehen: Zuerst einmal, weil es das Gewissen erleichtert und weil es zur Vergebung und Versöhnung untereinander beiträgt. Die Sünde richtet sich ja meist gegen einen Menschen. Es gibt viele Sünden, die für weltliche Menschen keine Sünden sind. Wer entschuldigt sich schon dafür, dass er andere, mit denen er sowieso nicht befreundet ist, angelogen hat? Das Bekennen „einander" stärkt die Gemeinschaft und schafft Offenheit und Vertrauen. Man kann schnell auf die Folgen der Sünden reagieren, wenn es eine Bereitschaft dafür gibt, die Folgen schnell aus der Welt zu schaffen.

Aber der Ratschlag von Jakobus ist bei den Menschen nicht populär, denn die meisten Sünden sind kein Versehen, sondern stammen aus einem Herz, das Böses in sich birgt und plant und deshalb zur Ausführung bringt, weil es das will und nicht weil es das bereuen will.

Die Folge davon ist aber, dass man nicht geheilt wird. Das ist der Hauptgrund, den Jakobus hier angibt. Man soll sich bekennen „damit ihr geheilt werdet!" Man bekannte sich ja schon zu Jesus, damit man geheilt wird. Und Ihm gegenüber sollte man auch die Sünden bekennen, denn die Sünde richtet sich immer auch und in erster Linie gegen Gott. Dieser Hinweis fehlt hier von Jakobus. Für einen Juden wäre dieser Hinweis aber tatsächlich überflüssig gewesen. Jeder Jude weiß, dass ein Verstoß gegen die Torah ein Ungehorsamsakt gegenüber Gott ist. Und erst in zweiter Linie ist die Sünde gegen einen Menschen gerichtet.

So gesehen war der Aufruf, sich einander die Sünden zu bekennen eher auf die Herstellung einer positiven Gruppendynamik ausgerichtet. Wenn zwei sich einigen, entfaltet das heilsame Wirkungen innerhalb der Gruppe, der sie angehören.

In der modernen Psychotherapie weiß man um die Wirkungen des Bekennens belastender Gedankeninhalte. Sie können regelrecht als befreiend empfunden werden. Aber man kann noch so oft den Frieden mit seinen Mitmenschen schließen, solange man das Schalom mit Gott noch nicht hat, bleibt eine Belastung. Nur in Christus wird man ganz befreit. Und dieser Hinweis fehlt hier bei Jakobus. Daher sagt er zurecht auch, dass man seine Sünden bekennen soll, damit man geheilt wird, nicht, dass man heil wird. Sonst bräuchte man Christus ja gar nicht mehr.

Insgesamt erstaunt die Auslassung Christi bei den Ausführungen von Jakobus. *186 Der Jakobusbrief ist kein Brief mit tiefsinniger Theologie und heilsgeschichtlichen Ausführungen. Der Schwerpunkt liegt auf den Anweisungen praktischer Natur, selbst oder gerade, wenn es darum geht, klarzustellen, dass die Werke des Glaubens von größter Wichtigkeit sind.

Und so erstaunt es auch nicht, wenn der Jakobusbrief mit einer Ermahnung beendet wird: „*Meine Brüder, wenn jemand unter euch von der Wahrheit abirrt und jemand ihn zurückführt, so wisst, dass der, welcher einen Sünder von der Verirrung seines Weges zurückführt, dessen Seele vom Tode retten und eine Menge von Sünden bedecken wird.*" (**Jak 5,19-20**)

Abermals geht es um die Brüder. Vielleicht hat Jakobus die Gefahr kommen sehen, dass die Auseinandersetzungen um den rechten Glauben, Dimensionen annehmen würden, derer man nicht mehr Herr werden konnte und so versuchte er wenigstens noch zu retten, was zu retten war. Was Jakobus hier sagt, klingt hilflos, denn er muss ja wissen, dass das die Brüder wissen. Wenn jemand abirrt und man ihn wieder auf den rechten Pfad bringt, dann wird er auch ins Himmelreich kommen, vorausgesetzt der rechte Pfad war der rechte Pfad. Das scheint Jakobus hier vorauszusetzen. Aber das war gerade die schwierige Frage: was war denn die Wahrheit, von der man nicht abirren durfte, weil es einen das Leben kosten würde? Warum sagt es Jakobus nicht hier? Warum beschreibt er nicht das Evangelium und das, was Jesus getan hat? Ist der überlieferte Brief nur ein Torso?

So selbstverständlich kann die „Wahrheit" für die Briefempfänger ja nicht gewesen sein, sonst hätte man sie im Brief nicht über so viele Selbstverständlichkeiten für einen fortgeschrittenen Frommen aufklären müssen und man hätte ihnen auch nicht auseinandersetzen müssen, dass Werke als Nachweis der Rechtgläubigkeit erbracht werden mussten.

Jakobus musste damit rechnen, dass man seine Lehre als Wahrheit anzusehen bereit war. Oder er überließ den Briefempfängern das zu entscheiden, so dass sie im Diskurs mit den anderen, etwa den Juden, die nicht an den Messias glaubten, aufklärerisch und „rettend" wirken konnten. Das wäre dann als missionarischer Auftrag nach innen und nach außen zu verstehen. Für Jakobus war die Wahrheit, dass man an die Überlieferung der Väter festhielt und Jesus als Messias anerkannte. Sein Brief ist nicht von ungefähr an die Juden gerichtet, nicht an Nichtjuden.

Was ist mit den Nichtjuden? Um sie kümmerte sich Paulus auf seine Art, Jakobus kümmerte sich auf andere Art um sie. Es wäre interessant, zu erfahren, wie man in messianisch-jüdischen Gemeinden mit Nichtjuden umging. Beschnitt man sie wirklich nicht? Vielleicht hielt man sich tatsächlich an die Empfehlung von Paulus, aber wahrscheinlich thematisierte man das nur dann, wenn die „Proselyten" von sich aus auf das Thema zu sprechen kamen, denn es ist keinesfalls anzunehmen, dass sie sich alle nicht beschneiden lassen wollten! Aber eines erscheint sicher, die messianisch-jüdischen Gemeinden hielten weiter an der Torah fest und erwarteten auch von den Nichtjuden, die zu ihnen kamen, dass sie sich danach richteten.

Sünden sind für Jakobus, den Frommen, etwas was unter alllen Umständen zu vermeiden ist und, falls das nicht gelingt, sofort zu bereinigen ist. Besonders gefährlich ist die Sünde, vom rechten Weg der Wahrheit abzukommen, denn das hätte den Tod der Seele zur Folge (Jak 5,20). Dies ist gleichbedeutend mit dem äonischen Gericht, anstatt des Erbes des äonischen Lebens im messianischen Reich.

Jakobus war ein Kenner der heiligen Schriften, er nimmt Bezug auf bekannte Schriftkenntnis, denn schon in Hes 33,14-16 heißt es: *„Wenn ich aber zum Gottlosen sage: "Sterben musst du!", und er kehrt von seiner Sünde um und übt Recht und Gerechtigkeit, so dass der Gottlose das Pfand zurückgibt, Geraubtes erstattet, in den Ordnungen, die zum Leben führen, lebt, ohne Unrecht zu tun, so soll er am Leben bleiben, er soll nicht sterben. All seiner Sünden, die er begangen hat, soll ihm nicht gedacht werden; Recht und Gerechtigkeit hat er geübt; er soll am Leben bleiben."* Und auch hier wird man wieder an die Bergpredigt erinnert. In der Bergpredigt geht es ausschließlich um das rechte Handeln im Gehorsam gegenüber Gott. Kein einziges Mal sagt Jesus, dass das alles nichts nützt, wenn man nicht an Ihn als Messias glaubt. Auch bei Hesekiel 33 fehlt der Hinweis, dass man noch irgend etwas benötigt, damit man ins Reich Gottes eingehen kann.

Daraus kann man folgern, dass es nicht dazugehört. Bei Jakobus kann man noch sagen, er fordert den Weg der Wahrheit und der war ja bekanntlich der Weg Jesu Christi (Joh 14,6). Schon dem Pilatus war gesagt worden: „Wer aus der Wahrheit ist, der hört meine Stimme!" (Joh 18,37) **187** Wahrheit kommt zuerst durch Christus zum Menschen, der sie dann aufgreifen kann, um sich entschieden zu Jesus, der Wahrheitsquelle, ziehen zu lassen.

**Evangeliumsverkündigung ist Wahrheitsverkündigung
aber nur dann, wenn sie von Christi Geist
initiiert und inspiriert worden ist.**

Es ist auch klar, dass die Wahrheit, die Christus darstellt, zu allererst das betrifft, was Jesus getan hat. Von dieser Wahrheit der Erlösung von der Sündenschuld am Kreuz zehrt die ganze Welt und wird erst so wieder ganz neu aufgerichtet. Diese Wahrheit ist es, die im Zentrum der Heilsgeschichte Gottes steht, ohne die kein Mensch lange überleben kann. Diese Wahrheit ist lebenswichtig, denn sie handelt vom Leben, das Gott den Menschen vermachen will.

Auch wenn er es nicht ausdrücklich sagt, konnte Jakobus davon ausgehen, dass es die Briefempfänger wussten. Beinahe meint man, Jakobus hätte es gescheut, seinen Bruder namentlich zu erwähnen, so dass er es nur dann tut, wenn er es unbedingt muss. Aber bei Hesekiel erfährt man, dass es ausreicht vom unrechten Tun abzulassen, Recht und Gerechtigkeit zu tun und umzukehren, so bleibt man am Leben. Welches Leben? Nicht das irdische, denn das verlor nach wie vor jeder Mensch. Es war also an das äonische Leben im Reich Gottes zu denken. Darüber hinaus befand man sich im Ungewissen. Viele Jahrhunderte hatte man das in Israel geglaubt und Jakobus sah keinen Grund, daran etwas zu ändern, außer dass er jetzt sagen konnte, unter welchem Messias das messianische Friedensreich anbrechen würde. Erst Paulus öffnet hier die Türen zu neuen Erkenntnissen.

Festzuhalten ist, dass Jakobus über die Propheten und das, was Jesus selber gesagt hat, nicht hinausgeht. Und das unterscheidet seinen Brief ganz grundlegend von denen des Paulus.

Auffällig ist auch, dass Johannes in seinem ersten Brief ganz ähnliche Gedanken hat: *„Wenn jemand seinen Bruder sündigen sieht, eine Sünde nicht zum Tod, soll er bitten, und er wird ihm das Leben geben, denen, die nicht zum Tod sündigen. Es gibt Sünde zum Tod; nicht im Hinblick auf sie sage ich, dass er bitten solle."* (1 Joh 5,16) Die Sünde zum Tod ist die unvergebbare Sünde, die alle betrifft, die auf den heiligen Geist und damit auf Christus selbst spotten. Das ist folgerichtig, denn wer immer auch die Gebote der Torah und der Bergpredigt befolgt, aber mit Christus durch die Verkündigung bekannt gemacht worden ist, Ihn dennoch verspottet oder bekämpft und das mit falschen Behauptungen untermauert, kommt nicht ins Reich

Gottes und damit bekommt er auch nicht das äonische Leben. Er muss nämlich eine extra Lektion lernen in einem anderen Äon. Im Äon des Reiches Christi auf Erden, wird er nicht teilhaben. Wer von Christus nie etwas gehört hat, kann diese Sünde nie begehen. Auch hier wieder gilt, Wissen bedeutet Verantwortung. Wer aber nie das Evangelium über Jesus gehört hat, weil es der Christus nicht so geführt hat, kann dennoch die Torah befolgen und wird dafür seinen Lohn bekommen. Es ist aber wie alles im äonischen Reich noch von begrenztem Wert. Das äonische Reich ist das tausendjährige Reich, wo alle Völker von Jerusalem aus regiert werden und der Messias der König ist. Die Verhältnisse auf Erden werden traumhaft gut werden, aber die Sünde wird dennoch nicht ausgerottet sein, denn die Menschen sind immer noch Menschen und ihr Lernprozess wird noch lange nicht beendet sein.

Der Jakobusbrief ermuntert zu einem Leben, das sich im messianischen Reich Gottes fortsetzen können wird. Über den Reichtum Jesu Christi vermittelt er nichts. Aber das war auch nicht seine Aufgabe.

Anmerkungen

1

Wilhelm Pratscher, „Der Herrenbruder Jakobus und die Jakobustradition", S. 208, 1987.

2

NAS Exhaustive Concordance of the Bible with Hebrew-Aramaic and Greek Dictionaries, Nr. 1093, 1981, 1998.

3

Die Jünger waren alle aus Galiläa!

4

Erstaunlicherweise scheint kein Bibelausleger oder Bibelübersetzer auf die Idee gekommen zu sein, dass hier lediglich vom Heiligen Land die Rede gewesen sein könnte. Sie sind alle so vorgeprägt von der Tradition, dass sie bei der Mission immer an einen weltweiten Auftrag denken. Der Verfasser der NeÜ Bibel, der seine Übersetzung des Neuen Testaments als „sinngenaue Bibelübersetzung, mit einer klaren Orientierung am Grundtext" anpreisen lässt, hat erst auf zweimalige Nachfrage eingeräumt, dass man hier auch mit „Land" übersetzen könne.

5

Ap 2,16-21: *„Dies ist es, was durch den Propheten Joel gesagt ist: "Und es wird geschehen in den letzten Tagen, spricht Gott, dass ich von meinem Geist ausgießen werde auf alles Fleisch, und eure Söhne und eure Töchter werden weissagen, und eure jungen Männer werden Gesichte sehen, und eure Ältesten werden in Träumen Visionen haben; ... Und ich werde Wunder tun oben am Himmel und Zeichen unten auf der Erde: Blut und Feuer und qualmender Rauch; die Sonne wird verwandelt werden in Finsternis und der Mond in Blut, ehe der große und herrliche Tag des Herrn kommt. Und es wird geschehen: Jeder, der den Namen des Herrn anrufen wird, wird gerettet werden."* Für Petrus und die anderen Jünger war klar, dass dies eine Botschaft für die Juden war. Hier dachten sie nicht an die ganze Welt.

6

„Apostolos" von „apostello" für „beauftragen", „senden", bedeutet „Bote", „Beauftragter", „Gesandter" (Helps Word studies, 1987/2011, Nrn. 652, 649). Da muss man sich schon sicher sein, wenn man sich als Apostel von jemand bezeichnet. Die zwölf Jünger und Paulus konnten das von sich behaupten.

7

2 Mos 34,22; 5 Mos 16,10.

8

Friedhelm Winkelmann, „Geschichte des frühen Christentums", S. 34, 2013.

9

Die „Ökumene" bezeichnete das Römische Reich und wenig darüber hinaus.

10

Für die Zeit des ersten Jahrhunderts belegen Quellen sogar Juden in Südindien (Orpa Slapak, „The Jews of India: A Story of Three Communities", S. 27, 2003), die behaupteten, dass ihre Vorfahren zur Zeit Salomos ins Land kamen (Mordechai Schreiber, „The Shengold Jewish Encyclopedia", S. 125, 2003).

11

Vgl. Udo Schnelle, „Die ersten 100 Jahre des Christentums", S. 142, 2016.

12

Es fällt auf, dass die Annäherung der katholischen Kirche mit ähnlichen Hintergedanken einher geht wie bei ihren muslimischen Brüdern. Am Ende soll nämlich die Annäherung dazu führen, dass man selber das Sagen und die Macht hat.

13

Hrsg. Ulrich Laepple, hier: Peter Hirschberg „Messianische Juden - eine Provokation", hier S. 72, 2016. Mit anderen Worten, dasjenige messianische Judentum, das ein biblisches Judentum ist, ist eine Störung für die großen Kirchen mit ihrer Religionspolitik. In Wirklichkeit ist es eine Störung, weil in der messianisch-jüdischen Bewegung zu viel der ursprünglichen Wahrheit drin ist, von dem sich die Kirchen längst entfernt und die nichtmessianischen Juden nie angenähert haben.

14

Man kann viele Werke der Theologen lesen, ohne auch nur einmal auf einen Gedanken zu stoßen, dass es vielleicht zwischen den Jüngern und Aposteln Jesu nicht immer ganz einträchtig zugegangen ist, als ob sie Außerirdische gewesen wären. Es wird nicht gedacht, was nicht gedacht werden darf. Nicht weil es Gott verbietet, sondern weil es Menschen sich verbieten.

15

Vgl. Erwin Preuschen, „Die Apostelgeschichte", S. 92, 1912.

16

Griechisch „mathetes" von „math-" durchdenken oder lernen (Helps Word studies, 1987/2011, Nr. 3101. Ein „Jünger" war also ein Lernender oder Schüler.

17

Es können auch gut doppelt so viele gewesen sein. Laut „Jewish Agency" waren es 4,5 Millionen. Das kann aber nur stimmen, wenn das Land noch fruchtbarer war als heute.

18

Falls der Schluss des Matthäusevangeliums authentisch ist, was auch wegen der ungewöhnlichen Taufformel, die sich dort findet, fraglich ist.

19

Wenn Paulus in seinen Briefen von „nomos" redet, meint er immer die Torah. Zu der nicht erforderlichen Unterscheidung zwischen Torah und Mizwa und nomos (Vgl. Martin Hengel, „Paulus und Jakobus", S.440, 2005).

20

Paulus scheint zu „Arabien" auch den Sinai zu zählen (Gal 4,25). Es ist aber fraglich, ob es im ersten Jahrhundert viele Araber auf der Sinaihalbinsel gab. Das könnte bedeuten, dass der Sinai, den Paulus meinte, auf der östlichen Seite des

Jordangrabens war, wie auch Damaskus. Dazu hätte Paulus von Damaskus aus nur nach Süden ziehen müssen. Möglicherweise bezeichnet man heute etwas anderes als „Sinai" wie damals.

21

Die Anweisung Jesu *„machet Jünger alle Nationen"* muss also so verstanden worden sein, dass die Jünger allen Heiden, die ihnen begegneten und zuhörten, die Kunde über den Messias Israels und das kommende Reich bringen sollten. Und das beinhaltete, wie bisher schon, dass man sich Israel bei der Anerkennung des Königs aller Völker anschließen sollte. Für die Heiden gab es diese Möglichkeit schon immer, indem man sich den Juden anschloss.

22

Vgl. Udo Schnelle, „Paulus: Leben und Denken", S. 558, 2016: *„… man orientierte sich an den neuen Normen des Glaubens und des Geistes, so dass die zahlreichen Einzelbestimmungen der Tora faktisch keine oder nur eine untergeordnete Rolle spielten."*

23

Das macht die Bibel oft. Z.B. wird von den schändlichen Taten der Erzväter vieles berichtet, ohne dass es getadelt wird. Offensichtlich geht es Gott nicht so sehr um das Tadeln als um das Lehren, damit die Menschen sich verbessern und ändern! Gott ist ein guter Pädagoge.

24

Markus Öhler, „Geschichte des frühen Christentums", S. 203, 2018: *„Es lässt sich nicht mehr feststellen, ob Lukas den Zwischenfall aus Unwissenheit übergeht oder aus Unwilligkeit, die beiden wichtigsten Gestalten seiner Erzählung, Paulus und Petrus, im Streit zu präsentieren."*

25

Indem man leugnete oder vertuschte, dass Jesus in Bethlehem geboren war, zeigte man, dass er gar nicht der Messias sein konnte, denn der war verheißen worden, in Bethlehem geboren zu werden (Mich 5,1). Die gleichen Tendenzen sind heute noch vorhanden. Selbst Wikipedia behauptet mit vielen Theologen vom historisch-kritischen Lager, dass Jesus vermutlich in Nazareth geboren worden war. Daher also ist es die Sekte der Nazoräer.

26

Mk 9,38f; Lk 9,49f.

27

Wenn es Paulus gewesen sein sollte, was wegen des Inhalts, der Lehren und der Gedankenfolgen möglich erscheint, dann wird er ihn kaum selber geschrieben haben, da sein Griechisch aus seinen Briefen sich deutlich von dem des Verfassers unterscheidet.

28

Wie beinahe zu erwarten ist, widerspricht dem David H. Stern in seinem „Kommentar zum Jüdischen Neuen Testament, S. 103, Bd. 3, 1996." Er schreibt: *„Möglicherweise schreibt Ja-akov an messianische Juden… Plausibler scheint jedoch, dass der Brief sich an Juden richtet, die bereits in der Diaspora lebten, als sie zum Glauben fanden…"*

29

Das ist das „katholische Syndrom", worunter die Zwanghaftigkeit zu verstehen ist, mit welcher Verheißungen und Besitztümer, die nach der Bibel der Gemeinde Jesu oder Israel zugehören, der katholischen Kirche zugeschrieben werden und das Selbstverständnis, mit der Geschichte umgedeutet, angepasst und verfälscht wird (z.B. bei der „Konstantinischen Schenkung" oder bei der Sukzession der römischen Bischöfe).

30

Vgl Craig S. Keener, „Kommentar zum Umfeld des Neuen Testaments", S. 265, 1998.

31

s. Nr. 30

32

So sieht es beispielsweise auch Schlatter (Adolf Schlatter, „Erläuterungen zum Neuen Testament", Bd. 9, S. 132, 1965). Aber auch er kann es nicht lassen, er muss die gläubige Christusgemeinde als zu den zwölf Stämmen in „besonderem Sinne" angehörig zu bezeichnen.

33

Ausleger weisen darauf hin, dass man alle biblischen Aussagen zusammen nehmen muss, um beurteilen zu können, was man braucht, um ins Himmelreich zu kommen und dass der Glaube an Jesus Christus auf jeden Fall dazu gehört. Wenn das stimmt, dann hat aber Jesus diesen wichtigen Zusatz bei Seiner Bergpredigt weggelassen. Darf man das Wichtigste weglassen, wenn jemand nach der Wahrheit und dem Weg ins Paradies fragt?

34

„Die Hauptbotschaft war die Verkündigung, dass Jesus der Messias ist und der Aufruf zur persönlichen Reue sowie die gute Nachricht, dass Jesus auf diese Erde zurückkehren würde, um das Reich Gottes zu errichten." Gary Petty, „Platons Schatten", S. 7, 2016.

35

„In den Lehren von Jesus von Nazareth war nichts, was seine Nachfolger zu dem Glauben gebracht hätte, dass er eine Religion neu gegründet hat. Sie fuhren damit fort, dass sie im Tempel ihren Gottesdienst hielten und die Tora beachteten. Sie wurden sowohl von den Juden als auch von Außenstehenden als eine jüdische Sekte betrachtet. Diese Auffassung änderte sich auch nicht, als Nichtjuden begannen sich von ihrer Botschaft angesprochen zu fühlen." Gary Petty, „Platons Schatten", S. 81, 2016. Ap 13,42-44; 17,1-4; 18,1-4.

36

Die Ausleger müssen sich irren, wenn sie die Gemeinde in Jerusalem einer beständigen Verfolgungssituation ausgesetzt sehen wollen. Die gleichen Ausleger meinen, dass alle Apostel, einschließlich Paulus die gleiche Botschaft verkündigt hätten (So z.B. Glenn Penner in „Im Schatten des Kreuzes", 2011). Sie sind in einer Tradition, die durch die Heilige Schrift nicht gedeckt ist.

37

Fritz Laubach, Kommentar in „Wuppertaler Studienbibel", 1994/1983.

38

Mt 10,6; 15,24.

39

Wie z.B. auch bei Adolf Schlatter, „Erläuterungen zum Neuen Testament", Bd. 9, S. 133, 1965.

40

Z.B. die Dogmen der Unfehlbarkeit des Papstes, der „unbefleckten Empfängnis", der „Himmelfahrt Mariens", die Bruderschaft mit dem Islam, der Religion des Antichristen, die Verdammungslehre vom ewig zürnenden Gott etc.

41

Nach Eph 5,32 ist man auch berechtigt, die Gemeinde Jesu als Frau des Mannes Jesus zu betrachten. Zu bemerken ist aber, dass sich Paulus auf das Einssein zwischen Mann und Frau bezieht. Solch ein inniges Verhältnis soll zwischen Christus und der Gemeinde auch bestehen, aber vorherrschend ist auch bei Paulus die Sicht, dass die einzelnen Gemeindeglieder Glieder am Leibe Christi seien, wie er schon zuvor in Eph 5,30 gesagt hat. Demnach gehört die Gemeinde zum Bräutigam, nicht zur Braut. Die Braut ist Israel geblieben. Gott ändert Seine Heilspläne nicht.

42

Die populären Kirchen rümpfen ja alle ihre Nasen über die Zeugen Jehova, ihre Religion hätte nichts mit Jesus Christus zu tun. Aber sie gehörten zu den wenigen, die begriffen hatten, dass es sich bei den Nazis um Verbrecher handelte. In der Nazizeit haben die populären Kirchen sogar noch Stimmung gegen die Zeugen Jehovas und andere „Sekten" gemacht. Jetzt hatte man ja eine rassistische

Diktatur, die man sich zu Nutze machen konnte. Bel und Belzebub konnten sich gegenseitig unterstützen.

43

Mt 25,12; Lk 13,25ff.

44

Fritz Grünzweig, „Wuppertaler Studienbibel", S.14, 1983, 1994. Will Grünzweig damit sagen, dass das Land den Palästinensern gehört?

45

Hadrian regiert von 117-138 nZ.

46

Hadrian nannte die neu geschaffene Provinz Syria Palaestina, nachdem er den jüdischen Bar-Kochba-Aufstand, im Jahr 135 niedergeschlagen hatte (Vgl. Othmar Keel, Max Küchler, Christoph Uehlinger, „Orte und Landschaften der Bibel", S. 279, 1984).

47

Wenn man z.B. sagt, dass die Briten im Anschluss an 1917 „Palästina" aufgeteilt haben.

48

Israel war ab 6nZ aufgeteilt in verschiedene Herschaftsgebiete der Söhne von Herodes I., Heordes Antipas (Galiläa und Peräa) und Philippos (Ituräa, Golan, Trachonitis). Zehn Städte (Dakapolis) waren unabhängig. Judäa und Samaria waren unter römischer Verwaltung, sodann auch ab 34 nZ die Gebiete von Philippos. Ab 41 nZ wurden alle diese Gebiete dann aber von Herodes Agrippa I. regiert.

49

Eine Überlieferung ist das Thomasevangelium, wo Jakobus der Gerechte genannt wird (EvThom 12, vgl. auch Euseb, HE II 1,3).

50

Um dann doch, aber erst im Jahre 62, wie manche Historiker vermuten, auf Anlass der jüdischen Obrigkeit, ähnlich wie schon sein Bruder Jesus, hingerichtet zu werden. Das war also zu einer Zeit, wo das Ende des messianischen Judentums in Jerusalem ohnehin bevorstand.

51

LK 10,27; 5 Mos 6,5; 3 Mos 19,18.

52

1 Joh 5,12; 2 Joh 9.

53

In Röm 3,9 sagt Paulus, dass alle Juden (und Nichtjuden) unter der Sünden sind und er zitiert dann das Alte Testament: „Da ist keiner, der gerecht ist, auch nicht einer" (Röm 3,10; Ps 14,1-3; 53,4). Die Katholiken glauben unter Missachtung von Gottes Wort, dass Maria sündlos war. Damit wäre sie der einzige Mensch, der Jesus nicht gebraucht hat und der einzige gerechte Mensch. Dagegen spricht sogar das von den Katholiken zur Bibel zugezählte Buch Sirach (Sir 18,2: „Der Herr allein ist gerecht. [Und es gibt keinen außer ihm."). Manche Katholiken mögen sich auf Hi 14,4 berufen: „Kann wohl ein Reiner kommen von Unreinen? Auch nicht einer!" Doch das sagt nicht Gott, sondern Hiob in seiner Verteidigungsrede an Zofar. Dabei ging er ganz offensichtlich davon aus, dass immer nur Menschenpaare Menschen zeugen und es dann klar ist, dass jemand wie Hiob auch nicht ganz fehlerfrei sein konnte. Aber so viel Leid, wie es Hiob zu erfahren hatte, konnte damit nicht erklärt werden.

54

Außer Judas, dem der Geduldsfaden mit Jeus gerissen war. Manchmal lohnt es sich, zu warten. Auf Gottes Verheißung zu warten, lohnt sich immer.

55

Ap 12,17; 15,13-21; Gal 1,19.

56

Nr. 3986 NAS Exhaustive Concordance of the Bible with Hebrew-Aramaic and Greek Dictionaries, 1981, 1998.

57

Hebr. für „sin", gr. „miseo". Darunter versteht man im Hebräischen auch schon die bloße Zurückweisung oder Zurückstufung, Widerwillen oder Gegnerschaft.

58

Nr. 1383, NAS Exhaustive Concordance of the Bible with Hebrew-Aramaic and Greek Dictionaries 1981, 1998.

59

Vgl. Martin Luther, „Vom freien Willen und Bekehrung des Menschen zu Gott", 6.f.499, 1565.

60

Vgl. Johann Eduard Huther, „Kritisch exegetisches Handbuch über den Brief des Jakobus", S. 127, 1863.

61

Man kann beim Buch der Offenbarung nicht genau sagen, wie die Aussagen chronologisch zu verstehen sind. Es gibt viele berechtigte Deutungsversuche (Vgl. vom Verfasser: „Apokalypsis", 2016).

62

Ps 14,3; 53,4; Röm 3,12.

63

Obwohl sich alle Kirchenlehrer bemühen, immer wieder zu betonen, dass es genau umgekehrt ist, weil es in der Bibel dasteht, sind sie doch inkonsequent in der Lehre. Selten ist man so konsequent wie „Je größer die Liebe Gottes gegen den Menschen in dieser Welt ist, desto größer ist sein Hass in der anderen Welt, wenn man seine Liebe verachtet..." Joseph Pergmahrs „Gründliche Erwägungen ewiger Wahrheiten" S. 24, 1784. Ausgewogener diskutiert bei Michael Roth, „Gott im Widerspruch?", S. 208, 2012.

64

Nach Meinung der Kirchengeschichtler hat sich das Modell Paulus durchgesetzt. Das stimmt aber nur zum Teil, denn die Gesetzlichkeit des Jakobus hat sich gegenüber der Freiheit vom Gesetz des Paulus durchgesetzt (Vgl. Ulrich Schoen, „Die Fliehkraft und die Schwerkraft Gottes", S. 71, 2003)

65

Die Legende berichtet, dass er in hohem Alter kaum noch redete und zu „jedem seiner Schritte" nur noch „Kindlein, liebet euch untereinander." sprach (Hieronymus Opera T. IV, S. 314, Ausgabe 1706 nach „Die heiligen Schriften des Neuen Testaments", S. 445, 1830, Hrsg. Carl Schuler. Auf ihn gehört haben sie nicht.

66

Die protestantischen Kirchen und die griechisch-orthodoxe und russisch-orthodoxe Kirchen.

67

Vgl. Erwin W. Lutzer, „Das widerspenstige Ich", S. 17; 2011.

68

1 Kor 10,4; Joh 1,1ff; Kol 1,16; Heb 1,2.

69

Ri 14,1ff; 16,21.

70

„Gott möchte, dass wir eine Leidenschaft für ihn entwickeln, die größer ist als unsere Leidenschaft zur Sünde!" (Erwin W. Lutzer, „Das widerspenstige Ich", S. 20, 2011).

71

Nr. 3985 1987, 2011, Helps Word studies.

72

Mt 4,11; Lk 22,28; 1 Kor 10,13.

73

Röm 11,36; 1 Kor 15,20ff.

74

Zwischen 1496 und 1497 waren in Portugal alle Juden entweder getauft oder vertrieben worden. Es ist klar, dass die Taufen wertlos waren. Die Getauften nannte man wie in Spanien Marranen, zu Deutsch „Schweine". Sie hatten nur eingeschränkte Bürgerrechte. Dennoch kam es in Portugal weiter zu Pogromen. In Spanien wurde extra für die Juden die Inquisition eingeführt, die eigentlich dazu diente, die Juden als Conversos daraufhin zu verhören, ob sie wirklich bekehrt waren, nachdem 1492 alle Juden vertrieben worden waren und nur die zum Christentum übergetretenen geblieben waren. In Spanien wurden damals Rassengesetze erlassen. Das Kirchenvolk war also sehr schnell beim Zorn. Aber es war kein heiliger Zorn, wie sie dachten, sondern ein teuflischer.

75

David H. Stern, „Kommentar zum Jüdischen Neuen Testament", S. 105, Bd. 3, 1996.

76

Ebd.

77

David H. Stern, „Kommentar zum Jüdischen Neuen Testament", S. 106, Bd. 3, 1996.

78

Ebd.

79

Ebd.

80

Gal 2,4; 5,1

81

David H. Stern, „Kommentar zum Jüdischen Neuen Testament, S. 107, Bd. 3, 1996.

82

Fritz Grünzweig, „Der Brief des Jakobus", S. 61, 1994/1983.

83

Talmud Makkot 23b-24a; Vgl. Gal 5,14.

84

Hebräisch für „Wind" und „Geist".

85

Hebräisch: „Schma Jisrael, JHWH eloheinu JHWH echad".

86

Vgl. Nr. 259 NAS Exhaustive Concordance of the Bible with Hebrew-Aramaic and Greek Dictionaries 1981, 1998.

87

So wie auch die Zürcher Bibel bei 5 Mos 6,4, im Unterschied zu Schlachter 2000, Menge, ElbÜ. Nur Luther 2017 gibt es richtig mit „einer" wieder.

88

Deutsche Übersetzungen bringen in freier Übertragung und Interpretation anstelle von „echad" oft „einzig". Interessanterweise ist das englische Wort für einen Übersetzer: „interpreter". Da hat man verstanden, dass jede Übersetzung eine Deutung beinhaltet. Die Bibel benutzt „yachid" sparsam. Das könnte daran liegen, dass im Grunde nur Gott einzigartig ist. Aber hier in 5 Mos 6,4 soll Israel offenbar darauf hören, dass Gott „einer" ist.

89

Joh 10,30; 12,45; 14,9.

90

Gal 6,2 und 1 Kor 9,21, sowie Jak 1,25.

91

So sieht es auch Peter Stuhlmacher (in „Biblische Theologie des Neuen Testaments 1: Grundlegung. Von Jesus zu Paulus", S.106, 2005), jedoch ohne überhaupt beide „Gesetze" zu unterscheiden.

92

David Baron hat sich einmal sehr trefflich zum Ritualismus geäußert: „Was der Ritualismus versucht, ist nichts anderes als der Versuch, mit unheiligen Händen

den Vorhang wieder zusammenzunähen, den der wunderbare, versöhnte Gott selbst entzwei gerissen hat. Es ist, als ob man denen, die »durch das Blut Christi nahe geworden sind«, sagen wolle: »Halt ein, komme Gott nicht näher!«" David Baron, „The New Order of Priesthood", S. 39-40, 2008.

93

David H. Stern, „Kommentar zum Jüdischen Neuen Testament, S. 107, Bd. 3, 1996.

94

Um es klarzustellen. Dass in diesem Kommentar gegenüber dem messianischen Judentum Kritisches bemerkt wird, liegt an der Thematik. Jakobus war selber messianischer Jude, der an andere messianische Juden geschrieben hat. Die Kritik könnte teils auch Nichtjuden gelten. Diese Kritik ist demgegenüber Gegenstand in den Kommentaren zu den anderen Briefen des Neuen Testaments (vom Verfasser: „Das Dokument der Befreiung - Der Römerbrief"; „Von der Beliebigkeit zum Idealen - Die Korintherbriefe"; „Gesetz und Gnade: Der Galaterbrief"; „Die Vollendung der Menschwerdung: Der Epheserbrief"; „Auflösung und Erlösung des Kosmos: Der Brief an die Kolosser" (alle 2018); „Im Vertrauen auf den Vollender: Der Philipperbrief"; „Das Kommen des Herrn und die Manifestation des Bösen: Die Thessalonicherbriefe"; „Die Pastoralbriefe" (alle 2019).)

95

Es ist kein Zufall, dass Paulus das gleich am Anfang seines Briefes an die Juden in Rom schreibt. Damit positioniert er sich und zeigt, wo es mit ihm in diesem Brief hingeht. Er öffnet sein Visier und versteckt sich nicht.

96

Vgl. Charles Henry Mackintosh, „Gedanken zum 1. Buch Mose", S. 166, 1973: *„Die Stimme des heiligen Geistes ist völlig gleichlautend, ob sie nun durch Paulus oder durch Jakobus vernommen wird."* Das ist für jeden leicht nachvollziehbar nicht richtig. Und auch beim zweiten Lesen wird man kaum etwas anderes feststellen können.

97

Und Luther hat es anscheinend gar nicht erst ernsthaft mit der wundersamen Gleichsetzung probiert, denn er betrachtete den Jakobsubrief zeitlebens als fragwürdige Schrift. Seinem analytischen Verstand war es nicht entgangen, dass die Widersprüche zwischen Paulus und Jakobus nicht überbrückbar zu sein scheinen.

98

Vom Verfasser: „Das Dokument der Befreiung - Der Römerbrief"; „Von der Beliebigkeit zum Idealen - Die Korintherbriefe"; „Gesetz und Gnade: Der Galaterbrief"; „Die Vollendung der Menschwerdung: Der Epheserbrief"; „Auflösung und Erlösung des Kosmos: Der Brief an die Kolosser" (alle 2018); „Im Vertrauen auf den Vollender: Der Philipperbrief"; „Das Kommen des Herrn und die Manifestation des Bösen: Die Thessalonicherbriefe"; „Die Pastoralbriefe" (alle 2019).

99

Hes 18,31; 36,26.

100

Z.B. bei Gerhard Maier, „Der Brief des Jakobus", S. 84, 2004.

101

Lk 18,10ff und Lk 10,30ff.

102

Joerg Smits, „Endzeitprophetie", Bd. 1, S. 39ff, 2018.

103

Würde man die Kirchenbänke mit der Aufschrift versehen: nur für Pharisäer, würde sich niemand drauf setzen. Der Phariäser weiß in der Regel nicht, dass er Pharisäer ist. Deshalb weiß auch die Kirche nichts von ihrem wahren Zustand (Vgl. Ottokar Basse, „Das Evangelium: die Mitte des Lebens", S. 93, 2001).

104

Das wird von den Auslegern in aller Regel nicht gesehen (so z.B. auch Bernhard Beck, „Kommentar zum Jakobsbrief", S. 31, 2011).

105

Auf die feinen Unterschiede zwischen beiden Begrifflichkeiten soll an dieser Stelle nicht eingegangen werden.

106

2 Mos 34,5.6; Ps 103,4.8. In 2 Mos 34,5.

107

Mt 9,27;15,22; 20,30;Mk 5,19; 9,22, 10,47; Lk 17,13; 18,38.

108

Die häufig gehörte Behauptung, dass der Gott des Alten Testaments der zornige Gott wäre und der Gott des Neuen Testaments ein gnädiger, ist unbiblisch.

109

Das jedenfalls thematisieren viele Theologen. Es fällt aber auf, dass die meisten von ihnen der historisch-kritischen Methode des Theologisierens anhängen. Jetzt endlich, nach Auschwitz, darf man Gott unverhohlen vorwerfen, dass Er ja so nicht weiter existieren könne, nachdem Er Auschwitz zugelassen habe. Das ist auch nur wieder ein Spott jener, die an den Voraussetzungen für Auschwitz mitgewirkt haben. Die Kirchen werden sich auch in der Endzeit wieder gegen Israel richten und wiederum meinen, dass sie damit recht tun. Und sie werden sich wieder irren. So wie sie sich über Gott irren, irren sie sich auch über Sein Volk, ohne selber dazuzugehören. (Vgl. Hrsg. Thomas Marschler, Thomas Schärtl, „Dogmatik heute: Bestandsaufnahme und Perspektiven", S. 546, 2017.

110

Der Kommentar der Wuppertaler Studienbibel greift hier zu kurz (Fritz Grünzweig, „Der Brief des Jakobus", S. 85, 1994/1983).

111

Vgl. David H. Stern, „Kommentar zum Jüdischen Neuen Testament, S. 116, Bd. 3, 1996.

112

So wie bei Stern das zu verstehen sein soll (David H. Stern, „Kommentar zum Jüdischen Neuen Testament, S. 116, Bd. 3, 1996).

113

David H. Stern, „Kommentar zum Jüdischen Neuen Testament, S. 117, Bd. 3, 1996.

114

„Ich bezeuge jedem, der die Worte der Weissagung dieses Buches hört: Wenn jemand etwas zu diesen Dingen hinzufügt, so wird Gott ihm die Plagen hinzufügen, die in diesem Buch geschrieben sind."

115

Schlachter 2000: „ohne Werke des Gesetzes." Zürcher: „Taten, die das Gesetz fordert", Luther 2017: „ohne des Gesetzes Werke"; Menge: „ohne Gesetzeswerke".

116

Was der messianische Jude Stern daraus macht, ist eine eigene Geschichte, ein Wunschgedanke, der irreführt.

117

Norbert Bolz, „Das Wissen der Religionen", S. 72, 2008.

118

Röm 3,22; 8,10; 10,4; 1 Kor 1,30; Gal 2,21; Phi 1,11; 3,9.

119

Der Islam oder die Evolutionslehre kennen dieses Erlösungsvorhaben Gottes nicht.

120

Joh 17,11.12; 22.23.

121

Im evolutionistischen Denkrahmen gibt es keinen Gott und der Gott des Islam liebt nach dem Koran nur eingeschränkt, nämlich nur Muslime (Koran Sure 30,45: „die Ungläubigen liebt er nicht"; 3,32: „Allah liebt die Ungläubigen nicht"; 22,38: „Er liebt keinen, der verräterisch und undankbar (kafuur) ist." (Paret Übersetzung). Und auch seine Barmherzigkeit gilt nicht allen (Koran Sure 11,118-119 (Paret Übersetzung).)

122

5 Mos 6,5; 3 Mos 19,18; Mt 22,3.

123

So wie beispielsweise bei dem christlichen Missionar Petr Jašek, der 14 Monate im Sudan inhaftiert war und unter menschenunwürdigen Verhältnissen nur Boshaftes von Menschen erfahren hat. Aber er hat geliebt, und er war, wenn auch äußerlich gebunden, innerlich frei. Und ähnliche Beispiele von Christen, die unter unglücklichen Bedingungen ihr Leben fristen müssen, gibt es viele. Der Missionar betete für seine Peiniger und Verachter, sonst waren ihm die Hände und Füße gebunden, Werke der Nächstenliebe zu vollbringen.

124

Jes 2,2-5; 49,22-23; 60,10-22; Mich 4,1-8; Sach 8,23; Joh 4,22.

125

1 Mos 12,3; 28,14.

126

Hes 38,21; Jer 30,11. Vielleicht ist das der Grund, warum die Islamstaaten sich gegenseitig bekämpfen und innerhalb ihrer Staaten auch keine Ruhe haben.

127

Gal 5,13; Röm 8,21.

128

Stern übersetzt hier: „Wenn ihr ….das Ziel der Torah des Reiches erreicht." (David H. Stern, „Kommentar zum Jüdischen Neuen Testament, S. 110, Bd. 3, 1996).

129

David H. Stern, „Kommentar zum Jüdischen Neuen Testament, S. 112, Bd. 3, 1996.

130

So versteht es auch der jüdische Ausleger David H. Stern (David H. Stern, „Das jüdische Neue Testament", S. 112, 1996.)

131

Vgl. Rabbinische Literatur, z.B. Y. Lichtenstein Mj 3,13ff; R. Lakisch in Sanhedrin 111a; Makkot 24a; Talmud TdG 5,34f; 22,38f.

132

Of 19,16; 3 Mos 19,1.18; Mt 22,37-39.

133

Wie? Ist das erlaubt? Sagt die Bibel nicht, dass man nur aus anderen Gründen sich scheiden lassen darf? Vorsicht! In Israel war es selbstverständlich, dass man die Ehe schloss, um eine Familie zu gründen. Das gab es gar nicht, Männer oder Frauen, die keine Kinder haben wollten. Daher war dieser Fall auch nicht zu regeln. Fast alle Ausleger verkennen, dass man Verhältnisse des Israel im ersten Jahrhundert und davor nicht mit den heutigen Verhältnissen in ganz anderen Gesellschaften gleich setzen kann.

134

Fritz Grünzweig, „Der Brief des Jakobus", S. 79, 1994/1983.

135

Die Studiengemeinschaft Wort+Wissen hat in ihrem Logo ein Kreuz, wo sie das Wort Gottes links über dem Kreuz, abgekürzt mit „W" und das Wissen, das sich die Menschen anzueignen in der Lage sind, auch abgekürzt mit „W", rechts unten stehen haben, um damit zu zeigen, dass das menschliche Wissen unter das Kreuz gehört. Wenn aber das Wissen unter dem Kreuz steht, dann gehört auch das menschliche Wollen so lange dahin, wie es nicht mit dem Willen Gottes und dem Wort Gottes übereinstimmt.

136

Wie z.B. bei Fritz Grünzweig, „Der Brief des Jakobus", S. 81, 1994/1983.

137

Wenn Grünzweig das folgende Fazit zieht: „Bleiben wir uns dessen eingedenk, dass wir alle auf dem Weg sind zu dem großen Gerichtstag mit den schweren Folgen der versagten Barmherzigkeit." (Fritz Grünzweig, „Der Brief des Jakobus", S. 82, 1994/1983), scheint ihm das auch nicht bewusst zu sein.

138

Fritz Grünzweig, „Der Brief des Jakobus", S. 83, 1994/1983.

139

Manche versteigen sich sogar zu der unsachlichen Behauptung, dass Jakobus eine affirmative Auslegung zum paulinischen Verständnis des Glaubens geschrieben habe (Johann Adam Möhler, „Kirchengeschichte", Band 1, S. 155, 1867). Grünzweig will oder kann das auch nicht sehen (Fritz Grünzweig, „Der Brief des Jakobus", S. 85, 1994/1983).

140

Grünzweig will oder kann das auch nicht sehen (Fritz Grünzweig, „Der Brief des Jakobus", S. 85, 1994/1983).

141

Fritz Grünzweig, „Der Brief des Jakobus", S. 85, 1994/1983.

142

Grünzweig, gefangen in der Überlieferung seiner Theologenzunft, behauptet, es sei gegenteilig (Fritz Grünzweig, „Der Brief des Jakobus", S. 85, 1994/1983).

143

So wie Grünzweig, der sagt, dass Jakobus etwas nicht sagt und damit sagen will, dass er das, was er nicht sagt, durch das Nichtsagen gesagt hat. Das macht offensichtlich wenig Sinn.

144

Auch hier irrt wieder die Wuppertaler Studienbibel, die meint, das, was Paulus den Römern schreibt, in den Gleichnissen von Jesus über die Frucht der Werke wieder zu finden (Fritz Grünzweig, „Der Brief des Jakobus", S. 86, 1994/1983).

145

Jochen Sautermeister sieht in den Zehn Geboten das Grundgesetz humaner Schöpfungsordnung, das im Doppelgebot der Liebe zusammengefasst werde (Jochen Sautermeister, „Verantwortung und Integrität heute", S. 100, 2016).

146

Was natürlich viel zu kurz gegriffen ist. Ein Bruch des Treueverhältnisses kommt durch jedes Verhalten zustande, dass gegen die Treue verstößt. Gerade deshalb stellt die Ehe so hohe Anforderungen. Ebenso wie Gott mit Seiner Treue hohe Anforderungen stellt.

147

Genau diese Praxis ist in verschiedenen Islamstaaten zulässig.

148

Das entspräche der Vorstellung im Islam, wo Lügen erlaubt sind, wenn es dem Islam dient.

149

Luthers Vorrede zur Bibel, hrsg. V. H. Bornkamm, S. 176, 1967, WA, DB 7, 344, 13ff. Vgl. auch Peter Stuhlmacher, „Vom Verstehen des Neuen Testaments", S. 103, 1986.

150

Vgl. Adolf Schlatter, „Erläuterungen zum Neuen Testament", Bd. 9, S. 158, 1965

151

Ebd. S. 171.

152

Eckhard Schnabel, „Der Brief des Paulus an die Römer", S. 17 2016.

153

Oswald Sanders, „Spiritual Problems", S. 112, 1972.

154

Das Rückfallen wird in der Bibel immer ungünstig bewertet, weil man da wieder gerichtsreif wird.

155

Martin Dibelius, „Der Brief des Jakobus", S. 221,1984 denkt an „faules, untätiges Christentum, das sich zu Unrecht auf Paulus beruft". Doch das sei deshalb nicht wahrscheinlich, weil es das „Schicksal des Paulus" war, „in der Kirche missverstanden zu werden".

156

Die Mehrheit der Kirchenlehrer sieht das anders, entgegen der Darstellung der „Machtverhältnisse" der Jerusalemer Gemeinde in der Apostelgeschichte, vermutlich weil die Tradition des vermeintlich ersten Papstes Petrus zu stark wiegt (Vgl. Günter Wasserberg, „Aus Israels Mitte - Heil für die Welt", S. 276, 2013). Petrus war natürlich nie Papst und höchstwahrscheinlich auch nie der Gemeindeleiter oder Bischof von Rom.

157

Theodor Zahn meint sogar in seiner Galaterauslegung („Der Brief des Paulus an die Galater"), dass Petrus mehrfach geheuchelt hätte, S. 113, 2005; vgl. auch Andreas Wechsler, „Geschichtsbild und Apostelstreit", S. 167, 1991.

158

Lukas berichtet in Ap 15,2 von einem „nicht geringen Streit", was gewiss eine vornehme Umschreibung für eine schwere Auseinandersetzung ist.

159

In diesem Zusammenhang wird auch immer wieder vor „gefährlichen Irrlehren" gewarnt, die Gottes Gnade verbilligen würden, weil sie die Christen zur Sünde anstiften würden. Doch das ist offensichtlich Unsinn, denn wer den Geist Christi hat, wird auch von ihm geleitet und kann niemals die Gnade als Freischein für das Sündigen betrachten. Verkündigern, die das anders sehen, fehlt es offenbar an Vertrauen in die Kompetenz des Geistes Christi.

160

Statt „unterwerfen" wäre „hypotasso" besser mit „unterordnen" zu übersetzen.

161

Die Eifersucht der Völker wird von den Theologen anscheinend nicht bedacht. Es wird immer nur von der Eifersucht Israels gesprochen.

162

David A. deSilva , „The Jewish Teachers of Jesus, James, and Jude", Anm. 132, 2012.

163

5 Mos 32,16. 21; 1 Kö 14,22; Ps 78,58.

164

Es wäre also ein tragisches Missverständnis, wenn man meinte, man müsste in China oder in der heutigen Zeit, einem anderen heilsgeschichtlichen Äon, mit einer anderen Stellung Gottes zu Seinem Volk, die gleichen Strafen auf Ehebruch ausrufen müssen. Leider gehört das zu dem, was den akademischen Theologen mit am meisten fehlt, das Verständnis um Gottes heilsgeschichtliche Ordnungen, weshalb sie zu fatalen Fehldeutungen kommen.

165

Die menschliche Vorstellung von Ehebruch greift also in der Regel zu kurz, weil sie nur das Leibliche berücksichtigt.

166

Wegen Eph 5,21-32.

167

Es gibt sogar die Auffassung, dass der Vater einen Ehebund mit Israel habe, so wie Jesus einen Ehebund mit der Gemeinde. Und beide Hochzeiten würden im Himmel abgehalten (Joerg Smits, Endzeitprophetie (2 Bände), 2018). Dieser Auffassung liegt der Glauben zugrunde, dass der Vatergott der JHWH Israels sei. Dies kann aber schon wegen 1 Kor 10,4 und Joh 1,1ff nicht stimmen.

168

Hos 2,21; Hes 16;23; Jes 61,10; 62,5 im Alten Testament und Of 19,7; 21,2; 22,17 im Neuen Testament. Eph 5,32 nimmt eine Sonderstellung ein, weil hier nicht klar ist, ob Paulus dieses eheliche Verhältnis nur als Bild hernimmt, um die enge Beziehung der Gemeinde mit Christus zu verdeutlichen. Es gibt ja in der menschlichen Vorstellungswelt kein besseres Beispiel für ein inniges Verhältnis ziwschen zwei Liebenden.

169

Hos 2,4; 3,3; 4,15; 6,10; 9,1; Jes 1,21; Hes 16,31.35; 23,44.

170

Manche alten Handschriften haben anscheinen „Ehebrecher und Ehebrecherinnen"
(Erasmus von Rotterdam), was auch nicht falsch ist, aber möglicherweise liegt hier
eine Ergänzung vor, weil der Schreiber sich nicht denken konnte, warum Jakobus
nur den weiblichen Teil brachte.

171

Die Schriftforscher sind sich einig, dass der Brief von Jakobus der ältere ist.

172

Ps 34,14; 50,19; 52,5; 73,8; 109,20.

173

Mt 26,70ff; Mk 14,68ff; Lk 22,57; Joh 18,2.

174

Lukas berichtet über den Vorfall mit Petrus nicht. Er wusste wohl, dass Paulus das
in seinem Brief ausgewalzt hatte. Oder er wollte Petrus nicht bloßstellen (Vgl. Markus Öhler, „Geschichte des frühen Christentums", S. 203, 2018: „Es lässt sich nicht
mehr feststellen, ob Lukas den Zwischenfall aus Unwissenheit übergeht oder aus
Unwilligkeit, die beiden wichtigsten Gestalten seiner Erzählung, Paulus und Petrus,
im Streit zu präsentieren.")

175

Glenn Penner, „Im Schatten des Kreuzes", S. 188ff, 2011; Richard Wurmbrand,
„Gefoltert für Christus", 2013.

176

Vgl. Gerhard Maier, „Der Brief des Jakobus", S. 193, 2004.

177

„Über den unmittelbaren Anlass der Kollekte herrscht in der Forschung keine Einigkeit." (Hrsg. Friedrich Wilhelm Horn, „Das Ende des Paulus", S. 29, 2013). Einigkeit
ist unter den Theologen und Forscher in Einzelfragen eine Seltenheit.

178

Ap 12,25; 1 Kor 16,1-4; Gal 2,10; Röm 15,26.

179

Die Zeloten waren diejenigen Juden, die den Umsturz durch Gewalt beibringen wollten.

180

In vielen christlichen Glaubensgemeinschaften wird wenig über Wahrheit und biblischen Glauben gesprochen, aber „Anbetung", „Lobpreis" oder neudeutsch „worship" ins Zentrum der Veranstaltung gestellt. Ob man den rechten Glauben hat, wird nicht mehr gefragt. Mark Labberton sieht die Gefahr, dass in vielen Kirchen zu sehr der Mensch in den Mittelpunkt des Lobpreises gestellt wird, weil man ein Bild Gottes hat, das nicht der Wirklichkeit Gottes entspricht, „The Dangerous Act of Worship", - S. 42, 2012.

181

David H. Stern, „Kommentar zum Jüdischen Neuen Testament, S. 125, Bd. 3, 1996.

182

Der Begriff Glaubensgehorsam ist irreführend. Man ist nicht aus Gehorsam gläubig, sondern man vertraut, weil sich das Vertrauen immer weiter bewährt.

183

Die Schätzungen gehen auseinander. In der antiken Geschichtsschreibung wurden nach Meinung der Historiker die Zahlen oft übertrieben. Nach dem zeitgenössischen Historiker Flavius Josephus waren es über 1 Million Tote („Geschichte des jüdischen Krieges, Buch VI, 420), nach Peter Schäfer, „Geschichte der Juden in der Antike", S. 156 f., 2010, waren es deutlich weniger.

184

Vgl. dazu die Angaben des römischen Historikers Cassius Dio 69,14,1–2 und eine Schätzung eines heutigen Historikers bei Werner Eck: *Der Bar-Kochba-Aufstand der Jahre 132–136 und seine Folgen für die Provinz Syria Palästina.* In: *Judäa – Syria Palästina*, Tübingen 2014, S. 229–244, hier S. 238.

185

Zum Beispiel die sogenannte Konstantinische Schenkung. Mit diesem um das Jahr 800 gefertigten Schriftstück soll Kaiser Konstantin dem damaligen Papst Silvester I. bis ans Ende der Zeit, „usque in finem saeculi", die Oberherrschaft über Rom, Italien und die gesamte Westhälfte des damaligen Römischen Reichs übertragen haben. Auch verordnete er den Vorrang der katholischen Kirchen über die anderen Konkurrenzkirchen (Patriarchate). Dieses Dokument wurde von den Päpsten bis ins 17. Jahrhundert als Vollmacht für ihre Unternehmungen und Ansprüche genutzt. Zwar wurde dann zugegeben, dass das Schriftstück eine Fälschung sei (zur Zeit der angeblichen Abfassung gab es ein „Konstantinopel" gar nicht. Die Stadt hieß Byzantion bzw. Nova Roma; außerdem wurde ein anderes Latein gesprochen), aber es wurde weiterhin daran festgehalten, dass es das echte Pendant tatsächlich gegeben habe. Inzwischen vertritt der Vatikan die Auffassung, dass es keiner Ur- kunde bedarf, denn der Papst müsse das Oberhaupt der Menschen sein, da er ja Vertreter Christi auf Erden sei. Darauf hätte man gleich kommen können, aber die katholische Kirche lernt ja auch dazu!

186

Das Wort „Jesus" kommt in den Briefen bei Paulus über 180 mal vor. Zählt man die grammatischen Formen dazu, die anstelle von Jesus oder Christus, stehen, kommt man auf mindestens 1.000 Bezugnahmen. Bei 32.250 Wörtern der Paulusbriefe insgesamt hat man also ca. nach jedem 32.ten Wort eine Bezugnahme auf Christus. Bei Jakobus ist das Verhältnis bei 6 Nennungen, wenn man jedes „Herr" mitzählt, ungefähr 1: 330. Das heißt, dass Paulus etwa 10 Mal öfter von Jesus spricht als Jakobus. Sein Brief kommt beinahe ganz ohne Jesus aus, auch wenn es Bezugnahmen auf den „Herrn", den „Kyrios", gibt.

187

Hans-Arved Willberg, „Die seelsorgerliche Bedeutung des Jakobusbriefs", S.121, 2014.

Literaturverzeichnis

David Baron, „The New Order of Priesthood", 2008.

Ottokar Basse, „Das Evangelium: die Mitte des Lebens", 2001.

Bernhard Beck, „Kommentar zum Jakobsbrief", 2011.

Norbert Bolz, „Das Wissen der Religionen", 2008.

David A. deSilva , „The Jewish Teachers of Jesus, James, and Jude", 2012.

Martin Dibelius, „Der Brief des Jakobus", 1984.

Fritz Grünzweig, „Der Brief des Jakobus", 1994/1983.

Martin Hengel, „Paulus und Jakobus", 2005.

Hrsg. Friedrich Wilhelm Horn, „Das Ende des Paulus", 2013.

Johann Eduard Huther, „Kritisch exegetisches Handbuch über den Brief des Jakobus", 1863.

Othmar Keel, Max Küchler, Christoph Uehlinger, „Orte und Landschaften der Bibel", 1984.

Craig S. Keener, „Kommentar zum Umfeld des Neuen Testaments", 1998.

Fritz Laubach, „Wuppertaler Studienbibel", 1994/1983.

Mark Labberton, „The Dangerous Act of Worship", 2012.

Hrsg. Ulrich Laepple, hier: Peter Hirschberg „Messianische Juden - eine Provokation", 2016.

Martin Luther, „Vom freien Willen und Bekehrung des Menschen zu Gott", 1565.

Erwin W. Lutzer, „Das widerspenstige Ich", 2011.

Charles Henry Mackintosh, „Gedanken zum 1. Buch Mose", 1973.

Gerhard Maier, „Der Brief des Jakobus", 2004.

Hrsg. Thomas Marschler, Thomas Schärtl, „Dogmatik heute: Bestandsaufnahme und Perspektiven", 2017.

Johann Adam Möhler, „Kirchengeschichte", 1867.

Roman Nies, „Das Dokument der Befreiung: Der Römerbrief", 2018.

Roman Nies, „Von der Beliebigkeit zum Idealen: Die Korintherbriefe", 2018.

Roman Nies „Gesetz und Gnade: Der Galaterbrief", 2018.

Roman Nies „Die Vollendung der Menschwerdung: Der Epheserbrief", 2018.

Roman Nies, „Auflösung und Erlösung des Kosmos: Der Brief an die Kolosser", 2019.

Roman Nies, „Im Vertrauen auf den Vollender: Der Philipperbrief", 2019.

Roman Nies, „Das Kommen des Herrn und die Manifestation des Bösen: Die Thessalonicherbriefe", 2019.

Roman Nies, „Die Pastoralbriefe", 2019.

Roman Nies, „Apokalypsis", 2016.

Roman Nies, „Die zwei Evangelien", 2013.

Markus Öhler, „Geschichte des frühen Christentums", 2018.

Glenn Penner in „Im Schatten des Kreuzes", 2011.

Joseph Pergmahrs „Gründliche Erwägungen ewiger Wahrheiten", 1784.

Gary Petty, „Platons Schatten", 2016.

Wilhelm Pratscher, „Der Herrenbruder Jakobus und die Jakobustradition", 1987.

Erwin Preuschen, „Die Apostelgeschichte", 1912.

Michael Roth, „Gott im Widerspruch?", 2012.

Oswald Sanders, „Spiritual Problems", 1972.

Jochen Sautermeister, „Verantwortung und Integrität heute", 2016.

Peter Schäfer, „Geschichte der Juden in der Antike, 2010.

Adolf Schlatter, „Erläuterungen zum Neuen Testament", 1965.

Eckhard Schnabel, „Der Brief des Paulus an die Römer", 2016.

Udo Schnelle, „Die ersten 100 Jahre des Christentums", 2016.

Udo Schnelle, „Paulus: Leben und Denken", 2016.

Ulrich Schoen, „Die Fliehkraft und die Schwerkraft Gottes", 2003.

Hrsg. Carl Schuler „Die heiligen Schriften des Neuen Testaments", 1830.

Mordechai Schreiber, „The Shengold Jewish Encyclopedia", 2003.

Orpa Slapak, „The Jews of India: A Story of Three Communities", 2003.

Joerg Smits, „Endzeitprophetie", 2018.

David H. Stern, „Das jüdische Neue Testament", 2007.

David H. Stern, „Kommentar zum Jüdischen Neuen Testament", 1996.

Peter Stuhlmacher, „Vom Verstehen des Neuen Testaments", 1986.

Peter Stuhlmacher, „Biblische Theologie des Neuen Testaments: Von Jesus zu
        Paulus", 2005.

Günter Wasserberg, „Aus Israels Mitte - Heil für die Welt", 2013.

Andreas Wechsler, „Geschichtsbild und Apostelstreit", 1991.

Hans-Arved Willberg, „Die seelsorgerliche Bedeutung des Jakobusbriefs", 2014.

Friedhelm Winkelmann, „Geschichte des frühen Christentums", 2013.

Richard Wurmbrand, „Gefoltert für Christus", 2013.

Theodor Zahn, „Der Brief des Paulus an die Galater", 2005.